HERMES

在古希腊神话中，赫尔墨斯是宙斯和迈亚之子，奥林波斯众神的信使，道路与边界之神，睡眠与梦想之神，死者的向导，演说者、商人、小偷、旅者和牧人的保护神——解释学（Hermeneutic）一词便来自赫尔墨斯（Hermes）之名。

CAMBRIDGE

西方传统 经典与解释
Classici et Commentarii

HERMES
德意志古典法学丛编

黄涛　吴彦 ◉ 主编

［英］霍赫斯特拉瑟（Hochstrasser T. J.）◉ 著

早期启蒙的自然法理论

Natural Law Theories in the Early Enlightenment

杨天江 / 译

知识产权出版社
全国百佳图书出版单位

献给双亲并以此纪念我的祖父母

缘　起

　　自严复译泰西政法诸书至本世纪四十年代，汉语学界中的有识之士深感与西学相遇乃汉语思想史无前例的重大事变，**孜孜以求西学堂奥**，凭着个人的禀赋和志趣选译西学经典，翻译大家辈出。可以理解的是，其时学界对西方思想统绪的认识刚刚起步，选择西学经典难免带有相当的随意性。

　　五十年代后期，新中国政府规范西学经典译业，整编四十年代遗稿，统一制订新的选题计划，几十年来寸累铢积，至八十年代中期形成振裘挈领的"汉译世界学术名著"体系。虽然开牖后学之功**万不容没**，这套名著体系的设计仍受当时学界的教条主义限制。"思想不外乎义理和制度两端"（康有为语），涉及义理和制度的西方思想典籍未有译成汉语的，实际未在少数。

　　八十年代中期，新一代学人感到通盘重新考虑"西学名著"清单的迫切性，创设"现代西方学术文库"。虽然从迻译现代西方经典入手，这一学术战略实际基于**悉心疏理西学传统流变、逐渐重建西方思想汉译典籍系统**的长远考虑，翻译之举若非因历史偶然而中断，势必向**古典西学**方向推进。

九十年代以来，西学翻译又蔚然成风，丛书迭出，名目繁多。不过，正如科学不等于技术，思想也不等于科学。无论学界迻译了多少新兴学科，仍似乎与清末以来汉语思想致力认识西方思想大传统这一未竟前业不大相干。晚近十余年来，欧美学界重新翻译和解释古典思想经典成就斐然，汉语学界仅务竞新奇，仅限时下"主义"流变以求适时，西学研究终不免以支庶续大统。

西方思想经典即便都译成了汉语，不等于汉语学界有了解读能力。西学典籍的汉译历史虽然仅百年，积累已经不菲，学界的读解似乎仍然在吃夹生饭——甚至吃生米，消化不了。翻译西方学界诠释西学经典的论著，充分利用西方学界整理旧故的稳妥成就，於庚续清末以来学界理解西方思想传统的未尽之业意义重大。译界并非不热心翻译西方学界的研究论著，甚至不乏庞大译丛之举。显而易见的是，这类翻译的选题基本上停留在通史或评传阶段，未能向有解释深度的细读方面迈进。设计这套"西方传统：经典与解释"，旨在推进学界对西方思想大传统的深度理解。选题除顾及诸多亟待填补的研究空白（包括一些经典著作的翻译），尤其注重选择思想大家和笃行纯学的思想史家对经典的解读。

编、译者深感汉语思想与西方接榫的历史重负含义深远，亦知译业安有不百年积之而可一朝有成。

刘小枫

2000 年 10 月于北京

"德意志古典法学丛编" 出版说明

　　19 世纪下半期以降，实证主义和历史主义催生了法学的专业化和技术化，法学视野日趋狭窄。在 20 世纪的法律思想中，实证法学、社会法学、经济分析法学占据了法学的大半江山，现代法学十分"自觉地"排除有关制度与德行的思考，规范主义振振有辞，鄙夷有关法理之学的哲理思考，法学最终沦为律师的技艺。

　　德意志古典法学有关政法之理的思考极其深刻，其对共同体秩序的反思，对制度之品质的思考，足以令专业化的法律人汗颜。德意志古典法学想要揭示一切社会现象的本质，揭示人类的本真的政治存在，它将制度设计与共同体的美好生活关联起来，为反思社会现象提供基本尺度和范式。不仅如此，现代法学中的大部分观念及概念，早已在德意志古典作品中埋下伏笔。

　　德意志古典法学哲学化色彩成分极重，而非当今有板有眼之学术论文。凡此种种，均给阅读和理解带来了巨大困难。长期以来，对于隐藏在德意志古典大家作品中的政治法理，学人们仅停留于引证片段字句，未能有深入细致之钻研。本丛编不从意识形态的宏大叙事入手，亦不从流行的概念体系入手，而从德意志古典作品中政治法理的疏释入手，讲述政法学问和道理，引导有关政治法理之独立思考。

政法之理如人生之理，离不开深刻的哲学反思，诚如个人向往美好的人生，一个社会、一个国家亦会向往美好的共同体生活。尤其是在亟亟于变革的当下中国，我们完全有必要反顾德意志古典政法思想的印迹。

古典文明研究工作坊

西方经典编译部丁组

2012 年 9 月

英 文 版 序

    这部著作开始是作为对某种体裁的"道德史"的一个叙述，这些"道德史"以德文和法文形式创作于早期启蒙时期，是典型的政治思想史。我原本希望表明，17 世纪末最先作为对伦理和政治史的传统理解进行彻底重写的一种体裁是如何成功地把自己确立为一种新的正统的。换言之，从某个层面上来讲，这是一个关于思想史运用的个案研究。这种运用为那些政治思想家群体提供合法化和自我辩护的论据，他们部分或全部被排除于对当时正统的参与，隔离于高阶政治和官方高等教育的既定结构之外。基于这个立场，这里要考虑的最大问题涉及历史在自然法讨论中的功能问题（在一个不同的方向上接受列奥·施特劳斯［Leo Strauss］的论点），以及历史著作在"学界"作为一种文学的、学术的和辩论的工具运用问题。借此，我希望对早期启蒙与所谓"世俗化"进程提出一个比通常所描述的更为合理的关系。

    随着若干年来在这个项目上的研究和写作的深入发展，我逐渐清晰地意识到，历史的作用远比这个复杂，它也深刻地牵涉唯意志论者（普芬道夫［Pufendorf］和托马修斯［Thomasius］）以及唯理论者（莱布尼茨［Leibniz］和沃尔夫［Wolff］）对于自然法理论关键概念的重新定义的形成问题。因此，在第一份历史编纂性叙述之外，我又试图讲述另一个故事。它围绕着折中主义概念组织起来，其中对那种哲学史的全新历史认识的全部影响都在德国自然法理论的学说发展中得到揭示。我决定重点对唯意志论传统和唯理论传统之所以分道扬镳的原因作一个更为详尽的说明，这就使得我必须延长本书的年代范围，从而把康德（Kant）及其早期的追随者涵盖其中。但是，与此同时，也让我感到有些遗憾的是，我不得不更加专注德国文本和叙事，从而略去对法语"道德史"以及与其相连的保护区（Refuge）的胡格诺作家们所创作的理论著作的细致思考。虽然这种比较的视角——即使算不上是世界性的视角——或许是有益的，但它最终被德国和法国作者的神学和政治背景的根本差异盖过了，这些差异也凸显了他们实质贡献的特征。

因此，我期望以一份独立的研究说明离散的胡格诺教徒为良心权利优先的自然法理论的发展所作出的杰出贡献。其中尤其要关注贝尔（Bayle）、巴贝拉克（Barbeyrac）、布尔拉玛基（Burlamaqui）及其同伴。他们既带来了对格劳修斯（Grotius）、普芬道夫和马勒伯朗士（Malebranche）的极富想象力的阅读，也在南特敕令（Edict of Nantes）废止之后以自然法理论的独特适应性去解释和正当化他们自己的独特天道（providence）。通过那些尚待厘清的方式，他们把对哲学史和当时欧洲史的解释与自然法理论创造性地融合到一起，这既有助于成熟的法国启蒙的塑造，也有助于法国法律和高等教育的官方渠道的形成。

在一部同时涉及英语、拉丁语、德语和法语文本研究的著作中，我应当从一开始就清楚交代我的翻译情况。除非特别说明，所有的翻译都是我自己的。在使用已有的翻译时，我会尽量采纳一个尽可能接近原著时期的版本，除非是一种较为现代的翻译（由于其精确性的缘故）明显值得选择。在筹备和雕琢我的翻译时，我从胡果·塔克（Hugo Tucker），尤其是英格丽德·德·斯迈特（Ingrid De Smet）那里受益匪浅，他们指导我争取连贯性，摆脱某种特别令人生厌的、辞藻华丽的巴洛克式拉丁语风格。

最后还要感谢许多人，他们在本书的漫长写作过程中以自己的建议、才学和友谊为作者提供了慷慨的帮助。理查德·塔克（Richard Tuck）的著作最先启发我去尝试这一领域的研究，而且他自始至终都对我具有重要的影响，他不仅是我的博士论文指导老师，也是此后激励和建议的不断源泉。昆汀·斯金纳（Quentin Skinner）总是在关键时刻给予我极大的支持和莫大的安慰。克努德·哈孔森（Knud Haakonssen）在大大小小的问题上都提出了非常有益的建议。我从帕特里克·莱利（Patrick Riley）、伊斯特凡·洪特（István Hont）和约翰·罗伯逊（John Robertson）的细致评论中受益良多，后二位还是我的博士论文评阅人。还要感谢剑桥大学出版社，理查德·费舍尔（Richard Fisher）一直是一位极富耐心、办事高效和充满同情心的编辑。我也很高兴能够承认希拉里·斯坎内尔（Hilary Scannell）作为文字编辑的目光敏锐的警觉。我非常幸运能在一些最为有益的研究环境中工作，对此优待，我应当感谢基督圣体学院（Corpus Christi College）和剑桥唐宁学院（Downing College, Cambridge）的院长和同仁、英国研究院（the British Academy）（博士后资助），以及卡莱尔研究员（Carlyle Research Fellowship）的选举团成员，那是我在牛津基布尔学院（Keble College）获得的职位。在伦敦经济学院我也必须记下对两位形成鲜明对比但却同样犀利的监督者的感激：米娅·罗德里格斯·萨尔加多（Mia Rodríguez-Salgado），她对著作提出了强劲的、建设性的评价；以及珍妮特·科尔曼（Janet Coleman），在我们在历史研究协会联合召开的政治思想史研讨会中，她委婉地提出了相同的看法。在我的同辈研究者中，我要特别感谢乔恩·帕金（Jon Parkin）、彼得·施罗德（Peter Schröder）和托马斯·阿纳特（Thomas Ahnert），他们的批评与友情同等重要。虽然对于那些曾经在具体问题的透彻分析或者更佳理解上有助于我的各位同事和朋友无法一一尽表，有时甚至或许都没有意识到这种帮助的存在，但是他们一定包括：德里克·比尔斯（Derek Beales）、卢卡斯·范·贝克（Lucas van Beeck）、约翰·邓恩（John Dunn）、查尔斯·哈普姆（Charles Harpum）、伊恩·哈里斯（Ian Harris）、约翰·哈彻（John Hatcher）、伊恩·亨特（Ian Hunter）、克里斯·劳尔森（Chris Laursen）、戴维·拉文（David Laven）、卡道克·莱顿（Cadoc Leighton）、迈克尔·罗班（Michael Lobban）、彼得·玛赛厄斯（Peter Mathias）、保罗·米利特（Paul Millett）、哈里·芒特（Harry Mount）、卡特琳·莫特尔（Catherine Moutell）、戴维·帕洛特（David Parrott）、阿西妮·赖斯（Athene Reiss）、里奇·罗伯逊（Ritchie Robertson）、拉里·西登托普（Larry Siedentop）、乔纳森·斯坦伯格（Jonathan Steinberg）、马修·斯特里克兰（Matthew Strickland）和西蒙尼·楚布根（Simone Zurbuchen）。对于文中疏漏、不准确与不当之处，我应承全责。献辞所记乃我最大受益之处。

霍赫斯特拉瑟（Hochstrasser T. J.）

目　　录

i

第一章 导论：自然法及其在
早期启蒙中的历史

1.1 概 要

[1] 概括地讲，本项研究旨在探明由格劳修斯、霍布斯和普芬道夫等人精心构筑的自然法理论对德国早期启蒙阶段所产生的影响。当把"影响"这一概念适用于较长的时间跨度和人数众多的作者时，它就容易退化成不过是表面上相似学说的相互关系，除非还存在广泛的同时期的材料来源，它们在自觉地讨论着当代实践与过去成就的联系。❶ 对于本主题而言，

---

❶ 对于如何改善"影响"这一概念的用法的建议，参见：J. M. Dunn，"观念史的身份"（The identify of history of ideas），载 *Political Obligation in its Historical Context*（Cambridge，1980），页 13 – 28，以及 Q. R. D. Skinner，《现代政治思想的基础》（*The Foundations of Modern Political Thought*，Cambridge，1978），卷 1 序言，页 9 – 15。

这类材料来源以一系列"道德史"（histories of morality）的形式
存在，它们大约在 1680 年到 1750 年之间出版于法国和德国。❶
这些作品被创作出来，或者是作为自然法理论的专著，或者是作
为近期自然法理论家作品汇编的导论。它们的公开目的是要解释
17 世纪在自然法问题上所取得的成就是如何逐步得到精练和修
正的，特别是通过普芬道夫的卓越贡献，并且要把这一成就与基
督教和经典作家对自然法的先前讨论联系起来。通过对这些历史
叙述的研究，我们能够直面德国巴洛克自然法理论阐释者之间所
存在的巨大的理论分歧 [2]，并且可以借此以一种孤立地看待
主要文本所不可能实现的方式语境化地恢复争论的决定性因素。
因此，这部著作着手描述并分析这一遭人忽视的历史编纂体裁，
旨在用它对"现代"自然法传统的评价更为精确地追溯这一传
统是如何以及为何在早期启蒙中受到高度评价的。但是，除了作
为启蒙的一种解释工具之外，这些历史叙述同样要求被视为应予
首肯的政治思想史，其自身即值得分析和研究。

　　或许据此可以说，本项研究以大体相当的分量冲击着三个不
同的主题领域：它试图确立 18 世纪以人的社会性为核心并由人的
理性加以建构的自然法讨论的持续重要性；它旨在勾勒自觉的反思
在一般的哲学史和具体的道德哲学的历史编纂中的发展演化的早期
阶段；最后，它要指出针对德国启蒙的一般看法大多未能涵盖关于
何谓当时道德哲学重要革新的同时期记述的那些方面。具体而言，
本书力主，在解释普芬道夫对自然法理论的修正上所产生的激烈争

─────────

　　❶　这些"道德史"（参见本章附录）可以方便地按照它们出版发行的年代顺序
列举出来。其中的一些文本相互复制或者过于接近，以至于几乎没有留下单独解释的
空间。因此，本文并没有全部列举并探讨它们。
　　这些历史叙述的形式和内容一直是理查德·塔克（Richard Tuck）的系列著作的
分析对象，它们为当前研究提供了动力和灵感，特别是"自然法的'现代'理论"
（The "Modern" Theory of natural law），载 A. Pagden 编，《早期现代欧洲政治理论的
语言》（*The Languages of Political Theory in Early Modern Europe*，Cambridge，1987），页
99 – 119。其他相关的讨论包括 R. F. Tuck 的《自然权利理论：起源与发展》（*Natu-
ral Rights Theories：their Origin and Development*，Cambridge，1979）的最后一章，以及
他的"格劳修斯、卡尔尼亚德和霍布斯"（Grotius，Carneades，and Hobbes），载 *Gro-
tiana*，new series，4，1983，页 43 – 62。

论在德国哲学中塑造了一种新的方法论——折中主义——这种方法得到采纳，甚至被许多认为在其他方面极少受惠于普芬道夫的论者，用作一种解开和重建德国新教（German Protestantism）与亚里士多德主义（Aristotelianism）之间曲折复杂关系的方法。

同样要论证的是，这种新方法的主要成果就是 17 世纪晚期和 18 世纪早期在德国新教大学中出现的关于神法和人类自然法各自领域的清晰的学科分离，分离的结果是后者不再被视为前者的低级子集。虽然各种教派的大多数作家仍然承认自然法部分源于神意的创造，但更多的争议却是围绕着下述问题展开的：自然法的义务是否仅仅来自这个严格的唯意志论者的源头，还是同等地来自上帝和人类共同拥有的道德价值，那是通过理性的恩赐在人类之中植入道德洞察能力的一个结果。❶ [3] 正如莱布尼茨首先察觉的，很多问题都依赖于这个论题，因为梅兰西顿（Melanchthon）16 世纪提出（并且此后一直得到维持）的新教与亚里士多德主义的脆弱综合，其连贯性仰仗人是按照上帝形象创造出来的主张。❷ 新教的亚里士多德主义（Protestant Aristotelianism）

---

❶ 对于这个问题，参见 K. Haakonssen，《自然法与道德哲学：从格劳修斯到苏格兰启蒙》（*Natural Law and Moral Philosophy*：*from Grotius to the Scottish Enlightenment*，Cambridge，1996），页 6。

❷ 同上注，页 35 – 37。对于德国的争论及普芬道夫在其形成中的贡献，最佳简介包含在普芬道夫的《论人和公民在自然法上的义务》（*On the Duty of Man and Citizen According to Natural Law*，J. Tully 编，M. Silverthorne 译，Cambridge，1991）和普芬道夫的《论人的自然状态》（*On the Natural State of Man* M. Seidler 编，Cambridge，1991）的导论材料之中。对于德国自然法争论的详细回顾，参见 G. Hartung，《自然法的争论：从 17 世纪到 20 世纪的义务史》（*Die Naturrechtsdebatte. Geschichte der Obligatio vom 17. Bis 20 Jahrhundert*，Freiburg/Breisgau and Munich，1998）。对于普芬道夫在哲学史上的地位的评价，参见 J. B. Schneewind，"普芬道夫在伦理学史上的地位"（Pufendorf's place in the history of ethics），*Synthese*，72，1987，页 123 – 155。对于普芬道夫著作的影响及其欧洲反映的近期学术发展的完整记述，参见 F. Palladini 和 G. Hartung 编的论文集《萨缪尔·普芬道夫与欧洲的早期启蒙：一位德国知识分子 300 年后（1694 ~ 1994）的著作及其影响》（*Samuel Pufendorf und die europäische Frühaufklärung. Werk und Einfluss eines deutschen Bürgers der Gelehrtenrepublik nach 300 Jahren*（1694 ~ 1994），Berlin，1996），可以与下述有益的评论文章结合阅读，S. Zurbuchen，"萨缪尔·普芬道夫与现代自然法的基础：对版本和研究现状的一种解释"（Samuel Pufendorf and the foundation of modern natural law：an account of the state of research and editions），*Central European History*，卷 31，1998，页 413 – 428。

从来没有把自身与其经院主义根源完全分离开来。实际上，它以一种改良的形式一直保留着它们，直到沃尔夫时代及其以后，持续针对普芬道夫及其追随者的著作提供着一种重要的抗衡力量，而且随着伦理学从道德神学之中分离开来的信号的出现，这种抗衡力量变得更加强大。艰难的选择出现了：一方面，如果不依赖启示宗教作为一种趋向神法的指导（人在堕落之时已经背离了它），那么神学唯意志论就会凸显为自然法的唯一基础。但是，一旦笛卡尔和霍布斯的成就渗透进新教的大学生活，新经院主义伦理学与无论如何都是德国路德宗救赎使命之核心的信仰和恩典等概念之间的持久紧张关系得到进一步保持，那么在道德认识论中保留这类关键的经院主义概念似乎就像其在哲学上的陈旧乏味一样令人反感。

首先是萨缪尔·普芬道夫（1632～1694）及其杰出的追随者克里斯琴·托马修斯（1655～1728）的成就开辟了一条穿过思想雷区、通向他们自信是自然法真正科学的道路，即用斯多亚伦理学去调和霍布斯的唯意志论与神圣实在法的一种弱化但却真实的作用。同时期的"道德史"为我们记录并找回了这种自我评价，它处处都受到挑战，不仅有来自教会的反对者，而且更为重要的是来自莱布尼茨［4］和沃尔夫的新经院主义政治理论。"道德史"仍然是我们对那一思想旅程所拥有的最佳记录。复原这些争论，尽管这些论述只是部分的或者说是偏爱的（在该术语的这两种意义上），同时也是在接近一种关于早期德国启蒙核心议题的感觉，这些简短的历史叙述是它的一个真正的自我形象。

1.2　自然法与历史

17世纪之前的自然法理论被一种神本起源的原则统治

着——上帝是被人类理性视为自然的一切法律的源头。当然也存在一种与之竞争的斯多亚学派的解释，但它却没有占据论战的高地。在格劳修斯之后，起源问题变得愈发困难；因为如果自然法的中心被毫不含糊地视为人之理性（不问上帝在塑造理性洞察力界域上的角色），同时这也伴随着所有人类实在法都应推导于自然法的明确断言，那么似乎就难以逃避霍布斯用以描述自然状态的那种主观主义。再也没有可资利用的客观标准了，借此，一个人关于自然法则的判断得以优于他者。这一点在边沁（Bentham）那里得到了有效的概括：

> 人们在一个原则中所期待发现的是一些指明某种外部因素（external consideration）的东西，以此作为保证和引导赞许和非难的内在情感（internal sentiments）的手段：一个仅仅把每一情感举为它自身的基础和标准的主张只是有缺陷地满足着这种期待。❶

我们会发现，18 世纪自然法学中的许多讨论都采取了对这种恰当的"外部因素"的一种探求形式。如果神圣意志的要求或者神圣理性的例示不再是完全可信和不解自明的选项，那么可供选择的替代品就或者被置于各种形式的实证主义之中（例如，人类创造共同道德范畴的习性，或者主权者的作用），或者求诸 [5] "公正旁观者"（impartial spectator）的洞察力这样的所谓跨文化的道德一致性。尽管如此，在 18 世纪期间，神圣道德起源的命题仍

---

❶ J. Benthan，《道德与立法原理导论》（*An Introduction to the Principles of Morals and Legislation*，London，1970），J. H. Burns 和 H. L. A. Hart 编，页 25。虽然边沁继续阐述了法律权利的有益拟制与自然权利的有害拟制之间的细致区分，但是他的理解从来没有超出下述范围：1650～1750 年这段时期内的自然权利之争具有一种意识形态的实质和力量，它远远超出了自然权利狭隘概念发展的公认巧计。对于边沁批判的研究参见 J. Waldron，《高跷上的鬼话：边沁、伯克和马克思论人的权利》（*Nonsense upon Stilts：Bentham，Burke and Marx on the Rights of Man*，London，1987）。

然被许多卓越的哲学家（例如莱布尼茨和沃尔夫）在一个日益精致的对照框架之内重述（尤其是在莱布尼茨的单子论理论中），这些对照存在于人类可以通达的理性真理与据信可以认识的上帝心灵之间。这是一个标志，它反映了较新的理论在克服唯意志论者反对它们把自然法等同于人类能力时所遭遇的那些明显的困难。

但是，"现代"自然法理论内部也同样存在一些较大的问题。例如通常所表明的，它们往往倾向于采取一种绝对主义的财产权观念（对此卢梭在《社会契约论》中的批判只是一个最为著名的例子）。但这些困难内生于它们的基本论点之中：人类通过所有权（dominium）享有主观的权利，它们几乎不被任何可以确认的正义的客观道德标准所调整。任何这些客观性的主张都逐渐受到侵蚀，这种侵蚀既来自于格劳秀斯自己对可以发现人类道德活动多样性的最早强调，也来自于普芬道夫的妥协：在法律的创造中，意志像知性或推理能力一样发挥决定性的作用。到 18世纪末，那些希望驾驭"现代"自然法传统的人所面临的选项已经变得更为狭窄了：与莱布尼茨和普芬道夫——尽管他们之间也存在差异——相连的那些作家的不谐和矛盾最终或者导向了顽固的法律实证主义（由边沁所体现），或者导向了康德哲学对整个争论的超越。

这并非是说随着 18 世纪 90 年代那十年的"自律的发明"（invention of automnomy），自然法理论从人们的视野中消失了。❶

---

❶ 对于理解康德的"自律的发明"为何以及如何改变了道德和政治思想，首先参见 J. B. Schneewind 的权威著作《自律的发明：现代道德哲学史》（*The Invention of Autonomy: a History of Modern Moral Philosophy*，Cambridge，1998）。自然法理论在 19 世纪以来的最新发展是 K. Haakonssen 颇具启发性的评述的主题，参见：K. Haakonssen，"德国自然法及其欧洲语境"（German natural law and its European Context），载 M. Goldie 和 R. Wokler 编《剑桥 18 世纪政治思想史》（*The Cambridge History of Eighteenth-Century Political Thought*，Cambridge，forthcoming）。另参见：D. Klippel，《19 世纪的自然法：连续性、内容、功能和影响》（*Naturrecht im* 19. *Jahrhundert. Kontinuität*，*Inhalt*，*Funktion*，*Wirkung*，Goldbach，1997）。

恰恰相反，当把自然法重新描述为一种主观的自然权利时，这为它带来了一种焦点的转变，从对世界的形而上学理解转向对个体的人类学理解，同时一举取消了要把对"自然状态"的思考作为人性基础的任何要求，而且也降低了道德知识的源头在上帝还是［6］在人的认识论讨论的思想意义。康德哲学革命和法国革命在思想中的共同功绩是造就了那些自然权利，它们成为社会当前道德和政治主张的定义，而不是作为在公民社会的缔造中所放弃的人类属性。自然法学的领域并没有被取消，只是把它的轴心从对义务词汇的描述转到了对权利议题的展开。

上述简略的叙述似乎表明，18 世纪的自然法学从未确认那种"外部因素"，那种概括性证明的标准，这或许会允许它解决贯穿其始终的唯意志论和唯理论、人类能力和神圣恩赐之间的内生冲突。但是，事实上，自然法学的支持者和辩护者们相信他们已经在历史中，尤其是在思想史中，找到了一种解决方法——它提供了一种走出绝境的方法论通道，从而能够超越这些观点并把它们置于一种恰当的视角之中。这种方法就是折中主义，它首先是由那些唯意志论者（杰出的有普芬道夫、托马修斯以及他们的追随者）提出的，用以推动他们自己的哲学立场。然而，莱布尼茨和沃尔夫学派却不拥护它，因为当他们试图在上帝的心灵与人的理性能力之间要求一种持久和持续的统一时，历史不会是真正的盟友。

当然，这不是英语学术圈所熟悉的那种历史与自然法之间的关系，历史在那里被认为在叙事中扮演一种极为不同的角色。其中著名的如列奥·施特劳斯，他在《自然权利与历史》（1953）中论证说，十七八世纪的自然法作家们要对 19 世纪历史主义的损益遗产（damnosa hereditas）负责，它试图把一切哲学都降低为政治哲学，这种历史主义最终在乏味而琐碎的相对主义那里达到顶峰。❶ 以一种或许会为沃尔夫主义增光的方式，施特劳斯把这种情况的责任首先归咎于"鲁莽的、顽劣的和破坏偶像的极端派"的霍布斯，正是他破坏了施特劳斯所认为的哲学作为"永恒秩序的人性要求"的永恒职责，并把它变成不过是"一件武器，因而是一种工具"。❷ 这种历史主义的最终结果是对自然法学意义范围的一种灾难性的限缩。一方面，对于哲学史家来说，关于自然法的讨论被降低为社会和政治契约概念的发生史（以奥托·基尔克［Otto Gierke］［7］的著作为经典代表）；另一方面，对于像马克斯·韦伯（Max Weber）这样的社会学家来说，他们被激发得出这样的结论：人类历史和文化多样性的纯粹事实预先排除了在不同伦理规范之间作出任何客观价值判断的可能性。❸

不管施特劳斯学派的分析价值如何，它都正确地凸显了这个传统的假定：一种非时间性的永恒自然法学必然总是与伦理和法律的历史方法存在冲突，而且自然法在根本上是一种不稳定的思想范畴，它必然会退回到对神圣实在法或者体现唯意志论者行动的人定实在法的研究之中。这正是追随普芬道夫的那些德国自然法学家们力图否认的末日天启般的选择，他们这么做同时也是在为历史和自然法的关系辩护，认为它没有后来假定的那么令人忧虑。但是，也并非只有他们有这种想法。在我们进

---

❶ 参 L. Strauss，《自然权利与历史》（*Natural Right and History*，Chicago，1953），特别是第 2 章。

❷ 同上注，页 34 和页 166。

❸ 施特劳斯对德国历史主义的提及参见《自然权利与历史》，页 1，及其对韦伯的讨论，页 36 – 78。施特劳斯关于德国历史主义对自然法研究的影响的批判仍然值得思考。基尔克的契约理论模式具有不可否认的现时优势，这就为肯定施特劳斯批判的相关性提供了一个例证。这种契约理论模式不适当地支持了阿尔图修斯（Althusiius）和普芬道夫这样的思想家，他们把一个统治协定（Herrschaftsvertrag）视为任何持久契约的基础：参见 H. Höpfl 和 M. P. Thompson 的出色评述，"作为政治思想主题的契约史"（The hisitory of contract as a motif in political thought），载《美国历史评论》（*American Historical Review*，84，1979），页 919 – 944。

一步细致审查他们的假定之前，有必要看一个来自天主教那不勒斯启蒙（Catholic Neapolitan Enlightenment）的例子——那就是詹巴蒂斯塔·维科（Giambattista Vico）——从而证明人类历史的形迹与基于神圣恩赐和人类意志合作的自然法理论之间的愉快共生关系是如何在德国新教大学文化圈外既有可能也会保持稳定的。

尽管维科决定在其《新科学》中证明神圣天道（ditine prouidence）的有效性，但他一直强调文明史只有在确定了恰当的原则以发现人类理性增长和文化成熟的原因之后才能得到研究。这个过程的基础并非存于神圣天道，而是在于他在《新科学》中所阐述的最为著名的所谓真理—事实（Verum－Factum）的原则：

> 但是，在封闭远古时代的浓厚黑暗之中，它距离我们甚为遥远，也确信无疑地闪耀着永恒的、毫不失色的真理：文明社会的世界必定由人造出，因而它的那些原则必然在对我们人类心灵的改变中发现。❶

[8] 对于这一原则而言，没有任何地方比在语言现象的起源中表现得更为明显了。不管是与诸神时代相连的象形文字，还是英雄时代所使用的符号系统，抑或人类时代形成的传统字母，语言都完全是人类的创造。在每一种情况下，社会事实世界的真理和确定性都随着它们由人创造的知识而发生：已知是建构的东西至少无疑是已知的。这当然适用于形式化的语言习惯，因为它们"一律在互不相识的所有民族中产生，必然具有真理的基础"。❷ 据此可以表明，语言是在一个逐渐抽象的过程中在信号

---

❶ G. Vico：《詹巴蒂斯塔·维科的新科学》（*The New Science of Giambattista Vico*, Cornell, 1948），T. Bergin 和 M. Fisch 编译，以 1744 年版为基础，第 331 段。

❷ 同上注，第 144 段。

物和符号义的自然拟声关系的基础上，由人类意志介入形成的，这必然是基本类型的人造的社会真理，是最初出现的"我们人类心灵的改变"。❶事实上，维科的语言理论以及源于它的人类文化进步和发展的理论，与我们在普芬道夫和托马修斯著作中所发现的语言和社会发展理论具有惊人的相似性。而且，如果接受维科的文化的历史进步理论主要源自他的语言发展理论，那么，这似乎就与我们在普芬道夫和托马修斯那里所遇到的文明生长理论具有紧密的相似性。❷

维科与他们具有同样的信念，一切社会现象既是人类意志（auctoritas）的产物，同时也是作为常态贯穿于人类历史的人类思想类型的反应：人类对世界的社会和政治要求具有一种内在一致的逻辑，正如语言在个体语言习惯的表面任意的运用背后存在一种综合的逻辑结构。确定经验社会事实的科学状态（constantia）（语言学），它与控制人心活动的原则一致，就成了维科在《新科学》中公开声明的任务：

> 哲学承担着检查语言学的任务（那是指依据人类意志的一切事物的原理；例如一切民族在战争与和平中的语言[9] 风俗和事件的全部历史）。对此，由于原因的糟糕的晦暗不明，以及结果的近乎无穷多样，哲学已经濒临着手探讨的恐惧；而且，通过在语言学中发现一种各民族的历史迟早都要经历的理想的、永恒的历史结构、哲学把它降低为一种科学的形式。结果，正因如此，由于它的第二个主要方面，

---

❶ G. Vico：《詹巴蒂斯塔·维科的新科学》，第144 段。

❷ 关于这个问题请参见第3 章和第4 章。当然，这种对比并没有缩短维科和主流自然法作家在其他问题上的距离，尤其值得注意的是维科对他们下述假定的批判：可以在自然状态中分析人类心灵的内容，就像它已经完全形成并开化似地。参见：P. Burke，《维科》（*Vico*），Oxford，1985，页34 –35。

我们的科学可以被看作一种权威的哲学。❶

维科对格劳修斯深表钦慕，这正是由于他在调和理性和权威上所做的工作。后者在自然法上的成就能达到这种高度是因为他塑造了人类生存的一种持久的结构特征——社会性——作为他的原则，然后又证明了它在实在法中已存在若干世纪：他的自然法必然是真实和确定的（verum et certum），因为它显然就是事实（factum）。这相当于维科在其自己的著作中孜孜以求的"哲学"与"语言学"的结合，而且只受到了一点损害，那就是格劳修斯，因为他拒绝在历史因果性中为神圣天道留下空间，并且坚持认为人类理性在人类经历的最早阶段就已经完全形成。❷ 从出版的《新科学》留下来的证据可以看出，格劳修斯的自然法理论打动维科之处在于，它结合了归纳思维和演绎思维：一个"普遍体系"展现出来，它是理性上有效的原则（这里是社会性原则）的推导结果，这些原则受到从长期存在的具有历史谱系的众多国家那里所获得的经验性历史证据的支撑。尽管《新科学》后来逐渐容纳了多种思想目标，但它的创作最初只是力图通过某种方式完成格劳修斯的理论，这种方式就是使人类文化的发展更为明显地依赖神圣天道，并且把自然法所贯穿的历史阶段（三个时

---

❶ Vico，《新科学》，页 6，第 7 段。

❷ 维科似乎把"语言学"这一术语用作全部经验证据的广义符号，而不是指一种狭义的语言学含义："语言学是对言语的研究，它探讨语词及其历史，然后呈现其源头和发展，并且由此确定语言的年龄，揭示其属性、变化和习惯。但是，由于事物的观念由语词表现，语言学必须首先探讨事物的历史，由此表明语言学要研究人类统治、习俗、法律、制度、知识学科和机械技术。"引自 G. Vico，《普遍法》（*Diritto Universale*），收录于《维科全集》（*Opere*），B. Croce 和 F. Nicolini 编，卷二（Bari，1936），页 308（D. R. Kelley 译为"维科的路向：从语言学到法学然后回归"（Vico's road：from philology to jurisprudence and back），载 G. Tagliacozzo 和 D. P. Verene 编，《维科的人文科学》（*G. B. Vico's Science of Humanity*，Baltimore and London，1976），页 19。

代）具体地展现出来。❶

[10] 维科著作的形成完全独立于构成本项研究主要关注点的其他作家，他的例子证明了两项相互分离的真理。首先，它表明语言及其起源将会成为 18 世纪分析人类理性增长和文化复杂性如何历史地形成的一项关键的认识论原理（principium cognoscendi）。❷ 其次，现在可以清楚地看出，一旦哲学家们开始追求对人类文化发展模式的不再完全依赖神圣天道的解释，那么来自历史的论据和证据作为那些解释的必要部分就不可避免地显得重要。如果人们现在比以往更加把社会现象看作是人为的，那么对人类作品记录的研究，其中包括文学史和思想史，就变得愈发重要，它不仅仅是作为一种证据，而且还是对文明史解释本身的一

---

❶ 自然法传统对维科的思想发展具有重要影响，只是通常未被人们注意。他在 1716 年就阅读了格劳修斯的《论战争与和平法》，那时他正在准备他的《安东尼奥·卡拉法的人生》（Life of Antonio Corefa），这种影响足以促使他把格劳修斯添加到柏拉图、塔西佗和培根的行列之中，作为他的"四大作家"之一（参见 G. Vico，《自传》（Autobiography），T. Bergin 和 M. Fisch 译，Cornell，1944，页 155）。据信，他对格罗诺为乌斯（Gronovius）1719 年版的《论战争与和平法》写了大量注解，但不幸的是这份手稿没有存留下来。同样不幸的是，维科毁坏了《新科学》的第一个版本，这本是要在 1724 年以《否定形式的新科学》为名出版的。与后来的版本相比，这个版本可以更为清楚地揭示维科的资料来源和辩论对手，实际上它的第一章是要对格劳修斯、普芬道夫和塞尔登（Selden）关于文明根源的解释给出一个评价。对于这些遗失作品可知内容的具体细节，参见：D. Faucci，"维科和格劳修斯：人类的法学家"（Vico and Grotius：Juriconsults of mankind），载 G. Tagliacozzo 和 H. V. White 编：《詹巴蒂斯塔·维科：一次国际研讨会》（Giambattista Vico：an International Symposium，Baltimore，1969），页 63 和页 68。

❷ 《新科学》中关于语言起源的段落与本卷稍后分析的普芬道夫和托马修斯所提供的解释形成了有趣的对比：

> 对于儿童而言，记忆是最为活跃的，由此想象也特别生动，因为想象不是别的，它就是延伸的或者复合的记忆。这条原理解释了世界在其最初的童年时代所形成的诗性意象何以生动鲜活。（《新科学》，第 211～212 段）
>
> 语言的作者最后才形成动词，这正如我们所观察到的，儿童表达名词和小品词，但却把动词留待他人意会……我们的断定可以由一个医学观察结果加以佐证。我们中的一个健康的人在遭到一次严重的中风发作之后仍然可以表达名词，但却完全忘记了动词。（《新科学》，第 453 段）

部分。然而，把这些历史论据纳入德国自然法理论的过程是令人忧虑并且充满争议的，因为 16 世纪在新教教义和亚里士多德主义自然法之间所产生的综合过于精致和复杂，以致不能忍受在既定框架之内再展开进一步的重构。然而，尽管存在来自传统的公开争议和持续反对，历史的重要性还是不能否定或者排除：如果伦理学自身想要被视为——不管在何种程度上——一种人类科学的部分，那么这个学科的历史编纂就必须得到完善。首先对于托马修斯而言，显而易见的是，这切合他作为一位新教大学课程改革家的身份，以一种新的、更为精致的思想史类型补充刚刚得到界定的［11］人文学科研究，这是一种迫切的知识关怀，而"道德史"正是实质的回应。❶

1.3　"道德史"与折中主义

在 1678 年之前，当普芬道夫出版他的第一部"道德史"概要之时，尚不能说已经存在一种公认现代意义上的道德哲学的历史编纂。实际上，在文艺复兴期间以及其后的很长一段时间内，都没有对学科历史的自觉反思。倒是存在一个很长版次的《名哲言行录》（*Lives and Opinions of the Eminent Philosopher*），这是由一位三世纪的希腊哲学家第欧根尼·拉尔修（Diogenes Laertius）写成的。这个文本的第 1 版于 1533 年在巴塞尔问世，直到 1655 年托马斯·斯坦利（Thomas Stanley，1625～1678）和格尔奥

---

❶　托马修斯作为思想改革家具有独特的地位，他在早期启蒙中能够观察和参与一种几乎福柯式的"事物重排"，对此分析参见 H. Jaumann，"作为历史批判的早期启蒙：皮埃尔·贝尔与克里斯琴·托马修斯"（Frühe Aufklärung als historische Kritik. Pierre Bayle und Christian Thomasius），载 S. Neumeister 编，《早期启蒙》（*Frühaufklärung*，Munich，1994），页 149－170。

格·霍恩（George Horn，1620～1670）出版哲学史时它仍然作为它们的基础存在。❶ 与拉尔修一样，他们的处理方式仍然是褊狭的赞美诗写法，缺乏任何对作者社会及政治背景的分析，而且没有关于思想观念在具体哲学流派之内发展的明确概念。他们的唯一解释活动就是把具有表面相似观点的哲学家划分到一串对立的"学派"之中。他们没有为道德哲学的历史提供任何特别的思考，而且想当然地假定作为一个值得进行独立历史探讨的主题的哲学研究在基督统治到来之后就已经停止了。❷

　　这不是在暗示全部哲学作为一种历史作品完全没有意义，而是说在文艺复兴之前及期间这种讨论在很大程度上都受到文本传播条件的限制，而没有被引导去为该学科的进步提供一个轮廓，或者说更为基本地，一个派别是如何接续前一派别的。这种图景的典型例证是卡塔赫纳的阿朗索（Alonso of Cartagena）与里昂那多·布鲁尼（Leonardo Bruni）15 世纪 30 年代的通信。这些信件的内容说明 [12]，布鲁尼把《尼各马科伦理学》（*Nicomachean Ethics*）译成拉丁文的功绩严重受惠于西塞罗的哲学词汇。那么，这里争议就出现了：一位在辩论和修辞上的公认权威是否应当被用来阐明另一位更为深刻的道德哲学家的思想。但是，那里却没有对西塞罗和亚里士多德之间历史关系的讨论，没有对如何从深刻转向可以觉察的肤浅的探究。亚里士多德的文本被视为给定的真理，只有在这种真理可能在翻译中被曲解的意义上才会出现问题。从这些通信中可以清楚看出，布鲁尼和阿朗索认为自亚里士

---

❶　关于第欧根尼·拉尔修（Diogenes Laertius）版次的出版史的全部细节，请参见 I. Tolomio，《从 5 世纪到 16 世纪"哲学史"的产生》（Il genere "Historia Philosophica" tra cinquecento e seicento），载 G. Santinello 编，《一般哲学史》（*Storia delle storie generali della filosofia*），卷 1（Brescia，1981），页 156–163。

❷　T. Stanley，《哲学史》（*The History of Philosophy*，London，1655）；G. Hornius，《哲学史》（*Historia Philosophica*，Amsterdam，1655）。对于试图在这些著作中发现亮点的研究，请参见 J. Reé，M. Ayers 和 A. Westoby 编，《哲学及其过去》（*Philosophy and its Past*，Brighton，1978）。

多德以降的哲学研究只有在下述意义上才是有用的：它可能产生共同点（loci communes），或者不可置疑的普遍真理的确证实例。❶

即使从古代世界发现了更为广泛的哲学文本，这也没有带来态度上的改变：只是在赞美诗写法上补充了同类合并。对摆脱既定神学权威的拒绝现在由另一种拒绝加以补充：拒绝承认古代世界的哲学成就可以被超越。结果，哲学的进步只能通过发现更多当今遗失的文本和复原那些目前流传不甚理想的文本加以衡量。直至17世纪尾声之际，当笛卡尔主义的成功变革无法再被否认之时，那些尝试哲学史的人还在论证全部创新都可以被充分地重述为不过是一种古希腊或古罗马信条在一种新术语体系中的复现。像莱布尼茨这般杰出的哲学家仍旧确信这是对哲学史的一种真实描述：这种历史实际是循环的，或者更为确切地说是一个万花筒，即使它的外在景象经常变化，但画面的组成部分却始终保持相同。

人们通常把在哲学的历史编纂中打破这种态度的功劳都归之于黑格尔。他的《哲学史讲演录》（1806年）为绝对精神的逐步上升的成就提出了一个胜利的目的论解释，其中每个阶段的哲学研究都代表对前任的一种进步性：

> 哲学史向我们展示的是一系列高贵的心灵，是那具有理性思维的英雄们的长廊。
>
> ［13］凭借这种理性的力量，这些心灵洞察事物的本质、自然的本质和上帝的神灵，为我们获取至宝，理性精神的珍宝……自觉理性的财富，一种属于我们，属于我们现世

---

❶ 这份通信重印版载于 A. Birkenmaier，《中古哲学史的混合研究》（*Vermischte Untersuchungen zur Geschichte der Mittelalterlichen Philosophie*，Münster，1922），C. Baeumker 编，《中古哲学史文集》（*Beiträge zur Geschichte der Philosophie des Mittelalters*）卷20，页129–210。

的财富，并非遽然获得的，也不是仅仅产生于当下的土壤。相反，它本是一种遗产，更为确切地说，是辛勤工作的成果，是人类历代先辈辛勤工作的成果……所以，对于我们现在在科学中，特别是在哲学中的位置，我们必须要感谢传统，这种传统就像赫尔德（Herder）所称的"圣链"贯穿一切易逝之物，把古代的创造保存下来并传给我们。但是，这种传统并不仅仅是一位女管家，把她收到的忠实地保存下来，原封不动地传递给她的继任者。它不是一尊不动的塑像；它是生机勃勃的，就像一条大河，越是离开源头越波涛澎湃。❶

最为高贵的精神在每个相继的时代都取得着可以观察的进步成就，当黑格尔把整个形而上学体系都建立于这个基础之上时，他的工作无疑是富有创新精神的。但是，哲学史作为趋向当下的进步，当下对哲学真理的接近总是代表着迄今为止所获得的最高成就，这种哲学史概念本身却并不是新的。因为布鲁克（J. J. Brucker，1696～1770，一位奥格斯堡的教师）早在1744年就已经出版了六卷本的《哲学批判的历史：自世界的起源以迄我们的时代》（*Hisotia Critica Philosophiae a mundi incunabulis ad nostram usque aetatem deducta*），它围绕着一个基本的假定构建起来：文艺复兴之后的哲学，特别是它的逻辑学和伦理学，已经超过了古代，并且把哲学知识提升到一个新的高度。布鲁克的哲学史是第一部旨在提供这一学科总体发展解释的一般哲学史：他在哲学的全部现代成就都是哲学家运用折中方法的结果这一前提基础上提出了一个纲要，从而取代了之前众人皆知的、光秃秃的学说年谱。借此他所要的不是无系统的混合主义（syncretism），而是对

---

❶ G. W. F. Hegel，《哲学史讲演录》（*Introduction to the Lectures on the History of Philosophy*，Oxford，1985）T. M. Knox 和 A. V. Miller 译，页9。

当前权威的有效性和抽象的理性反思的一种仔细评估的合并，是一种存在于教条与超脱之间的*中庸之道*（*via media*）。折中的哲学家是那样的哲学家，他仔细审视一切可以利用的权威，"小心翼翼地研究进入其观察范围的对象的性质和属性，据此推论出清晰的原则，并且获得确定的知识。"❶ 然而，这不是［14］布鲁克所独有的定义或理论。它只是沃尔夫对莱布尼茨哲学的重述得以散播之前就已经主宰着北部德国大学的一般观点，而且它在"道德史"中得到了最为著名的表达，这种"道德史"描述了折中主义在伦理学领域所取得的最为著名的最近胜利。因此，布鲁克的著作是历史编纂与哲学实践之间复杂的相互关系的一个高峰，这种关系早已在伦理学领域开始出现。

普芬道夫于 1678 年出版了第一部"道德史"，《围绕着〈自然法〉本身最近引发的争议典型》（*Specimen Controversiarum circa Jus Naturale ipsi nuper motarum*），作为他对那些攻击他的巨制《自然法与万民法》（*De Jure Naturae et Gentium*）（1672）的部分回答。第二章将说明导致这部著作出版的一些情况。在这个早期阶段，他的"历史"不过是一个自我辩白的概述，他把自己的工作既与他认为最为杰出的同代人联系起来，他相信自己正在完成着他们的工作，也与古代道德哲学领域中的那些大人物联系起来，他认为他们的工作预示了他自己的工作，或者他自己的作品可以与之形成最为鲜明的对照。普芬道夫绝没有想过对整个哲学史作一种目的论的解读。那个争论的参与者——最为著名的是普芬道夫自己——写作他们自己的"道德史"是为了支持或证明他们自己的理论立场，由于这些争论这些立场仍然处于发展和变

---

❶ J. J. Brucher，《哲学批判的历史：自世界的起源以迄我们的时代》（*Historia Critica Philosophiae a mundi incunabulis ad nostram usque aetatem deducta*, 6 vols. Leipzig, 1766 – 7, 2nd edn），卷 4 说明部分，页 4（W. Enfield 译，《从最早时期开始的哲学史：根据希鲁克的"哲学批判的历史"拟定》［*The History of Philosophy... drawn up from Brucker's 'Historia Critica'*, vol. II, London, 1819］，页 469）。

化之中。❶

然而，一旦托马修斯充分弄清了，首先普芬道夫的自然法理论是有效的，其次它正确的原因在于它所使用的哲学方法，那么对哲学史的一种"进步"解读就是可能的了。第四章将详细讲述托马修斯得出这些结论的漫长而且往往饱含苦楚的过程。这种转变的影响（与路德的"高塔经验"［Turmerlebnis］有共鸣之处）事实上更为深远。它体现在，托马修斯把普芬道夫得出其核心结论的方法（抽象反思与谨慎援引历史权威之间的一种互动结合）所提供的个案研究提升为一种对新教大学正统哲学实践的定义明确的替代品。这里思想自传无疑符合自身利益，这表现在托马修斯与传统的莱比锡决裂［15］，加入新式的哈勒大学（University of Halle）的成立之中，那里法学的研究将支配神学的研究。但是，不管出于怎样的混杂动机，普芬道夫关于其与前辈之间关系的定位都不可避免地被托马修斯及其同行视为"道德史"的一种规范解释。如果实际的学说被明确地接受为一种思想的突破，那么作者关于真理如何形成的看法也必定如此。因此，在创立早期，折中主义既是一种方法也是一种历史，而且它们相互证明：道德哲学的近期实践表明了这种方法的成功和有效；相应的历史为它在道德哲学研究的一切早期阶段的重要意义提供了回溯性的信心保证。

托马修斯和法国胡格诺教徒让·巴贝拉克（1674～1744）不仅对普芬道夫的自然法理论进行了重要的修订，进而统治了法国和德国随后的学术讨论，而且他们也创作了两部鸿篇巨制的"道

---

❶ 普芬道夫 1684 年和 1688 年《自然法与万民法》的较后版次通过降低第 1 版中的霍布斯因素容纳了一些反对意见：参见 F. Palladini，《普芬道夫：霍布斯的学生——现代自然法的一个重释》（Samuel Pufendorf, discepolo di Hobbes. Per una reinter-pretazione del giusnaturalismo moderno, Bologna, 1990），这是对普芬道夫与霍布斯之间争论不休的思想关系的一个综合分析。

德史"，它们后来变成了文坛和北部德国大学同一类型作品的模板。❶ 尽管这些文本往往以普芬道夫结束它们的叙述，但这并不十分表明随后自然法学成就的贫乏，而是昭示着道德史作为新式大学课程的创新性教科书的论辩功能，它们被用来灌输一种新的正统。事实上，普芬道夫的直接继承者们既是有独到见解的思想家，也是忠实的编辑和门生。巴贝拉克这位普芬道夫文本在法国的主要翻译者和编辑者用他的思想传承表达了对皮埃尔·贝尔的皮浪式怀疑主义的最初驳斥；而托马修斯为教会史、德国习惯法的研究以及实验方法在科学中的适用作出了突出的贡献，更不用说他在大学改革和虔敬派运动中所发挥的实际作用，以及对遏制刑讯逼供和巫术诉讼的积极倡导。

　　在某些方面上，巴贝拉克和托马修斯所面临的任务比17世纪早期自然法作家的事项更为严苛：因为他们在把自然法从道德神学中明确分离出来时已经把自己的软肋亮了出来，这就更容易受到来自［16］怀疑论者的相对主义的指责，以及来自正统神学的霍布斯主义唯意志论的指责。正是莱布尼茨最为中肯地表达了这些批判，而且可以毫不夸张地把巴贝拉克和托马修斯解释为是在千方百计地竭力避免这些反对意见，以及对只要接受它们就会威胁到的一种经院主义自然法理论的隐式回归。对于如何吸收霍布斯的内容，他们得出了种种不同的结论，但都没有上升到莱布尼茨在其简短的未刊内容中所提出的强劲挑战的高度。正因如此，第三章将对莱布尼茨和普芬道夫道德认识论中的紧要问题进行一个细致的比较研究。虽然莱布尼茨的部分理论仍然像以往一样强劲有力，特别是他对普芬道夫的道德义务解释所具有的不坚决的霍布斯主义含义的谨慎揭示，然而，

---

❶ J. Barbeyrac，"风俗学的科学史和批判史"（Histoire critique et scientifique de la Science des Moeurs），普芬道夫的《自然法与万民法》的序言（Le Droit de la Nature et des Nations，Amsterdam，1706），J. Bearbeyrac 编，共2卷；C. Thomasius，《自然法小通史》（Paulo plenior Historia Juris Naturalis，Halle，1719）。

可以证明，普芬道夫对自己立场的辩护比他的任何最伟大的门生在反驳莱布尼茨的努力中所考虑到的都更为连贯和持久。最为重要的是，他关于"心灵修养"（*cultura animi*）的分析对于一种高度原创性的解释是根本性的，这种解释所要说明的是，道德规范如何通过人类资源，特别是语言，得以产生并维持下去，由此最终获得对契约如何被列造出来并使之具有约束力的一个新颖解释。可以证明，普芬道夫自然法理论的最为重要的成就是对认识论原理重要性的一种意识，或者换言之，是对获得伦理确定性的方法的一种意识，这后来又被托马修斯转变为自觉的折中主义方法论。

折中主义兴起于新成立的激进的大学之中，由于这些大学的论辩教学的环境，"道德史"教科书就不可避免地被迅速圈定为教学手段以强化未来使用这种方法的兴趣。因为自然法提供了一种统一的话语，可以用来提升法学对于神学的地位，由此就可以提高法学院和哲学系对神学院的地位。一位外部的观察者，苏格兰法学家乔治·特恩布尔（George Turnbull，1698～1748），在其对海纳修斯（J. G. Heineccius，1681～1741）所著的处于普芬道夫和托马修斯传统之中的一部杰出教科书所进行的评论中清楚地指出了这一点。在特恩布尔看来，这一明确以折中主义为基础的教科书传统提供了一种优良的训练，为探索罗马实在法、实际上也是所有形式的实在法的复杂问题发展出了若干合理的解释原则：

> 对于我们的法律研究来说这显然并非一种不恰当的方式，首先熟悉自然法（对它们的评述一般也是对罗马法的评述，诸多例证［17］通常都从那里得出），然后按照顺序仔细推敲这些自然法，在每一标题之下探查我们的法律，通过自然法审问这些法律，就像罗马法通常都通过自然公正的格言加以详细考查一样，它们存在于关于普遍法

的讨论之中。❶

特恩布尔在其他地方进一步发展了这种观点，使得自然法既能提供解决所有"疑难案件"（hard cases）的原则，也能给出普遍的真理：

> 由此显而易见的是，一个谙习自然法知识的人绝不会对在特定案件中查明一般实在法应是什么，以及不会在这些案件中应当怎样解释实在法感到不知所措，尽管在一条法律之中没有被明确排除，它必然是普遍的，但却在事物的性质之中被排除了。❷

特恩布尔把这种彻底的认同与格劳修斯的下述论证结合起来：国家应当被视为一种道德人格，这样一种自然法上的训练就可以充分地理解国际公法的原则。❸

在折中主义作为一切哲学研究的主宰在许多德国大学中存在时间持续三代，并且伦理学的一切认识进步都归功于它之后，就

---

❶ J. G. Heineccius，《普遍法的方法论体系：或者从某些原则推出并适用于恰当情形的自然法和万民法》（*A Methodical System of Universal Law：or the Laws of Nature and Nations deduced from Certain Principles and applied to Proper Cases*，London，1763），G. Turnbull 编译，共 2 卷，卷 2，页 230 – 231。

❷ 同上注，卷 1，页 322。对于这些主题，特恩布尔（Turnbull）在《自由教育及其各分支的评论》（*Observations upon Liberal Education*，*in all its Branches*，London，1742）中最为系统地陈述了他的观点，他在该处强调罗马法和自然法的配合研究是塑造公民的根本要求。

❸ 同上注。特恩布尔通过其历史的方法对"现代"自然法传统的灵活理解与对格劳修斯或者霍布斯是否应当被视为这一传统的奠基者的最新争论形成了鲜明的对比，这个争论形成了一种误导性的分化，而且错失了 18 世纪在确定这些思想传承关系上所展现出来的策略：请参见，例如，N. Bobbio，"霍布斯与自然法理论"（Hobbes and natural law theory），载《托马斯·霍布斯与自然法传统》（*Thomas Hobbes and the Natural Law Tradition*，Chicago and London，1993），D. Gobetti 译，页 149 – 171。

比较容易理解布鲁克怎样想起把它选作他的一般哲学史的组织原则了。而且，"道德史"在德国之外也变成了通常都接受的普遍之物，对此如果我们把布鲁克著作中的一段文本与孔狄亚克（Condillac，1714～1780）17世纪60年代所提出的相似评价放在一起就可以理解了，后者是引起轰动的哲学家，后来受聘为帕尔马公爵（duke of Parma）的私人教师，并为其创作了一部哲学史：

> 即使格劳修斯算不上首屈一指的作家，他显然也是非常重要的一位，他表明义务的概念（在古代斯多亚学派一直都没有忽略它）必须加以扩展，并且延伸到整个神法，只要它可以为理性所认识。在霍布斯之后，格劳修斯被普芬道夫所追随；因此，道德哲学又多了一部分，称之为自然法与万民法，但是，这个部分到目前为止已经被从中清除了，它[18]必须与伦理学区分开来，除非它得到（神法和伦理学）任何一方的支持，否则就无法认为它有能力存在。❶
>
> 普芬道夫在1672年出版的《自然法与万民法》是这一领域曾经出版的作品中最为彻底、推理最好的一部。这位审慎的作者尽管没有格劳修斯和霍布斯那样的天赋，但却更为成功，因为他知道怎样既从这二位的深刻见解之中也从他们的失误之处获益。❷

---

❶ Brucker，《哲学批判的历史》，卷5：《哲学批判的历史：直至当前时代在西方文献中的现代复兴》（*Historia Critica Philosophiae a tempore resuscitarum in occidente literarum ad nostra tempora*，Leipzig，1766），卷4，共两部分，第2部分，标题4，第1段，页722。

❷ E. Bonnot de Condillac，《帕尔玛王的教育课程：现代史》（*Cours d'Etudes pour l'Instruction du Prince de Parma. Histoire Moderne*），第6章，"政治学的发展"（Des Progrès de la politique，*Oeuvres Complètes*，Paris，1822），《全集》，卷14，原版1775，页565。

在普芬道夫的重要文本出版之后的数十年内，这种历史编纂上的共识似乎就显著起来了，那时该文本的权威及与其前身之间的关系是一个持续争议的主题，而且也生动地表明了"道德史"的后续影响。

由此我们可以理解，哲学的历史编纂和自然法学说的发展是多么需要整体思考而不是分开考虑：18 世纪的德国自然法理论在其历史中找到了一种重要的表达手段；而且正是这部作品提供了第一份关于哲学的历史进化的"进步"解释。这两个原因使得那些主题不可避免地相互并列。它们之间的关系已经模糊了太长的时间，这仅仅是因为在这一传统在布鲁克的《哲学批判的历史》中达到顶峰之后不久，它就在德国大学中完全被历史编纂的革命所取代了，这种革命随着康德的批判哲学成为正统接踵而至。正如我们在第六章将会看到的，这种方向的转变不仅仅归功于康德关于道德哲学恰当议题的完全独特的视角，而且也归功于他试图推翻哲学在大学教程中卑微的课程地位的热望。真切地说，"道德史"是"系科之争"（*Streit der Facultäten*）的受害者，"系科之争"涉及把哲学系的自主权从法学院甚至从神学院那里恢复过来。

到黑格尔开始写作他的《哲学史讲演录》时，已经出现了施陶林（Stäudlin）、腾勒曼（Tennemann）、布尔（Buhle）等人编著的一系列新教科书，它们很少涉及或者说根本没有涉及折中主义，而且也没有特别关注文艺复兴之后的自然法著作。❶ 因为康德把自己置于"真正"哲学史开端的定位被接受为标准，半

---

❶　C. F. Stäudlin，《道德哲学的历史》（*Geschichte der Moralphilosophie*，Hanover，1822），及其摘要《道德哲学的历史》（*Geschichte der Moralphilosophie*），作为附录附于他的《神学家的道德新教程》（*Neues Lehrbuch der Moral für Theologen*，Göttingen，1825），页 525 - 601；J. G. Buhle，《哲学史教程及其批判性文献》（*Lehrbuch der Geschichte der Philosophie und einer kritischen Literatur derselben*，8 vols.，Lemgo，1796 - 1804）；W. G. Tennemann，《哲学史》（*Geschichte der Philosophie*，11 vols.，Leipzig，1798 - 1819）。

个世纪的陈词滥调［19］被一扫而光了。正如普芬道夫的"道德史"已经从自觉的争论转变为一种接近真实的、综合的和客观的解释，《纯粹理性批判》结尾处的简短的"纯粹理性的历史"被改写并扩充为一部完整的哲学史，其中这个学科的全部历史都可以用"独断论者"和"怀疑论者"，以及"唯理论者"和"经验论者"之间的冲突加以描述，这部历史在康德对这一冲突的解决方案中达到了顶峰。而且，康德习惯于把他在德国本土的对手仅仅确认为沃尔夫主义者，这就把托马修斯的追随者们移到了场景之外，甚至连敌人都不算。这在两方面都具有讽刺意义，一方面，自然法学派和折中主义者被归为陈旧的经院主义派别名下，而这正是他们进行争斗力图决定性地与之远离的对象；另一方面，正如折中主义已经深深地卷入了大学改革，康德的任务也紧跟着一个没有为法学留下特别位置的课程变更计划出现了。鉴于这种背景，如果不首先关注其历史，很难设想德国18世纪自然法讨论的语境和内容的充分复苏。

折中主义对道德哲学研究及其历史编纂的影响程度可以从对布鲁克以及雅各布·托马修斯（Jakob Thomasius，1622～1684），克里斯琴·托马修斯的父亲，关于这些领域的著作的简短比较中判断出来。老托马修斯既写出了一部被莱布尼茨及其他人赞为那个时代最出色、最准确的哲学史著作，也执笔了一些在莱比锡大学使用的道德哲学的教科书。❶ 但是，与仅仅在30年后就出现在相同领域的那些作品相比，这些著作简直微不足道。雅各布·托马修斯的《历史变奏》（Schediasma Historicum）在它那个时代确实是一部先进的著作，原因在于它或许是对既存的古代哲学的最完整和最准确的校勘言论集。但是，它的方法绝非创新性的，因

---

❶　J. Thomasius，《从历史到哲学再到折中的历史变奏》（Schediasma Historicum quo varia discutiuntur ad historiam tum philosophicam tum ecclesiasticam pertinentia，Leipzig，1665）；《形而上学基础原理》（Erotemata Metaphysica pro incipientibus，Leipzig，1670）；《逻辑学基础原理》（Erotemata Logica pro incipientibus，Leipzig，1670）。

为作者的旨趣仅仅在于把古代哲学家，特别是亚里士多德，从经院主义的评注中解放出来。他并不关心把他的历史延伸到现代时期，也不想追溯那些他已经分离并恢复的较为精纯的文本之间的联系。

这里必须要强调，雅各布·托马修斯在［20］历史编纂上的保守态度根源于他在整个哲学中的保守的方法论立场：正是这种差异从根本上解释了他的著作与布鲁克的著作之间的分歧，也再次证明了哲学与其历史多么需要放在一起评判。托马修斯在很大程度上仍然是德国北部新教经院主义的一分子，尽管他属于亚里士多德主义较为进步的"阿尔特多夫"（Altdorf）分支，这个分支试图容纳苏亚雷斯（Suarez）的最新作品，而不是回顾梅兰西顿的伦理著述。❶ 因此，对于使异教哲学顺服基督教的调和常法他有着很强的保留："试图调和柏拉图、亚里士多德、斯多亚学派和其他异教徒的部分理论与基督教信仰，没有什么比这更不光彩地败坏我们哲学史的了。"❷ 但是，托马修斯虽然与宗教调和保持距离，但他仍然与它的哲学的类似物保持着联姻。他采取的方式是保留下述预设：17 世纪所有的"创新"（*novatores*）都可以吸收进亚里士多德主义，而且除了哲学史的一种循环解释外，没有什么东西是站得住脚的。尽管他怀疑自己受教于其中的那个传统的某些方面，但却无法设想一种替代范式，因此他最终屈服了。❸

---

❶ "托马修斯以阿尔特多夫学派（迈克尔·皮卡特［Michael Piccart］和恩斯特·索纳［Ernst Soner］）和克里斯琴·德莱尔（Christian Dreier）的方式支持一种纯粹的亚里士多德主义，这与仿效苏亚雷斯的流行亚里士多德主义的本体论学说相反，然而，那是一种他没有在学校中看到胜利，而且也不情愿适应的方式"：G. Santinello，《德国学院中的"哲学史"》（*La "historia philosophica" nella scolastica tedesca*），载 Santinello 编，《一般哲学史》（*Storia delle storie generali della filosofia*），卷1，页439。

❷ J. Thomasius, *Exercitatio de stoica mundi exustione cui accesserunt argumenti varii, sed imprimis ad historiam stoicae philosophiae facientes dissertationes XXI*（Leipzig，1676），页38。

❸ 参见：同上注，页 21 – 22。

从其子提供的证据中我们可以看出，雅各布·托马修斯对格劳修斯的著作感兴趣，而且他也讲授这些著作。但是，他仍然不允许这种对新著作的明显容受性改变他在伦理学上的一般的亚里士多德立场，在这一点上他与赫尔曼·康宁（Hermann Conring）相同。❶ 在他父亲的遗著选集中，这些主要是献给普芬道夫的，克里斯琴·托马修斯慨叹，他的父亲生错了时代和地方，没有把他钦慕的免于学术偏见的自由带进对莱比锡哲学方法的彻底改革之中：

> 无疑，这位蒙恩的人，现在去世了，原本可以实现对真正的、唯一的哲学更加深刻的理解，因为他被赋予了不知疲倦的勤勉和不同凡响的心智。如果他笔耕的时代［21］能够赐予他我们（如果咆哮的智者允许的话）所享有的自由度，如果那里没有对亚里士多德是最好的哲学家的确信……那么对争吵的恐惧，这些争吵似乎在那些力争把他们的知识增加到超过古老导师的意见的人群中天天产生，就不会阻碍最优秀的人在这真理的道路上继续前行。❷

对于其子而言，老托马修斯是一个折中主义的"失败者"（manqué），一个体现普芬道夫到来之前的北部德国学术界最为先进观念的过渡性人物。这些观念与布鲁克的观念之间的距离，向折中主义转变与折中主义后来遭到废弃之间的距离，正是下述

---

❶ 他阅读格劳修斯所获得的只是可以在教学中加以使用的对格劳修斯主要学说的一个总结：J. Thomasius，《胡果·格劳修斯论战争与和平法中新记录的典型》（*Specimen tabularum novarum in Hugonis Grotii de iure belli et pacis libros*，Leipzig，1670）。

❷ J. Thomasius，《关于哲学和折中主义历史的主要部分的各种论点的论文 LXI-II》（*Dissertationes LXIII varii argumentii magnam partem ad historiam philosophicam et ecclesiasticam pertinentes*，Halle，1693），C. Thomasius 编，《读者的仁慈》（*Benevolo Lectori*），页 1 – 2（未标页码）。

章节力图横贯的对象。

本书的论点并非是说，"道德史"一定会传播一种比既存的模式更为客观或公正的哲学史解释。实际上，这些文本的真正重要性在于，它们清楚表达了一群自康德以降渐被忽视的思想家的哲学方法和哲学成就。诚然，这些作品所建立起来的思想联系和衔接方式既充满争议又极富论辩性，特别是针对格劳修斯与普芬道夫二者著作之间的一种轻易过渡的假定，而实际上这两位作家对法律和权利之间的恰当关系的理解极为不同。

这些差异在离散的胡格诺教徒所创作的自然法作品中得到了完整的展现，他们提供了一种非正统的、主要是自由个人主义的个案研究，而这种个人主义主要产生于完全不同于普芬道夫理论的思想根基的格劳修斯理论。居里欧（Jurieu）、贝尔、巴贝拉克和布尔拉玛基都使用自然法论证的资源，从而把他们关于良心地位的高级观念融入一种适用于难民（réfugiés）的政治理论之中。这些解释证明了"现代"自然法传统的强大的和不稳定的丰富性。这一传统不仅可以灵活到足以容纳普芬道夫所创造的唯意志论模式和沃尔夫的演绎的、唯理论的观点，二者均以强调个体在专制国家的精致契约框架之中的自然实现告终；而且还可以生成一种政治参与的理论，它的起点来自于关于人的良心的个人主义视角以及对它的［22］独享领悟所产生的权利。这种发展的多价灵活性不应被视为施特劳斯所指责的那种概念和思想不连贯性的标志，相反正如可以提出证据证明的那样，它是自然法理论最为突出的特征，这些理论自经典时期以降一直作为西方文化的一个部分，这在很大程度上是因为，它们可以被视为既包含对个人权利的保护，也包含对共同体合法性的保护。胡格诺教徒的自然法传统没有德国的相关自然法理论更为人所知，但它却被证明对法国接受自然法学具有持久的重要性，因此就其本身而言它值得单独的研究，但这要比本书所可

能花费的篇幅更大。❶

　　具体而言，与格劳修斯相连的自然法论点，在贝尔和居里欧关于道德和政治义务的本质以及公民宽容的可能性这些问题上的反对观念形成过程中具有独特的作用。格劳修斯的论点可以为如此完全不同的目的使用到相同的主题之上，这恰恰表明了在保护区内抵抗主权者的观点幅度，而且也表明了可以在格劳修斯自己的作品中确定的意见的范围。这种复杂的继承性同样有助于表明，一旦知道巴贝拉克是在尝试对自然法传统中根本不相容的因素进行一种极端复杂的调和，那么在他后来提出的自然法理论中明显出现的某些混乱和矛盾也就更为清晰易懂：在道德义务上他把普芬道夫的唯意志论作为模板，在政治义务上他追随洛克的契约论，但是在这两个范畴内他都试图把良心的官能与自然理性的道德直觉等同起来——这是一种从贝尔那里继承的立场，它本身早已被格劳修斯的自然法论点限定并区分出来了，这些论点具有一种不同于普芬道夫和洛克的论点的色调。❷

---

　　❶　在英语作品中，对于胡格诺教徒在南特敕令废止前后政治理论的最好的和最简明的解释有，M. Yardeni 的"法国加尔文主义者的政治思想：1534～1715"（French Calvinist political thought, 1534～1715），载 M. Prestwich 编，《国际加尔文主义：1541～1715》（*International Calvinism* 1541～1715, Oxford, 1985），特别是页 326–336，以及 E. Labrousse 的权威论文，"离散胡格诺教徒（贝尔和居里欧）的政治观念"（The political ideas of the Huguenot diaspora [Bayle and Jurieu]），载 R. M. Golden 编，《波旁王朝下的教会、国家和社会》（*Church, State and Society under the Bourbon Kings*, Lawrence, Kant, 1982），页 222–283。关于胡格诺教徒从广泛的自然法学论点中受益的具体问题，请参见拙文"良心的要求：自然法理论、义务与离散胡格诺教徒的抵抗"（The claims of conscience: natural law theory, obligation, and resistence in the Huguenot diaspora），载 J. C. Laursen 编，《离散胡格诺教徒的政治思想新论文集》（*New Essays on the Political Thought of the Huguenots of the Refuge*, Leiden, 1995），页 15–51。我希望在未来的研究中扩充并深化这一解释。

　　❷　对巴贝拉克的这种阅读的更多细节，请参见拙文，"良心与理性：让·巴贝拉克的自然法理论"（Conscience and reason: the natural law theory of Jean Barbeyrac），载 *Historical Journal*, 36, 1993, 页 289–308。

[23] 胡格诺作家的兴趣当然在重要的地方会与他们的德国同行有些重叠：二者在本质上都是试图通过自身真实历史的创造寻求合法性的反对运动，而且，具体到巴贝拉克，他不仅贡献了他的著名的"道德史"，还写作早期教会史的作品，这些作品反映了教士篡权伊始德国人对确定信仰根本要素的关注。他力图捍卫普芬道夫的自然法学，使之免于莱布尼茨对它的攻击，而且他的评论从总体上看可以作为普芬道夫理论反对霍布斯唯意志论的最好和最为集中的体现。❶ 但是，在胡格诺教徒和德国人自然法学讨论的神学的、理智的和政治的语境中存在重大差异。更为重要的是，关于折中主义的争论，这对于德国人的争论具有根本性的意义，但在很大程度上却被胡格诺教徒略过了，他们的伦理前提浸淫在一种马勒伯朗士的哲学词汇之中。❷ 但是，他们在德国的适应性应当用于强调，德国的争论可以与一种把外部"民族语境"当作讨论部分的法学共存，如果这些讨论在整个欧洲学界都被认为具有普遍的关联。

---

❶ 巴贝拉克的最好的传记仍出自梅朗（P. Meylan）之手，《让·巴贝拉克（1674～1744）及其在古老的洛桑学院中的法学教育的开端》（*Jean Barbeyrac* [1674～1744] *et les débuts de l'enseignement du droit dans l'ancienne académie de Lausanne*, Lausanne, 1937），尽管这部作品对他在洛桑担任教授前后时期的描述有些薄弱。对他的思想语境的最佳阐述来自 A. Dufour 的《18 世纪自然法的法语学校中的婚姻》（*Le Mariage dans l'école romande du droit naturel au xviiie siècle*, Geneva, 1976），页 1－35。

❷ 这一点在一份关于让·克拉克（Jean Le Clerc）的讣告之中说得很清楚。那位匿名的作者指出，"相同国家（德国）的有些人曾说，克拉克先生的著作在那里赢得了尊敬，因为它们包含着对《折中主义哲学》的更为丰满的阐释，这正是那位博学的哲学家和神学家约翰·弗兰科·布迪乌斯（John Franc Buddeus）所遵从的。但是，克拉克先生的作品出版时，那位著名作家的《折中主义哲学》尚未问世……克拉克先生当然无法解释他没有读到的内容"（Anon，《关于克拉克先生生活及著作的一份记述》（*An Account of the Life and Writings of Mr John Le Clerc*, London, 1712），页 25）。然而，通过阿诺德·维森菲尔德（Arnold Wesenfeld, 1664～1727）的媒介在柏林保护区里的胡格诺教徒与折中主义之间可能存在某种联系，他是奥得河的法兰克福的一位折中主义的逻辑学和伦理学教授，而那儿正是胡格诺教徒避难者受教育的地方。但是，这种联系尚未得到研究。

1.4　对折中主义的解释

在德国，开始严肃地着手对折中主义的学术讨论仅仅是过去十五年的事。❶ 这与 [24] 对下述问题的持久兴趣同步发生：界

---

❶ 对这一讨论的主要贡献有，W. Schmidt-Biggermann 的《普遍论题：巴洛克科学与人文主义的历史原型》（*Topica Universalis. Eine Modellgeschichte humanistischer und baroker Wissenschaft*，Hamburg，1983）；M. Beetz 的 "透明制作的成见：对早期启蒙权威和命令的偏见的分析"（Transparent gemachte Vorurteile. Zur Analzse der *praejudicia authoritatis et praecipitantiae* in der Frühaufklärung），载 *Rhetorik*，3，1983，页 7 – 33；H. Holzhey 的 "作为折中主义的哲学"（Philosophie als Eklektik），载 *Studia Leibnitiana*，15，1983，页 19 – 29；W. Schneiders 的 "纯粹的怀疑与真正的折中：现代批判概念的产生"（Vernünftiger Zweifel und wahre Eklektik. Zur Entstehung des modernen Kritikbegriffs），载 *Studia Leibnitiana*，17，1985，页 143 – 161；W. Schmidt-Biggermann 的 "在可能与事实之间：唯理主义与折中主义，德国启蒙哲学的主要传声筒"（Zwischen dem Möglichen und dem Tatsächlichen. Rationalismus und Eklecticismus，die Hauptrichtungen der deutschen Aufklärungsphilosophie），载他自己的著作《理论与事实：德国启蒙的哲学人物》（*Theodizee und Tatsachen. Das philosophische Profil der deutschen Aufklärung*，Frankfurt/Main，1988），页 7 – 57；M. Albrecht 的 "托马修斯——非折中主义者？"（Thomasius-kein Eklektiker?），载 W. Schneiders 编，《克里斯琴·托马修斯 1655～1728：对工作和著作的解释》（*Christian Thomasius 1655～1728. Interpretationen zu Werk und Wirkung*，Hamburg，1989），页 73 – 94；H. Dreitzeld 的 "'折中主义哲学'的发展及其特征"（Zur Entwicklung und Eigenart der "Eklektischen Philosophie"），载 *Zeitschrift für Historische Forschung*，卷 18，1991，页 281 – 343；M. Albrecht 的《折中主义：涉及哲学与科学史的概念史》（*Eklektik. Eine Begriffsgeschichte mit Hinweisen auf die Philosophie – und Wissenschaftsgeschichte*，Stuttgart and Bad Cannstatt，1994）。在所有这些作品中或许 Dreitzel 的审视与 Albrecht 在《概念史》中的综合运用最具意义，也最为透明。最近，折中主义现象以及许多这些作品在相同杂志上又得到二次回顾：M. Mulsow 的 "折中主义抑或怀疑主义？早期启蒙的一个问题"（Eclecticism or skepticism? A problem of the early Enlightment），载 *Journal of the History of Ideas*，卷 58，1997，页 465 – 477；U. J. Schneider 的 "折中主义——涉及哲学与科学史的概念史"（Eclecticism—history of a concept with references to the history of philosophy and science），载 *Journal of the History of Ideas*，卷 59，1998，页 173 – 182。后者概括了整个近期学界的动向，并争论说，"折中主义不是一个学说，而是一种思想态度，它的调查研究所要求的是对作者动机的一种密切审视"（页 177）。这个方向上的某些变动集中在作者的 "折中主义与哲学史" 一文，载 D. R. Kelley 编，《历史与学科：早期现代欧洲的知识的重新分类》（*History and the Disciplines: the Reclassification of Knowledge in Early Modern Europe*，Rochester，1997），页 83 – 101。

定和阐明"早期启蒙"自身的性质，尤其是它的领军人物——著名的托马修斯——与虔敬主义者运动的关系，以及以信仰国度为代价的开明专制主义的强化。这需要进行清晰地理解，否则就会失掉折中主义的具体的论辩意义。如果没有对折中主义目标以及反衬它的事物的清楚认识，那么它对审慎而又独立地选择最佳思想历史的强调就似乎不过只是对良好实践的平庸建议。除非把折中主义与新教德国关于思想性质的其他争论联系起来，并且不断地进行比较，否则大学课程的恰当内容以及大学学者与教会和国家关系的真正性质就会一直难以捉摸。

狭义地说，折中主义已经被限定在斯特姆（J. C. Sturm）17世纪90年代的著作所产生的影响上了，尤其是集中在托马修斯继续支持斯特姆所提出的自然科学方法论类型的那种范围内。约翰·克里斯托弗·斯特姆（Johann Christoph Sturm，1635～1703）1669～1703年在阿尔特多夫任教，他实际上继承了艾哈德·威格尔（Erhard Weigel，1625～1699）的衣钵，成为德国大学数学和自然科学的最伟大的权威。[1] 1676年，他在《大学实验或者惊奇》（*Collegium Experimentale sive Curiosum*）中作为实验哲学的辩护者一举成名，这是一部以欧洲学术群体为 [25] 模板的系列实验的记录。他的目的显然是使用系统的自然观察，由该领域挑选出来的专家进行审查，从而终结对自然哲学的无穷无尽的、徒劳无功的言语争论，而且——正如玻意耳（Boyle）所设想的——同时也限定自然哲学的范围。[2] 一旦对于什么可以通过实验达成一致意见的边界确定了，那么讨论就从物理学整个地移到

---

[1] Dreitzel，"'折中主义哲学'的发展及其特征"，页310。对他的职业生涯的总结请参见页310－319，更为细致的分析出现于 Albrecht 的《折中主义》一书，页309－357。

[2] 关于玻意耳的观点，参见：S. Shapin 和 S. Shaffer，《利维坦与空气泵：霍布斯、玻意耳与实验生活》（*Leviathan and the Air-Pump：Hobbes，Boyle and the Experimental Life*，Princeton，1985）。

了另一个学科领域——形而上学。❶

十年之后，斯特姆用一系列论文把这部著作贯彻到底，这些论文都是为着他的目标准备的，即折中主义哲学。❷ 这部著作为实验哲学作为避免争议、导向真理的一般根据进行了辩护。斯特姆并不怎么把折中主义视为一个宗派联系的思想自主的规划，而是更多地把它看作一个可以在自然科学家之间进行调停的机制，这种机制能够通过为自然哲学的恰当的职责范围应当是什么这一问题提供更好的共识性定义来解决冲突。如果可以商定一个所有参与者都接受的自然哲学的证明标准，那么实验所具有的恰当的认识论地位就同样可以确立，而在此之前实验一直被视为实用的手段领域，而不是真正的哲学家应当关注的合适中心。

在托马修斯的《宫廷哲学导论》（*Introductio ad Philosophiam Aulicam*）（1688）中，许多材料都得自斯特姆著作的开篇部分：对于这个阶段的他来说，它代表着对笛卡尔物理学的一种合理拒绝，以及对人类智力辨认和修正错误的能力的一种辩护。但是，在 17 世纪 90 年代，一旦他的一般关注点转向了对作为道德改善关键步骤的人类意志的修正，那么他对实验哲学的热情就消失了，代之而起的是一种来自《旧约》的摩西物理学。❸ 因此，按照这种环环紧扣的解释，折中主义只是托马修斯职业生涯的一个附带的方面，并非他的持久志业。

折中主义的替代性方案是追随布鲁克的不加鉴别的榜样，并且试着确立这些共同原则，它们连结着 [26] 18 世纪早期出版

---

❶　感谢托马斯·阿纳特（Thomas Ahnert）使我注意到了这些比较。他的即将面世的著作将为德国学界 17 世纪 90 年代学界争论中的物理学与伦理学之间的关系提供更多的新线索。

❷　J. C. Sturm，《折中主义哲学与学术实践》（*Philosophia eclectica d. h. exercitationes academicae*，Altdorf，1686）；下一卷出版于 1698 年。

❸　证明这一点的简洁评论，请参见 Albrecht，"托马修斯——非折中主义者？"一文。

的无数文学史中作为折中主义者所列举出来的全部人员。❶ 在概念史（Begriffsgeschichte）的整体方法论中，以及在那些把自己描述为折中主义者（或制造折中主义者名单的历史学家）的不加批判的综合校勘中，都存在把词汇错认为概念，从而因此失去概念自身本质的真正危险。正如昆汀·斯金纳所指出的，弄懂最常用于代表一个概念的那些词的词汇历程这还不够，因为这些词是依赖于理论的，它们在概念上并非自给自足和不解自明。❷ 相反，越是延伸的广泛，就越是真正历史的，因为

> 一个群体或社会开始自觉拥有一个新的概念的确切标志是开发出一个相应的词汇，然后可以用这个词汇连贯一致地挑选并讨论概念。❸

在折中主义的例子中，更为重要的是寻找更为广泛的衍生物，而不是由作者所作出的具体的关联声明。而且，只要抛开自然科学上的历史编纂与替代选择上的纯粹蔓生的唯名论的那种自我限制的概念史，这种中庸之道就是可能的。因为如果返回到当代思想史的实质内容——首先是与前述讨论的"道德史"相同的内容——就会发现，对于那些接近事件发生的作者来说，折中主义在17世纪90年代的产生代表一个改革者用于攻击学究气（Pedanterey）和经院主义的蒙昧主义的通用术语。❹ 并非只是在

---

❶ Albrecht 有力地批判了 Dreitzel 的这一点（请参见《折中主义》一书，页26 - 27），但是他没有使自己充分地免于相反的指责，在一本起于亚里士多德终于现代心理疗法的著作中，他的概念方法在面对历史变化时过于僵硬，过于依赖自己的"关键词"。

❷ Q. Skinner，"语言与政治变化"（Language and political change），载 T. Ball，J. Farr 和 R. L. Hanson 编，《政治发明与概念变化》（Political Innovation and Conceptual Change，Cambridge，1989），页6 - 23。

❸ 同上注，页8。

❹ 请参见 Albrecht 的"托马修斯——非折中主义者？"，页90 - 93，对托马修斯著作中后来肯定性地提到这一宽泛术语的一个汇编。

自然科学中，而是在自然法和广义理解的哲学课程改革中，折中主义的影响被感受到并且保留下来，这超出了托马修斯在1688～1691年与斯特姆著作的公认的重要交锋。这里的"新词汇"是在讨论伦理学和政治学的框架内塑造的，这些伦理学和政治学在托马修斯1688年到1692年期间的新大学教科书系列中得到公布。这段时期是他思想历程中最为重要的形成时期，也是他与莱比锡被迫分离，吸收普芬道夫的法学和斯特姆物理学教义的时期。这个框架同时［27］也实现了哲学地位以神学为代价的稳定提升，首先是在哈勒大学，然后是在其他大学。❶

折中主义的狭义解释错失了要点：托马修斯最有创造力的著作大多是在法学和伦理学中完成的，他的导师是普芬道夫而不是斯特姆。❷ 我希望表明，正是他的著作的这个方面才是他留给折中主义的真正遗产，并且促成了早期启蒙优先选择的形成。它的重要性既得到布迪乌斯的承认，在他的继承者中他最为明确地巩固了折中主义的优先性，而且在其对立面上也得到了沃尔夫及其追随者的承认。后者正确地认识到（以一种后来的历史编纂都不具有的方式），争论的关键术语已经由莱布尼茨和普芬道夫在他们的争议中确立了，这些争议涉及普芬道夫的自然法理论与较为接近霍布斯主义的唯意志论立场的一种再结盟。❸

---

❶ 折中主义的这一广义解释由 Dreitzel 在其对托马修斯的分析中发现，"'折中主义哲学'的发展及其特征"，页 324－330。

❷ Albrecht 不能理解普芬道夫为何要把自己描述为一个"前折中主义者"（Albrecht，《折中主义》，页 407，注释31）。但是，如果把折中主义扩展到足以容纳道德科学，那么普芬道夫的从属关系就更为容易理解：请参见第二章和第四章，特别是第 60～65 页和第 121～129 页。说普芬道夫是托马修斯的导师并不与说哲学家应当避免一位主人这一折中主义的核心论点相矛盾；因为正如下面所证明的，托马修斯试图模仿的正是普芬道夫在这方面上的范例。然而，Albrecht 是正确的（请参见《折中主义》，页 24），他强调，如果考虑托马修斯的整个职业轨迹或许最好把他视为一位自我的思想家（Selbstdenker）而不是一位折中主义者。

❸ 正如 Dreitzel 所言，"折中主义哲学的贡献本身与其说存在于自然科学领域，毋宁说存在于人文和社会科学领域"（Dreitzel，"'折中主义哲学'的发展及其特征"，页 339）。他接着援引了哲学家 J. H. Feder 的权威论述："最近时代的折中主义哲学家认为，赋予道德科学其特有的边界，理清自然法与万民法、政治学和伦理学是他们的职责"（J. H. Feder，《哲学科学的原理》 Grundriss der philosophischen Wissenschaften，Coburg，1769，第2版，页 340）。

　　但是，折中主义同样需要在德国思想生活的范围渐渐扩大的背景之下加以理解，这体现在对什么才真正构成着德国文坛这一问题的日益增多的讨论：谁应当参与其中，它是要成为贵族式的还是真正共和制的，以及仿效法国的模式还是远离它们。这些问题表明了讨论的路线，它们预示着康德在私人研究与国家监督下的公共讨论之间的所做的区分。❶ 在学术自身领域内，人们追求一种学术研究目标的新定义，这一方面集中于对人文主义者博闻强识的各种优点的讨论上［28］，另一方面集中在现代理性科学上：折中主义变成了在双方辩护者之间交接的旗号，而且在折中主义含义上的争论实际上就是欧洲其他地方所发生的"古代人和现代人"之间的争论的对应词。❷ 但是，从 1685 年到 1695 年间使得这个争论更为尖锐起来的是一种历史条件的合力，它迫使德国人的学术生活去关注其传统之外的问题。胡格诺教徒遭到驱逐，以及德国对他们的接受，还有德国直接卷入"九年战争"，这些都把布兰登堡州推到了新教各州在北部德国的实际领导者的显著地位，并且不仅促进了它自身制度的现代化，而且也促进了邻州的现代化。

---

　　❶　请参见 H. Jaumann，"理性的终结：1700 年左右欧洲语境下文学界学术性论文理解与交流的分离"（Ratio Clausa. Die Trennung von Erkenntnis und Kommunikation in gelehrten Abhandlungen zur Respublica literaria um 1700 und der europäische Kontext），载 S. Neumeister 和 C. Wiedemann 编，《文学界：早期启蒙时期的学问机构》（Res publica Litteraria. Die Institutionen der Gelehrsamkeit in der frühen Neuzeit，Wiedemann，1987），页 409 – 429。

　　❷　这确实就是各种文学史处理折中主义的方式，它们试图探明德国 18 世纪前半叶的成就，在那里正统观念的力量被视为"宗派的"，"改革派"（novatores）被视为自由思考的、独立思考的折中主义者：例如，J. F. Reimmann 的《全部文学史特别是德国文学史导论初探》（Versuch einer Einleitung in die Historiam literariam sowohl insgemein als auch die Historiam literariam der Deutschen insonderheit，Halle，1708 – 13），共 6 卷；B. G. Struve 的《文学问题导言》（Introductio in noticiam rei literariae，Jena，1704）；N. H. Gundling 的《学人完整史》（Vollständige Historie der Gelahrtheit，Frankfurt/Main，1734 – 6）；J. A. Fabricius 的《学人完整史概论》（Abriss einer allgemeinen Historie der Gelahrtheit，Leipzig，1752 – 4），共 3 卷。

当然，如果说普芬道夫和托马修斯是在刻意追求一种置道德神学于微不足道的思想地位的世俗伦理学，那就大错特错了。❶实际上，这二位认为折中主义和"现代"自然法理论都富有价值，因为它们引入了应当强行终结混乱的争论的新的绝对性质，这些争论已经逐渐覆盖并败坏了新教德国大学生活。他们的目的是要为道德神学提供一个恰当的位置，而不是把它降为一种没有价值的东西。然而，他们为了教授伦理学而催生了一个新教科书传统，另外，在国家资助的压力下大学教学课程发生了实质性的变化，这二者的合力无疑有助于降低神学的思想权威，并且会相应地提升了科学伦理学的自主地位。

只是对路德宗信仰国度的组织机构的一个方面的这种无意分解，就可以明确显示出［29］折中主义与德国早期启蒙特征之间的关系。折中主义，正如普芬道夫和托马修斯所展开的，提供了一个机会，可以在一种完全可以接受的、无害的封面之下重新描写思想的边界。非但不是有意识的世俗化进程的一个部分，路德教的观念地位的任何减损都是国家从对大学职员和优先事项重新洗牌中渔利的结果。我们在这里可以看到一种情况，它与哈勒虔敬主义者的相关经历类似，他们组织发动了一场声势浩大的精神重生和行善修业的运动，但在内部实际获得的却是一种新的国家宗教，这种国家宗教在维持和促进一种强化对国家忠诚的官僚

---

❶ 尽管托马修斯确实比普芬道夫更为猛烈地攻击过教士的那些政治主张——不管是天主教的还是路德宗的——把它作为一种恢复君士坦丁所构建的较为纯净的教会形式的方式：参见 H. Dreitzel，"通过侯爵专制主义的基督教解释——托马修斯与新时代早期宗教国家的毁灭"（Christliche Aufklärung durch fürstlichen Absolutismus. Thomasius und die Destruktion des frühneuzeitlichen Konfessionsstaates），载 F. Vollhardt 编，《克里斯琴·托马修斯（1655～1728）：早期启蒙的文本新探》（Christian Thomasiuis (1655~1728). Neue Forschungen im Kontext der Frühaufklärung，Tübingen，1997），页15–50。

机构上支持着普鲁士王室的经济学者的目标。❶ 与此脉络相似，托马修斯的伟大目标是拥有一批具有独立思维的大学毕业生，他们采纳得自于他的教科书的宫廷哲学（*philosophia aulica*），并且在未来所担任的公职中使用它。这个目标最终成了对普鲁士国家核心官员后备人选的要求。最终，慈善机构和人事任命的背景仍然处于国家的安排之下，它们既是虔敬主义也是托马修斯的折中主义的必要前提，霍亨索伦治下从来没有放松过它的控制，而且在后来降服其他社会等级时反过来又乐于接受它所提供的帮助。只有在汉诺威的哥廷根这种特殊境遇中，它大多数时期没有统治者，一种较为宽松的、真正独立的思想环境才得以形成。

　　对于折中主义者和虔敬主义者的这种浮士德式的诱惑，其根源要追溯到 17 世纪 90 年代。当时托马修斯首次用这种方案来建造普鲁士政府，借以把哈勒的骑士学校（*Ritterakademie*）升格为大学，由此他就以自己的一种特殊方式为虔敬主义者和其他的异见知识分子创造了一个家，这样就为他们提供了一种保护，从而使他们免于在传统神学家那里正在经受的那种迫害。这是一个交易，就短期效益而言，托马修斯及其追随者似乎从中获益良多；但是从长远来看，加尔文主义的普鲁士王朝能够获益丰厚，这种获益来源于与路德宗思想和宗教生活中最具活力的人员因素的联合，他们在教理上也［30］献身于一种在共同体之中的社会服务生活，而这最终也不过是意味着对国家的职业服务。

----

　　❶　对于普鲁士的虔敬运动，参见：M. Gierl，《虔敬与解释——17 世纪末的神学争论与科学传播革命》（*Pietismus und Aufklärung. Theologische Polemik und die Kommunikationsreform der Wissenschaft am Ende des 17. Jahrhunderts*，Göttingen，1997）；W. R. Ward，《新教福音宗的觉醒》（*The Protestant Evangelical Awakening*，Cambridge，1992），特别是第 2 章；R. L. Gawthrop，《虔敬主义与 18 世纪普鲁士的形成》（*Pietism and the Making of Eighteenth-century Prussia*，Cambridge，1993）；C. Hinrichs，《普鲁士与虔敬主义》（*Preussentum und Pietismus*，Göttingen，1971）；K. Depperman，《哈勒的虔敬主义与普鲁士国家》（*Der hallesche Pietismus und der preussische Staat*，Göttingen，1961）。

我们在这里确实发现了折中主义对王朝国家构建的世俗优先事项的即使是无意的也是真实的助力。长久以来国家机构一直在寻觅一种修理路德宗教士的策略，对于他们它的直接控制实在是太少了，对于他们的权力它只能寄希望于通过一种宗教宽容和移民鼓励的慎重政策加以弱化。1680 年选帝侯获得了位于中心位置的马格德堡省，这带来了无与伦比的机会。同时，这似乎也为东西部省份之间的新的经济联系提供了空间，还可以打击相邻的萨克森及其重要市镇，即市场城市莱比锡。对于国家而言，把一所大学设置在哈勒其优势首先在于，它十分接近正统路德宗的莱比锡（很快就陷入了巨大的混乱之中，因为萨克森选帝侯为了追逐波兰王位叛依了天主教），其次在于，它为路德宗大学培训教士和官员从而匹敌杜伊斯堡和奥得河的法兰克福的加尔文宗学校的需要提供了解决方法。但是，这回它将会是一个政府可以控制的体制，在分配任命时不存在教士和绅士之间的权力分享问题。❶ 这将是普鲁士政府成功解决其二分信仰形势的一个强大因素，同时也会维护其在北部德国新教主义的领导地位，而在这个过程中萨克森一直在恶化。托马修斯及其追随者从哈勒的神学院中赢得了体制的自由，但却用它交换了一个新的、不可预测的伙伴。

1.5　自然法理论与大学改革

在其开创性著作《宫廷哲学导论》的首页，克里斯琴·托马修斯为未来的廷臣提出了一个对三选一的路径或"方法"的

---

❶ 对这个主题概括的论证要归于 Ward 的《新教福音的觉醒》（*Protestant Evangelical Awakening*），页 54 – 56。

选择，其中最为核心的一条是通向真理的路径，它存在于两个选项之间——一方面是笛卡尔的错误学说，另一方面亚里士多德主义者的那些学说。真理路径的末端是一位由廷臣环侍的君主——或许是一个陈腐的、自利的形象——但是这仍然是托马修斯所设想的国家管理内部的王室权威、大学机构和教授职业［31］之间关系的清晰图像，新设立的大学为此提供极为关键的初期培训。18世纪的前半叶这些目标就在北部德国新教文化中实现了。哈勒、耶拿和哥廷根这些新立大学的学者们充分利用了避开传统神学约束的保护措施，在这些新的王室基础上设置以实践主题定位的课程，从而为未来的公务员、律师、医生和教士提供一种训练。大学教师致力于把高等教育导向国家的专业需求，作为报偿他们赢得了实践一种真正折中的和世界性的哲学的自由，这种哲学受到保护，不仅避免了来自神学家的恣意干涉，而且在实践中也避免了来自君主的干涉。❶

越来越多的情况是，政治主权是在帝国政体范围内制定大学政策的原因，而不是存在于北部和南部，东部和西部之间的地理差异（同代人并没有认识到这一点），或者信仰的差异（甚至在取消耶稣会之前跨越信仰边界地共享教科书已经准备就绪了）。例如，由司法委员会和所谓的"教会"委员会（覆盖了路德宗教会事务、学校和大学）颁布的普鲁士政策提供了一种共同的纽带，可以解释哈勒、耶拿、柯尼斯堡和奥得河的法兰克福的哲学研究的发展。同样，由于大不列颠的政治联系决定的汉诺威的政策，对于确定哥廷根新立大学的优先事项具有决定性的影响，然后它自己又成为整个德国境内的天主教大学和新教大学竞相模仿的对象。因此，托马修斯主义者很快就意识到不仅需要协调他们的大学计划与国家和宫廷的政治和信仰要求，而且还需要协调他

---

❶ 这些论题在 N. Hammerstein 编的《大学与启蒙》（*Universitäten und Aufklärung*，Göttingen，1995）几篇论文的若干部分讨论过。

们大学计划与他们的自然法理论对君主和大学赞助人的潜在诉求，这些首次把法学与道德神学明确地区分开来，法学成为最终生产法学或神学毕业生的任何哲学课程都要求的核心要素。

这些政治和制度的事实有助于清楚阐明官方哲学与启蒙之间对抗的相对缺乏，而且最为重要的是，有助于说明哲学平稳地融入为国家公务员提供实践教育的活动中。[32] 与其他三个系科相比，哲学的从属地位以及它作为基础学科的职能使得它在统治者的命令之下比其他系科更容易进行课程改革。一个共同的特征是统治者的决定，哲学系应当独立于神学院，并且因此基本上单独对一个政府部门负责。这最先是在哈勒和约拿实现的——这二者都是 17 世纪末新设立的机构。

哈勒大学是在普鲁士选帝侯腓特烈三世（Frederick III）的鼓动下于 1694 年成立的，它在很大程度上是早期德国启蒙的两位领袖人物的作品，托马修斯和奥古斯特·赫尔曼·弗兰科（August Hermann Francke，1663 ~ 1727）。他们二位基于不同的理由把一种很高的价值加到实践知识的善行的角色之上。托马修斯在普鲁士的版图上建立起了防范莱比锡的新教亚里士多德主义者的防御措施，正是在莱比锡他因为以本国语言讲授课程并且挑战神学院在确定伦理学授课内容上的权威地位才受到驱逐；而弗兰科致力于创立一种从基础教育延伸到大学阶段的虔敬主义的教育结构。虔敬主义者献身于以团体为代价而满足穷人子女要求的教育规定，这就产生了一个相对缺少社会排他性，并且愿意充当进入较低教士和官僚等级的有限社会流动管道的大学。❶

由于托马修斯的创见，从哈勒逐渐发展起来的最为典型的启

---

❶ 这在 18 世纪后期没有被维持，那时政府的重点以及由此而来的大学的重点转向了一个稳定的社会高度，并且因而限制了低等级的人员接受高度教育的机会。参见：A. J. La Vopa 的《恩赐、天才和美德：18 世纪德国的穷学生、教士职业与专业观念》（*Grace*，*Talent and Merit*；*Poor Students*，*Clerical Careers*，*and Professional Ideology in Eighteenth-century Germany*，Cambridge，1988），第 5 章。

蒙思想来自法学院而不是哲学系。哲学自由（*libertas philosophan-di*）的概念首先运用于法学和道德哲学，那儿争论的焦点仍然集中在普芬道夫的辩护者和反对者之间。可以把这种争论与法国高等教育在引进牛顿数理物理学上的争议相比较，后者既包括对传统大学教学结构的重要挑战，也包括一种实质的知识争议。如果说数理逻辑和经验原则粉碎了统一的形而上学，并且共同分享法国大学的方法论前提，那么我们可以看到，普芬道夫的唯意志论的自然法理论对于路德的综合法和梅兰西顿最初［33］组装起来的亚里士多德主义的自然法具有同等的破坏效果。而且，正如物理学是法国笛卡尔主义鸟巢中飞出的布谷鸟，这些论战所浮现的法学院的新型声望破坏了各系科之间的旧有平衡。❶

尽管哈勒与托马修斯之间联系密切，但也不应忘记克里斯琴·沃尔夫（Christian Wolff, 1679～1754）对哈勒制度形成的诸多贡献。他对哲学单独就具有一种理性的演绎证明方法的坚持，常常被人认为不过是一种回到经院主义的迷惑人的倒退从而不予理会。但是，这恰恰会错失他的体系背后的核心主张：哲学可以吁求数学确定性的地位的独特能力应当使得它有资格领导其他系科。在一个许多哲学教授同时也是其他系科教授的时代，这当然会引起争吵，而且，尽管 1723 年威廉一世（Frederick William I）把他从哈勒驱逐出去，不虔敬的指控只是托词，事实上真正的原

---

❶ 对于普芬道夫论战的制度影响最好的解释也是 N. Hammerstein 在《正义与历史：17、18 世纪德国大学历史思想的历史论稿》（*Jus und Historie. Ein Beitrag zur Geschichte des historieschen Denken an deutschen Universitäten im späten 17. und im 18. Jahrhundert*, Göttingen, 1972）中作出的。如果不关注托马修斯在哈勒法学院所创立的公共法的历史，就很难弄清后来哥廷根何以在运用罗马法典和德国法典重释帝国宪法史上进步的神速。Gatterer, Schlözer 和 Iselin 所致力的历史的预期综合及其潜在的社会原则同样也应多谢这些把自然法与历史联系起来的开创性成果。W. Schmidt-Biggemann 在其论文 "新知识结构"（New structures of knowledge）中简明扼要地分析了 18 世纪德国大学重要系的重组情况，载 H. de Ridder-Symoens 编，《早期现代欧洲的大学》（*Universities in Early Modern Europe*），卷 2，W. Rüegg 编，《欧洲大学的历史》（*A History of the University in Europe*, Cambridge, 1996），页 489 – 530。

因在于，他试图把哲学系进一步从神学家的影响中解放出来，明确宣告它应得到一种独立的和主导的权利，这恰恰预见了康德在《系科之争》中的主张。

如果没有对这些早些时候的争议的事先平息，哥廷根大学就不会在 1737 年成立，而且它的成立也代表着一种吸收这些教训的机会：例如，神学院被禁止干涉其他院系的活动；虽然哲学仍然保持着其传统的预备和引导角色，但新学科被添加在其教授的内容之上——例如经验心理学、自然法、自然历史学、理论数学和应用数学、历史学、以及地理学和外交学这些相关学科。❶[34] 通过把大学设置于远离汉诺威统治中心的地方，以及把神学争议的范围限定为纯粹学术的程度，僧俗两种权威源头的直接干涉都被有效地排除了。骑士大学和旧式大学的最佳特征迷人地结合进一个大学之中，它通过与不列颠的联系也被评价为充当着国外文学最新发展的一个通道。❷

哈勒、耶拿和哥廷根这类新式大学在吸引其他州的学生方面大获成功，这又助长了 18 世纪后期各大教授写作他们自己教科书的日渐增长的趋势，这种发展既是大学自身也是教授本人课程的一种广告形式。这种趋势也有助于国家试图吸引学生而不是输出学生，以及尽力避免依赖购置外来教科书的重商主义倾向——

---

❶ 关于哥廷根改革的更多信息，参见：C. E. McClelland，《国家、社会与德国大学：1700 ~ 1914》（State, Society and University in Germany, 1700 ~ 1914, Cambridge, 1980），页 42 –43，以及 N. Hammerstein，"哥廷根：一所启蒙旧时代的德国大学"（Göttingen, eine deutsche Universität im Zeitallter der Aufklärung），载 A. Patschovsky 和 H. Rabe 编，《旧欧洲的德国大学》（Die Deutsche Universität in Alteuropa, Konstanz, 1994），页 169 –182。建立哥廷根大学的决定产生在学生入学率下降的黯淡背景之下，这在太多而不是太少的德国大学中都可以观察到。

❷ 对于哥廷根对不列颠思想的接受性的精彩论述，参见：F. Oz-Salzberger，《理解启蒙：18 世纪德国的苏格兰公民话语》（Translating the Enlightenment: Scottish Civic Discourse in Eighteenth-century Germany, Oxford, 1995），第 10 章。这种不列颠联系有助于影响大学正在形成的在古典哲学、公法史和统计学（比较政治学研究）上的优势。

出于同样的原因，这也暗示着一种对其他国家的文化服从形式。这些教科书通常提供了职业哲学家所需的收入来源，这些哲学家的微薄收入——即使是在康德时代——得之于过量的教书工作。实际上，如果我们追踪德国成功教授们的职业足迹就会突然发现，他们是何等寻常地最终从哲学系跳到法学院或神学院，因为那里的酬劳更为丰厚。

尽管事实上南部天主教德国从 18 世纪 40 年代起就有使用沃尔夫新教教科书的机会，但是很有必要指出，制度改革的主要特征——例如慕尼黑科学研究院与耶稣会之间的较量以及耶稣会最终的取消——在很大程度上都对应着哲学教学大纲的主要变化，这方面的主要变化产生于耶稣会影响的消除，那时沃尔夫在逻辑学和形而上学领域的教科书成了哲学课程的不可或缺的组成部分。❶ 这些著作［35］试图调和神圣的权力与人类理性，很容易为当时天主教德国大学中仍然盛行的托马斯主义传统所接受。这对康德哲学观念论在那个世纪的最后十年在德国大学体系中迅速传播影响重大：不仅因为对来自敌对信仰的教科书禁令的撤销是一种新哲学流派的观念得以自由流通的必要前提，而且因为对沃尔夫著作的既有关注确保了像康德这样的作家可以拥有大量的读者群体，因为他在某种意义上正明确地回应着沃尔夫教科书中所体现出来的那种理性主义。

在评注海纳修斯的著名教科书时，其重要地位在于客观总结了德国的自然法学的成就，普芬道夫和托马修斯的追随者们所组织起来的精致论证结构中的一处奇怪空白引起了特恩布尔的注

---

❶　沃尔夫的首批著作在南部德国反响很好，它们主要是针对伦理学和政治学的，就像托马修斯的著作一样为主权提供了一种自然法理学的解释，这种解释被证明与地方君主意气相投。参见：N. Hammerstein，《启蒙与天主教帝国：对 18 世纪德意志民族神圣罗马帝国的大学改革和天主教的政治版图的调查》（*Aufklärung und katholisches Reich. Untersuchungen zur Universitätsreform und Politik katholischer Territorien des Heiligen Römisches Reiches deutscher Nation im 18. Jahrhundert*，Berlin，1977），页 255－257。

意——缺乏对政府在实践中应当如何操作的充分解释。在自然法学中，对社会和政府如何形成于自然状态的解释在理论上是通过一系列假定存在的契约和命令展开的，结果"没有一个人思考过自然产生或者说自然原因中的政府。"❶ 那种理论的目标是确立国家的道德正当性，而不是确立政府据以操作的原则。❷ 特恩布尔试图在一篇独立的论文（"臣民和官吏义务问题的补遗"）之中补救这一问题，但他的方法与其说有助于问题的解决，毋宁说反而引起了问题。虽然他注意到，普芬道夫自然法理论的唯意志论在臣民和统治者能否共享一种公共善的问题上留下了疑点，但他尝试解决问题的方法却是转而依赖西塞罗的共同善概念和巴贝拉克对普芬道夫关键段落的注释，这些理论本身就暴露出了在抵抗恰当构成的主权权力的合法性问题上的明显不稳定性。❸

[36] 自然法传统中的普芬道夫一脉在覆盖范围上的这一盲点提供了我们必须加以思考的其他两点意义。首先，它有助于解释为何是克里斯琴·沃尔夫的庞大教科书系列成了开明专制的证明公理，而不是同时代的海纳修斯等人的著作。沃尔夫的著作，如第四章将要描述的，为君主们提供了关于个人如何在国家规定的教育和职业结构中实现最佳的自我完善的详细说明，而同时他也给君主们提供了一个福利国家（*Wohlfahrtsstaat*）的概念，这

---

❶ Heineccius，《方法论体系》，卷 2，页 323。这个批判同样也构成了维科和卢梭批判自然法理论的重要部分，他们反对解释国家起源的理性人模式，因为这不仅是完全抽象的，而且还犯下了时代错误。

❷ 对于这一问题，参见：C. L. Carr 和 M. J. Seidler 的精彩论文，"普芬道夫、社会性和现代国家"（Pufendorf, Sociality and the modern state），载于 *History of Political Thought*，17，1996，页 355 – 378。

❸ G. Turnbull，"臣民和官吏义务问题的补遗"（A Supplement concerning the Duties of Subjects and Magistrates），载 Heineccius，《方法论体系》，卷 2，页 222 – 244。他特别利用了西塞罗的《论义务》，卷 1 第 25 章和卷 2 第 7 章；从巴贝拉克那里他获得的材料是对普芬道夫《自然法与万民法》卷 7 第 8 章 10ff. 的那些注释。这对 Turnbull 想要推荐作为被统治者与统治者的委托关系的 Heineccius 的"道德感"理论帮助甚小。

让他们获得了一种充分的灵活性，足以协调传统的父权制修辞与现代经济学者所提出的国家干预以促进经济增长、推动财政改革和加大军事和外交投入的正当性理由。正如腓特烈大帝（Frederick the Great）迅速就理解的，无须接受甚至深入沃尔夫主义形而上学的学术细节，就可从它上面分离出一个对开明国家的合法性限度的实用性的整体说明。❶

　　其次，普芬道夫和托马斯修的追随者所占据的突出位置有助于强化一种可疑的说法，这在当下的二手文献中仍然有所体现：在经济学者和康德哲学时代之前的德国政治思想既是本质上专制的，在解释政府一旦支持契约的网络形成之后的详细操作上也是模糊不清的。❷ 但是，沃尔夫传统的著作虽然确实提供了对开明专制主义及其具体介入社会控制和发展的详细证明，但它们同时也保留了一个在专制主义国家框架之内的自然自由的剩余领域（被定义为公民自由），在这个领域之内个人的幸福（Glückseligkeit）得以实现。❸ 普芬道夫理论的国家观与专制主义的联系主要不是源于它的具体的政治建议，而首要地来自其自然状态预设的悲观主义，自然的自由要完全屈从于随后形成的［37］专制主义者。它所能容忍的唯一的自由似乎类似于霍布斯的漠不关心的妥协

❶　对于腓特烈大帝所接受的自然法理论方面的教育细节，请参见 P. Baumgart，"腓特烈大帝国家观中的自然法印象"（Naturrechtliche Vorstellungen in der Staatsauffassung Friedrichs des Grossen），载 H. Thieme 编，《柏林—布兰登堡—普鲁士的人文主义和自然法：一个会议报道》（Humanismus und Naturrecht in Berlin – Brandenburg – Preussen. Ein Tagungsbericht，Berlin and New York，1979），页 143 – 154。

❷　对于这个问题，参见：例如 T. C. W. Blanning 的优美、精炼和著名的附录的覆盖范围，"18 世纪的'德国问题'"（The "German Problem" in the eighteenth century），附于他的著作《美因茨 1743 ~ 1803 年的改革与革命》（Reform and Revolution in Mainz，1743 ~ 1803，Cambridge，1974），页 1 – 38，特别是页 15 – 18。

❸　参见：D. Klippel，"自由的真实概念：德国 18 世纪下半叶的政治理论"（The true concept of liberty：political theory in Germany in the second half of the eighteenth century），载 E. Hellmuth 编，《政治文化的质变：18 世纪后期的英国和德国》（The Transformation of Political Culture：England and Germany in the Late Eighteenth Century，Oxford，1990），页 447 – 466，特别是页 452 – 454。

（*nonchalant concession*）——"至于其他的自由，它们取决于法律的缄默"。然而，一旦公民社会在不受威胁的、稳定的自然经济秩序的形式中出现之后——正如德国的重农主义者在那个世纪中期所论证的——那么，自然法就被解释为不过是用来奠定实在法最低结构的诸项原则，而实在法正是维护这种自然秩序所需的。公民社会与自然状态就再次和平地结合在了一起。❶

启蒙的概念之所以能够抵挡实用的定义，这在很大程度上是因为它同时既力争呈现一个思想的议题，也为已经就绪的一段历史时期的功绩提供了一种描述。这尤其强烈地适用于 1670 年到 1720 年间的转型时期（现在探讨性地命名为"早期启蒙"），有非常多的文本反复重申一个预期宣布其自身完成的议题：在所述的理想与不充分的知识、制度和政治现实之间存在一种持续的张力，必须及时地进行澄清、提炼和改进。这种张力没有比在当代自然法理论领域内表现得更为清楚的了，这种自然法理论要求一种超越时空的形而上学标准和效力，而同时又要全部写出其自身的近代史，并且要把伦理学史描绘成其实就是纯粹的自然法史。既是规定性的，也是描述性，既深刻地意识到伦理学史，在自我提升上又具有深刻而有意的非历史性，自然法的这种似是而非的特质也是早期启蒙的似是而非之处。它们二者都试图通过一种具有自觉的倾向性、宣传性和希望完成的历史描述自己；它们二者都把一种人之理性因素的全部潜能得以释放的修辞技巧从其对手的思想和制度束缚中凸显出来。然而，获得这种思想和制度桥头堡的必要代价就是要采纳一种开明专制主义的法律实证主义，统治者在他个人手中要保留人在自然状态之中的全部权力，这种自然状态就是"现代"自然法传统在别的地方费尽心机地试图使之变形并纳入进来的东西。

---

❶　D. Klippel，"自由的真实概念：德国 18 世纪下半叶的政治理论"，页 456 - 459。

附录：道德史

S. Pufendorf, 'De Origine et Progressu Disciplinae Juris Naturalis', *Specimen Controversiarum circa Jus Naturale ipsi nuper motarum* (Uppsala, 1678).

C. Thomasius, 'De Sectis Philosophorum', *Introductio ad Philosophiam Aulicam* (Leipzig, 1688) ch. 1, 1–45.

J. F. Buddeus, 'Historia Juris Naturae', preface to P. H. Vitrarius, *Institutiones Naturae et Gentium* (Leiden, 1692) (an enlarged version appeared under Buddeus' own name in *Selecta Juris Naturae et Gentium*) (Halle, 1704).

J. B. Wernherus, *Dissertatio de praecipuis nonnulis Juris Naturae sriptoribus* (Leipzig, 1699).

J. N. Hertius, 'Commentatio de jurisprudentia universali', *Opuscula*, vol. I (Frankfurt/Main, 1700).

J. Groeningius, 'Praefatio', to S. Pufendorf and J. Groeningius (eds.), *De Officio Hominis et Civis* (Stockholm, 1701).

J. F. Ludovicus, *Delineatio Historiae Juris divini naturalis et positivi universalis* (Halle, 1701).

J. Barbeyrac, 'Histoire critique et scientifique de la Science des Moeurs', preface to S. Pufendorf, *Le Droit de la Nature et des Nations*, ed. J. Barbeyrac, 2 vols. (Amsterdam, 1706).

N. H. Gundling, *Historia Philosophiae Moralis. Pars Prima* (Halle, 1706). C. Thomasius, 'Von der Historie des Rechts der Natur bis auf Grotium', foreword to H. Grotius, *Vom Rechte des Krieges und der Friedns*, ed. C. Thomasius (Halle, 1707).

J. F. Reimmann, *Versuch einer Einleitung in die Historiam Literariam der Deutschen insonderheit*, 6 vols. (Halle, 1708–13), vol. VI, 1–111.

E. Gerhard, *Prolegomena ad delineationem Juris Naturae* (Jena, 1712).

C. A. Heumann, *Conspectus Reipubicae Litterariae sive Via ad Historiam Litterariam iuventuti studiosae aperta* (Hanover, 1718).

C. Thomasius, *Paulo plenior Historia Juris Naturalis* (Halle, 1719).

G. A. Vinhold, *Notitia scriptorum iuris naturalis quorundam elogis condecorata*

（Leipzig, 1723）.

C. M. Pfaff, *Introductio in historiam theologiae literariam notis amplissimis*, 3 vols. （Tübingen, 1724 – 6）.

L. Reinhard, *Historia Jurisprudentiae naturalis in qua varia huius doctrinae fata secundum seriem temporum recensentur* （Leipzig, 1725）.

B. G. Struve, 'De Scriptoribus qui historam, ideas, systemata vel controversias Iuris ediderant', *Bibliotheca Juris Selecta* （Jena, 1725）, ch. 7.

J. F. W. Neumann, *Bibliotheca iuris Imperantium quadripartita* （Nuremburg, 1727）.

G. Stolle, *Introductio in Historiam Literariam* （Jena, 1728）, part 3, ch. 2.

J. F. Buddeus, *Compendium Historiae Philosophicae*, ed. J. G. Walch （Halle, 1731）, ch. 6.

A. F. Glafey, 'Historie des vernunfftigen Rechs', preface to *Vollständige Geschichte des Rechts der Vernunfft* （Frankfurt/Main and Leipzig, 1732）.

D. G. Morhof, *Polyhistor Literarius* （Lübeck, 1732）, vol. III, ch. 6.

F. -R. d'Aube, prefaceto *Essai sur les principes du droit et de la morale* （Paris, 1743）.

E. F. Schmershl, *Historie der Welt-Weisheit* （Zelle, 1744）.

J. J. Brucker, *Historia Critica Philosophiae a mundi incunabulis ad nostram usque aetatem deducta*, vol. V （Jena, 1744, 2nd edn, 1766 – 7）.

J. J. Schmauss, 'Historie des Rechts der Natur', *Neues Systema des Rechts der Natur* （Göttingen, 1754）. 3 – 370.

M. Hübner, *Essai sur l'historire du droit naturel*, 2 vols. （London, 1757 – 8）.

J. H. S. Formey, preface to *Principes du droit de la naturet des gens*, 3 vols. （Amsterdam, 1785） （Extracted from C. Wolff, *Jus naturae*, *methodo scientifica pertractatum*, 8 vols. ） （Frankfurt/Main and Leipzig, 1740 – 8）.

F. -B. de Félice, 'Introduction historique et critique au droit natuel', preface to J. -J. Burlamaqui, *Principes du droit de la naturet des gens* （Yverdon, 1766）.

第二章 社会性与自然法史：普芬道夫 的《自然法与万民法》的辩护

2.1 《争议典型》的背景

[40] 普芬道夫的巨著《自然法与万民法》出版于 1672 年。随后的若干年内，围绕着它所包含的自然法和神学问题产生了充满活力的争论。1676 年，莱比锡的一位杰出的神学教授，也是普芬道夫最为精微的批判者，瓦伦丁·阿尔贝蒂（Valentin Alberti, 1635～1697）旋即出版了他自己的专著《自然法论纲：依照正统神学》（*Compendium Juris Naturae, Orthodoxae Theologiae Conformatum*）。在这部著作中，他提供了一种替代普芬道夫自然法论证的完全成熟的方案。它使得争议的规格远远超出了贝克曼（Beck-

mann）和施瓦兹（Schwartz）这两位普芬道夫在伦德大学的对手的私人嘲弄和异端影射。❶取而代之的是，阿尔贝蒂提供了一个对正统路德主义和亚里士多德主义关于自然法神赋本质和根源综合体的强大重述，同时又巧妙地引入了纯洁形象（status integritatis）的概念。引入后面这种新观念的目的是为了保护正统观念不受普芬道夫争论观点的破坏：神赋性仅仅适用于堕落前的存在，因此自然法只能源于下述二者的结合：人的社会性的本能，以及人对作为自我保存最佳手段的社会生活的合理性的计算。如果可以证明人的［41］道德本性在堕落之时并没有完全丧失，那么就可以论证尚未败坏的那部分神赋本性在堕落之后的世界中仍以一种自然法形式继续存在。因此，人与上帝的联系仍会保持完整状态。《争议典型》的主要部分致力于阐述和评价所有此前的自然法作品，普芬道夫声称这些作品有些是他自己的观点的直接出处。第一章的标题是"自然法学科的起源与发展"（De Origine et Progressu Disciplinae Juris Naturalis），这只是普芬道夫对其课题作出的一般性辩护。在后来的几份小册子中（最终收录于《斯堪的纳维亚争论》［Eri Scandica］名下）（1686），普芬道夫都没有拘泥于对一些细枝末节的详尽讨论，而这些恰恰是17世纪的众多争论迅速屈就的东西。但是，这第一章的极端重要性

---

❶ 1673年，尼可拉斯·贝克曼（Nicholas Beckmann）和乔舒亚·施瓦兹（Joshua Schwarz）出版了 Index Quarundum Novitatum Quas Dnus Samuel Puffendorff Libro Suo De Iure Naturae et Gentium Contra fundamenta Londini edidit。这是围绕普芬道夫的《自然法与万民法》争论了近30年所出现的首部作品。帕拉蒂尼（F. Palladini）在其著作《萨缪尔·普芬道夫的17世纪的讨论：拉丁语作品（1663～1770年）》（Discussioni seicentische su Samuel Pufendorf. Scritti latini；1663～1770，Bologna，1978）中全面回顾了这次争论的核心论点，以及参与者作品的编年目录。普芬道夫对于历史作品的一般观念，以及这些观念与他道德哲学中的行为人概念之间的关系问题，在塞德勒（M. Seidler）的论文中得到了精炼而又出色的概述，"自然法与历史：普芬道夫的哲学历史编纂"（Natural law and history：Pufendorf's philosophical historiography），载 Kelley，History and the Disciplines，页203－222。

已经被当代的评论者们注意到了。❶

　　针对普芬道夫的自然法的范围和方法与道德神学相分离的争议理论，如果早期世俗化的指责是不合理的，那么借助这一学科的历史为他的法学成就辩护就是必需的策略：改革不得不隐藏在通常仰慕的前辈的无可怀疑的权威背后。具体来说，这种做法允许他把自己的观念装扮成不过是对那些受人尊敬的斯多亚作家的道德意见的一种推断（extrapolation）：

　　　　首先要被谴责的是那些引起破坏的、新型的和前所未闻的原则。这些原则现在是根据对作为上帝作品的自然和人的思考塑造的，而且人们尽可能地使它们与斯多亚的庄严遗产相符，而它们实际上却与基督教完全相符。❷

　　但是，这种表述用在自传中也颇为贴切，因为正是通过对道德哲学著作史的一种研究，普芬道夫才开始理解如何补救距他最近的那些前辈们的著作缺陷。这里可以提出理由证明，在 1663 年到 1670 年期间，当普芬道夫构思和写作《自然法与万民法》时，他放弃了演绎论证的"几何学"方法，这种方法他得之于自己的导师艾哈德·魏格尔（Erhard Weigel），而且已经在他自己的第一部著作《普遍法学的要素》（*Elementa Jurisprudentiae Universalis*）（1661）［42］中使用过了。取而代之的是，他开始更多地关注文艺复兴之前的道德哲学的贡献。似乎有两个因素促成了这种转向：一方面是想要迎合约翰·伯克勒（Johann

---

❶　例如 Jean Le Clerc，《万能图书馆与历史》（*Bibliothèque Universelle et Historique*，Amsterdam，1686），卷 13，页 485－497。他采纳了"论起源"中给出的关于"道德史"的五页概述，认为这是普芬道夫对其对手的最为完整的回答。

❷　S. Pufendorf，"致友人的信"（Epistola ad amicos suos），载 G. Mascovius 编，《斯堪的纳维亚争论：自然法与万民法遭到反对的方式》（*Eris Scandica，qua adversus libros de jure naturali et Gentium objecta diluuntur*，Frankfurt/Main and Leipzig，1744），（原版 1686 年），页 102。除非另有说明所有引述均来自 1744 年版本。

Böcler）和赫尔曼·康宁（Hermann Conring）的批判意见，即他拒绝引证权威的做法阻碍了他的论证；另一方面，更为重要的是，他发现在道德义务的来源上只有通过援引斯多亚的意见才能保护格劳修斯的自然法解释免于霍布斯批判的破坏。❶ 因此，在《自然法与万民法》旨在为道德科学提供基础以巩固格劳修斯上层建筑的那些章节，普芬道夫所提出的论证在关键之处至为依赖对古代渊源的广泛使用。

普芬道夫以一种把自然法史作为一个学科的附录的形式撰写了对阿尔贝蒂的主要答复，通过这种方式，他把对哲学尊严的实际而又含蓄的要求与对他自己观念产生的明确解释结合了起来。正是由于他的这些意图，我们在描绘那种历史本身之前必须首先仔细探究他的思想的发展历程。

2.2　普芬道夫的思想发展

在普芬道夫作为选帝侯的首席自然法教授于 1661 年到达海德堡之前，没有任何迹象表明他对哲学史和当代政治史具有

---

❶　普芬道夫（霍布斯主义自然法所提出的问题）与斯多亚遗产之间的联系已经由洪特（I. Hont）在"社会性和交往的语言：萨缪尔·普芬道夫与'四阶理论'的理论基础"（The language of sociability and commerce: Samuel Pufendorf and the theoretical foundations of the "four stages theory"）中建立起来了，载 Pagden, *The Languages of Political Theory*，页 253 – 276。然而，洪特并没有详细研究这个观念联系的起源。特别是，他并没有分析博伊恩伯格男爵（Baron Boineburg）1663 年所发起的确立自然法系统研究的正确方法的通信；也没有涉及与他的论题密切相关的普芬道夫对"道德史"的随之开启。当然，普芬道夫在其捍卫格劳修斯反对霍布斯时是否真诚这尚不清楚，而且帕拉蒂尼的近著著作有力地证明了普芬道夫在试图远离霍布斯时半心半意，这倾向于证明莱布尼茨早期怀疑普芬道夫的动机和策略的正确性。

任何的学术兴趣，而这些恰恰是他后来作出重要贡献的领域。❶
不应［43］将此归咎于他对这两个主题的忽视，因为正如他死
后的第一部传记研究所不遗余力地强调的，他有着博闻广识的
爱好，这种爱好在他1656年师从艾哈德·魏格尔这位耶拿的
数学教授之前就已经完全展露无遗："对伟大而不平凡的学识
的渴望引导着他去阅读格劳修斯等人的举世闻名的著作，这些
人都充盈着专门而个人化的学识。"❷

　　然而，普芬道夫早期的指导者，他的兄长埃塞阿斯·冯·
普芬道夫（Esaias von Pufendorf），以及艾哈德·魏格尔，没有
一个对纯哲学史感兴趣，也没有一个对哲学主题的历史方法感
兴趣。他们的影响足以阻止普芬道夫在这个阶段运用他那广泛
的历史知识。相反，他们倒是促使他下定决心通过纯粹的证明
方法去发现道德真理。正是其兄长作为外交官供职于瑞典法院
的成功范例使得普芬道夫决意从事政治学和伦理学的学术研究
职业。❸ 但是，恰恰是魏格尔决定性地影响了普芬道夫从事这

---

❶　这个教席的实际头衔是国际法和语言学教授，属于大学的哲学系而不是法
学院。但是普芬道夫总是把自己描述为自然法教授，而且他在任职的7年中的全部
工作都可以这么描述。参见：J. Wille，"论普芬道夫到海德堡后的职业"（Zur Be-
rufung Pufendorfs nach Heidelberg），载 Zeitschrift für die Geschichte des Oberrheins，新
系列，33，1918，页136。关于普芬道夫在海德堡的后期阶段也可以参见 D. Döring
的近期文章 "普芬道夫在布兰登堡—普鲁士之后的职业"（Samuel von Pufendorfs
Berufungs nach Brandenburg – Preussen），载 Palladini 和 Hartung 编，《普芬道夫与欧
洲的早期启蒙》（Samuel Pufendorf und die europäische Frühaufklärung），页 11 – 28。
还有一些其他的文章，载 D. Döring 的《普芬道夫研究：普芬道夫生平文献及其作
为历史学和神学作者的发展》（Pufendorf – Studien. Beiträge zur Biographie Samuel von
Pufendorfs und zu seiner Entwicklung als Historiker und theologischer Schriftsteller，Berlin，
1992）。

❷　P. W. Adlemansthal，"萨缪尔·冯·普芬道夫男爵的异样天命与生辰纪
念"，附录于 Kurtzer doch Gründlicher Bericht von dem Zustande des H. R. Reichs Teutscher
Nation，vormahls in Lateinischer Sprache unter dem Titel Severin von Monzambano（Leipzig，
1710），页 654。

❸　S. Pufendorf，《学术论文选》（Dissertationes Academicae Selectiores，Lund，
1675），序言，页 2。

一主题的方法。魏格尔是一位热诚而又学识渊博的人，他原本要受训成为一位数学家或天文学家。后来，他成了一位忠诚的笛卡尔主义者，他试图把新数学逻辑适用到哲学研究的各个分支领域中去，以生成一个可以取代德国大学所固守的经院主义的体系。❶ 但是，普芬道夫在两个重要的方面与这个规划保持着距离。他从未成为笛卡尔理性主义的追随者，轻视来自权威的论点，并把对它的信任作为解决哲学问题的首要的和排他的方法：

> 不管我怎样试图提炼自然法，它无论如何都不是衍生于笛卡尔的原则：它们也与他的哲学没有任何共同之处，除了对古老先师权威的两方面意见的轻视，因为他们没有依据合理的推理。❷

其次，在追求把这种方法恰如其分地适用于伦理学上时，他似乎是自己想出来的。魏格尔直到 1674 年才出版第一部把这种"几何学"方法适用于伦理学的著作，❸ [44] 而普芬道夫在1659 年 4 月从哥本哈根监狱出狱后就立即满怀自信地给魏格尔写信，宣布他在这一领域的主张：

> 我向您提出最诚挚的请求，因您毋庸置疑的能力您对其他的一切哲学领域都已经了然于胸了，或许您会愿意把伦理学交给我自己。我相信这种研究将会成为我的声望和

---

❶ 参见 E. Spiess，《艾哈德·魏格尔传记》（*Erhard Weigel. Ein Lebensbild*，Leipzig，1881）。

❷ S. Pufendorf，《争议典型》，标题 2，"论哲学新方法"，载 *Eris Scandica*，页172。

❸ E. Weigel，《道德格言的算术描述》（*Arithmetische Beschreibung der Moralweisheit*，Jena，1674）。

资助之源。我的著作已然历经诸多改变，特别是由于它已经可以理解若干近期作者的伦理学观念，这些作者在我追随您时我甚至未曾耳闻。一旦这部著作完成，我希望这将是在今夏，我会在荷兰出版它，那里有著作的最好助产士。❶

这部正在进展中的著作就是《普遍法学的要素》，当普芬道夫在 1658 年到 1659 年期间在哥本哈根作为丹麦人的囚徒时就已经在构思和写作它了。这是一部彻底演绎性的著作，没有任何的引注，因为

　　任何学说都应当由三部分构成，第一部分是对定义的理解，第二部分是原则，而第三部分是从原则衍生出来的命题或结论。❷

但是，如果说这部著作使用的是魏格尔的方法，那么对适用领域的选择仍然是普芬道夫自己的。事实上这是他努力修正格劳修斯系统缺陷的首次尝试，他在丹麦人监狱中重新思考格劳修斯

---

❶　S. Pufendorf，"普芬道夫致法莱梭、弗里斯和魏格尔的信"（Briefe Pufendorfs an Falaiseau, Friese und Weigel），载 K. Varrentrapp 编，*Historische Zeitschrift*，73，1894，页 66 - 67。"普芬道夫致艾哈德·魏格尔"（1659 年 4 月 17 日）。这封信在新版的普芬道夫通信集中可以看到，Detlef Döring 编，《普芬道夫通信集》（*Samuel Pufendorf. Briefwechsel*），卷 1，W. Schmidt - Biggemann 编，《普芬道夫全集》（*Samuel Pufendorf. Gesammelte Werke*，Berlin，1996 - ），页 14。由于丹麦和瑞典恢复了敌对关系，普芬道夫在哥本哈根入狱 8 个月（普芬道夫是哥本哈根代表 Peter Julius Coyet 的家庭教师）。

❷　S. Pufendorf，《普遍法学的要素两书以及道德领域的附录》（*The Two Books of the Elements of Universal Jurisprudence, together with an Appendix on the Moral Sphere*，Oxford，1931），W. A. Oldfather 译，序言，页 29。

和霍布斯的过程中，就发现这些缺陷已经变得显而易见了。❶ 他希望能够通过这部著作让［45］"他们的论证而不是他们的权威"服从于解释的要求，并且筛选出一种纯粹演绎的分析，从而形成一种对这个学科的完全科学的理解，仅仅依赖逻辑的推导而把古代的引注一脚踢开。❷ 普芬道夫对这两位杰出前辈的著作的重要意义的评价完全是建立在把他们的论证方式作为分析性评价的对象的基础之上的，而不是建立在对他们的不同观点如何形成的任何兴趣之上，当然也不是建立在对他们之前的学科史的任何兴趣之上。指出这一点具有重要意义。这些人物的历史重要性完全是有名无实的，在《要素》的序言中顺便提及只是为了表明普芬道夫本人理论事业的起点，也是为了预先反制因完全缺乏致谢所可能引发的剽窃指控。

普芬道夫 1659～1661 年在莱顿大学学习语言学期间进一步展现了他对历史的兴趣。然而，如果过分看重这一时期的原始材料的版本就是错误的；❸ 这些都是那一时期从事兼职工作的大使顾问在大学里所创作的著作的特点。它们没有显示出任何长久的学术志向，也没有预示普芬道夫在哲学主要的兴趣领域所采纳的

---

❶　普芬道夫入狱后没有读书的机会，这对他来说所产生的创造性结果犹如格劳修斯在 1619～1620 年期间在荷兰的监禁。在 1663 年的一封信中，普芬道夫承认《要素》(*Elementa*) 这部著作原本意在作为格劳修斯的一个评论："作为我在这里排解郁闷的一种方式，我大胆地思考了我多年之前读到的格劳修斯和霍布斯的著述内容，并且按照我自己的判断安排了相关材料，同时添加了一些我自己的东西" (F. Palladini, 'Le due letteri di Pufendorf al Barone do Boineburg. Quella nota e quella "perduta"', *nouvelles de la Republique des Lettres*, 1 [1984], p. 131) (参见普芬道夫,《通信集》, 页 24)。《自然法与万民法》的写作伊始似乎也意在作为一个评论，但后来普芬道夫意识到评论的价值已经降低了，而且只有通过一种独立的和系统的自然法研究才能为格劳修斯理论提供一种恰当的道德认识论："据说他原本想让这本书以格劳修斯的一个评论的形式出版，但自从格劳修斯的评论海量出现，并且开始变得毫无价值，他就改变了计划" (Adlemansthal, 'Denckwürdige Lebensmemoire', 页 789－790)。

❷　Pufendorf,《普遍法学的要素》, 序言, 页 30。

❸　Jo. *Laurenbergii Graecia antiqua* (Amsterdam, 1660); Jo. *Meursii miscellanea Laconica* (Amsterdam, 1661); Jo. *Meursii Ceramicus Gemius* (Utrecht, 1663).

任何重要的历史方法。尽管前景是诱人的，但没有任何证据足以保证奥斯特莱西（Oestreich）和克里格（Krieger）的主张："自然法将要在普芬道夫晚期法学著作的统一规划中发挥更大的明确作用，这可以视为他在荷兰时期的最为可能的结果"。❶ 尽管把新斯多亚主义与莱比锡对莱顿的持久思想遗产的继承联系起来这是正确的，但在普芬道夫自己的无数自传性暗示中，他从来没有把他的这段思想生活作为构成性的加以提及。如果真是那样的话，我们至少可以看到他对《要素》中的方法的某种修改（推迟到1661年出版），以及他与他在1663年与博伊恩伯格通信之前的早期方法论的决裂，然而在任何情况下它都没有把这种视野的改变归之于在荷兰所获得的任何经验。

对于普芬道夫在海德堡早期的那些年，我们很难准确地判断他的兴趣所在，因为我们无法 [46] 准确鉴定各篇论文的精确年代，当时这些论文只有一部分是他创作的，但全部都是在他监督之下完成的。❷ 其中最早出现的是一篇名为"阿明塔斯·菲利普的成就"（The Achievements of Philip Amyntas）的论文，答辩人（respendens）是他的前雇主瑞典外交官科耶特男爵（Baron Coyet）的儿子，据信他是1661年入学的。❸ 这篇作品是解答他关于主权的宪法理论的首次尝试，有待《德意志帝国的状况》（De statu imperii Germanic）（1667）的进一步完善，那是对神圣罗马帝国的政治健康的个案研究。❹ 这两篇论文对历史证据的运

---

❶ G. Oestreich，"作为新时期强权国家理论家的利浦西斯法官"（Justus Lipsius als Theoretiker des neuzeitlichen Machtstaates），载 Historische Zeitschrift，181，1956，页69；L. Krieger，《审慎的政治：普芬道夫与自然法的接受》（The Politics of Discretion：Pufendorf and the Acceptance of Natural Law，Chicago，1965），页68。

❷ 这些后来收录于普芬道夫的《学术论文集》并出版。

❸ G. Töpke，《从1386年到1662年海德堡大学的学生名册》（Die Matrikel der Universität Heidelberg von 1386 bis 1662，Heidelberg，1882），页340。

❹ S. Pufendorf（Severinus de Monzambano），《德意志帝国的状况》（The Hague，1667），同样参见 H. Denzer 编订的《德意志帝国的状况》（Die Verfassung des deutschen Reiches，Stuttgart，1976）。

用只是作为论证的单纯解说，而不是其结构的必要组成部分：菲利普和马其顿都仅仅是作为一个成功的范例，普芬道夫相信在任何把主权授予有限君主制并避免混合制的国家中都能够出现：

> 从这些观察结果可以明显看出，马其顿的国家形式不是一种混合制，但是那里的国王也不拥有纯粹的绝对权：如果他们把德性的声望系于权力之上，以行动要求权威，并且在调整民族性的限制上游刃有余，那么他们就可以统治那些最为顺服的公民。特别是因为那种民族有着"对他们的君王根深蒂固的尊敬"。(Curtius III. 6)❶

在讨论神圣罗马帝国宪法发展的较大作品中，历史证据也是以一种同样受到限制的方式使用的。只有《威斯特伐利亚条约》之后的帝国近期历史才得到详细的思考，此时作者显然具有辩论的动机，意图驳斥德国杰出宪法学者赫尔曼·康宁（1608～1681）的观点，后者辩称一个主权国家，就像帝国所声称的那种，可以以一种混合物（res mixta）的形式存在，皇帝和政治集团之间进行权力划分。相反，普芬道夫却坚持认为，虽然康宁在论证行政体制作为一种合法的"混合"领域是正确的，但1648年之后的帝国历史仍然结论性地表明了没有任何主权的划分可以存续长远。❷

[47] 对实在法和自然法概念理论提炼的历史发展的这种莫

---

❶ Pufendorf，《学术论文集》，页146。对于普芬道夫关于帝国问题的思考发展的深刻的近期分析，参见：P. Schröder，"1648年之后神圣罗马帝国的宪法：萨缪尔·普芬道夫在其 Monzambano 中对宪法怪物及其意义的评价"（The constitution of the Holy Roman empire after 1648: Samuel Pufendorf's assessment of its importance and constitutional Monstrosity in his Monzambano），载 Historical Journal，42，1999，页961–983。

❷ 关于普芬道夫与康宁在神圣罗马帝国未来问题的观点的比较，请参见 H. von Treitschke，"萨缪尔·普芬道夫"，载《历史学与政治学论集》（Historische und Politische Aufsätze，Leipzig，1897），卷4，页248。

不关心，与康宁自己在这两个领域上的敏感态度形成了有趣的对比，普芬道夫很快就在各种不同的通信中受益匪浅，这些通信在1663 年早期发生于博伊恩伯格、普芬道夫、康宁和约翰·伯克勒之间。这些交流确立了开始于这一年的《自然法与万民法》写作的方法论，正因如此必须详细地探讨这一通信过程。

2.3　博伊恩伯格通信

一篇关于普芬道夫的《要素》的 18 世纪的评论简明扼要地概括了争论的一般轮廓：

> 尽管他自己后来对这部著作也甚感不满，甚至公开承认其不足之处，但作为一部他年轻时期的仓促作品，这部著作仍很受公众待见，并且对他闻名于世也很有帮助。通常的观点认为，这个开端是对后来的精准预兆。冯·博伊恩伯格男爵（后来成了美因茨选帝侯的司法官）想要有人来承担自然法方法论系统化的任务，他已经徒劳地敦促过几位学者（其中包括伯克勒、康宁和雷切尔［Rachel］）玉成此事。他断定普芬道夫有能力迎接这种绝佳的挑战，因此就鼓励他致力于此。于是普芬道夫就创作了举世闻名的著作《自然法与万民法》。❶

上述评论者把争论的起源定位于对《要素》出版的批判性反应之上，这一点是正确的，因为通信交流的第一步就发生在

---

❶ 尼塞隆（J. P. Nicéron）编，"萨缪尔·普芬道夫"，载《尼塞隆回忆录》，卷 19，1732，页 231 – 232。

1660 年 10 月份，那时博伊恩伯格男爵把这部著作的一份清样送到了康宁的手上。在自己的职务之外，博伊恩伯格以文学的慷慨资助人（Maecenas）形象示人。他广泛地参与文学通信，并且以资助具有典型争议性的知识分子为己任。然而，在所有这类活动中，他都信赖康宁的建议，后者是他在黑尔穆斯泰特（Helmstedt）大学的前任老师，这种信赖更是体现在他关于自然法系统化的计划之中，有证据表明康宁即是这一计划的首要推动者。

赫尔曼·康宁曾作为德国宪法历史发展方面的专家而声名鹊起。他得出的结论性证据是，罗马法被引入德国不是像当时通常认为的那样是在 1135 年《洛特海尔三世宪法》（*Constitution of Lothair III*）中，而是随着 [48] 大学法学家的工作在 15 世纪才逐渐出现的。❶ 康宁通过进一步的研究巩固了这一早期成就。他把神圣罗马帝国的边界的历史发展追溯到《威斯特伐利亚条约》，并且包括这一条约。❷ 然而，人们通常都没有注意到，与这些历史的兴趣不同，他还有效地利用了一种精致的法学理论，这种理论超越了狭隘的亚里士多德主义，并把现代学者对自然法的同情性思考也包含在内。在希望理解他对普芬道夫的著作所采取的立场之前，我们需要弄清这种态度到底是什么。

从 1625 年到 1632 年，在这七年的时间里康宁在莱顿大学接受教育。他在那里所受到的主要影响来自于博格斯狄修斯（Burgersdicius）和巴莱乌斯（Barlaeus）这些坚持亚里士多德主义的老师。他对利浦西斯（Lipisus）的强烈敌意就始于这一时

---

❶ H. Conring，《德国法的起源》（*De Origine Iuris Germanici*，Helmstedt，1643）。对德国 17 世纪早期的亚里士多德主义政治理论家的有见地的总体评价，参见：R. Tuck，《哲学与统治：1572 ~ 1651》（*Philosophy and Government*，1572 ~ 1651，Cambridge，1993），页 124 – 136。

❷ H. Conring，《德意志帝国的终结》（*De Finibus Imperii Germanici*，Helmstedt，1654）。

期，阅读格劳修斯也一定始于这一时期。❶ 亚里士多德主义伦理学的某些基本原则贯穿于他的著作始终：例如，他总是在自然法研究与实在法和政治学这两个方面之间维持清晰的分离状态，后面这二者被视为严格的经验研究，具体国家的相对主义的状况远远复杂于自然法的理论命题。法律汇编的功用（utilitas）就是它的证明源头："任何国家的公共法就是它的实在法……公共用处是公共法的本质所在，私人用处是私法的本质所在。"❷ 这种理论和实践之间的分离似乎因他对马基雅维利的阅读而强化了，他以一个新版本再版了后者的《君主论》。❸ 在 1670 年致莱布尼茨的一封信中，康宁十分清楚地说，万民法不仅可以根据情况发生变化，而且也可以包含与我们视为自然法的内容相反的标准：

> 自然法的普遍原则通过每种类型的国家的批准生效，这是不可能发生的；因为任何国家的公共利益都要求尽可能多的违反自然法的法律在不被觉察的情况下得到通过。某些类型的国家既不能仅仅通过好的实践加以统治，也无法仅仅通过好的实践得以维持。[49] 结果，它们不仅许可而且甚至需要许多不公平政策的行为。❹

---

❶　关于康宁的教育，参见：H. Dreitzel，"赫尔曼·康宁及其时代的政治科学"（Hermann Conring und die politische Wissenschaft seiner Zeit），载 M. Stolleis 编《赫尔曼·康宁（1606~1681）：生活与著作论集》（Hermann Conring（1606~1681）. Beiträge zu Leben und Werk，Berlin，1983），页 138。

❷　H. Conring，《全集》（Omnia Opera，Brunswick，1730），J. W. Goebelius 编，卷 2，页 248。

❸　N. Machiavelli，《尼可洛·马基雅维利君主论中的政治关注》（Animadversiones Politicae in Nicholai Machiavelli Libro de Principe，Helmstedt，1661），H. Conring 编。

❹　"康宁致莱布尼茨"（1670 年 2 月 10 日），载 G. W. Leibniz，《莱布尼茨哲学手稿》（Die Philosophischen Schriften von Gottfried Wilhelm Leibniz，Berlin，1875），C. I. Gerhardt 编，卷 1，页 165。

就政治学而言，任何人类行为的一般原则只能通过对所涉国家的历史及其当代政治的细致观察才能得出。康宁的最为精致的政治理论论文《论公民审慎》（*De civili Prudentia*）（1662 年）的主要论题正是要从对这种经验的分析性考察中得出结论。● 因此，康宁本人从来没有写作自然法理论，因为它既处于他所界定的政治学的定义之外，也与他在德国国家形式的著作中对它的实践无关。

但是，对自然法实践意义的这种否定判断不应让人得出结论认为，康宁低估了这一主题的纯哲学研究的重要性。事实上，他清楚地表明，恰恰是这一哲学分支自古以来就没有得到充分的探讨："这种哲学一直都至关重要，但截至目前并没有被任何人充分地和有价值地发展。"❷ 这种失败源于人们不愿意用一种独立于罗马法和教会法的术语体系来研究它：

> 对于那些在这一领域中作出贡献的人来说，他们大多没有以适当的方式单独对待它，而是在处理罗马法民法和教会法时偶然地涉及：民法解释者和那些我们称之为诡辩的神学家往往都是在重复这种方式。❸

康宁对 17 世纪发展的判断暴露了他自己立场的含糊不清，他承认格劳修斯及其继承者在以一种恰当的分离方式研究自然法过程中所取得的成就，但却不愿意承认他们在把伦理学变成一种科学这样的一般任务上已经超越了亚里士多德：

> 一切自然法都属于道德哲学，他们在我们的时代实际上

● 参见：P. Herberger 和 M. Stolleis，《赫尔曼·康宁 1606～1681：黑尔姆施泰特大学的一位学者》（*Hermann Conring 1606～1681. Ein Gelehrter der Universität Helmstedt*, Göttingen, 1981），页 52。

❷❸ Leibniz，《哲学手稿》（*Die Philosophischen Schriften*），卷 1，页 166。

已经杰出地发展了它的大部分内容。在这些作家中格劳修斯是最出色的，但是，在亚里士多德的典范之后，迄今为止他们没有一个人把一切道德哲学都归纳到一个整体之中。❶

[50] 尽管亚里士多德提供的是一种无法令人满意的自然法解释，因为他没有以一种它应得的独立性去探讨它。但是，自然法学者们的工作仍然是不充分的，因为他们的论证不具有无可置疑的方法所具有的证明效力：

> 格劳修斯是首位把这种学说分离出来并把它放在单独框架之内的论者。普芬道夫追随着他，碰巧还有霍布斯。然而，对于这些作者你可以像我一样发现破绽，他们并没有通过无可置疑的方法证明他们的观点；他们满足于从值得尊敬的观点出发，以一种逻辑的样式安排它们，然而真知只有通过证明才能获得。他们按照这种方法去做，我并没有感到十分意外，因为亚里士多德自己在这一领域也犯过错误，只是他不是由于缺乏达到无可置疑前提的技术，而是由于对道德原则的某种忽视。❷

这个判断在 1670 年提供给了莱布尼茨，那是在有关普芬道夫的通信出现的七年之后。但是，它可以作为康宁在那封信中对普芬道夫著作所采取的态度的总括，因为他直到 1670 年才看到《自然法与万民法》对材料的修正和重组，也正因如此他对自然法学科在当时的发展的认识仍然停留在 1663 年。在整个通信中康宁都承认对普芬道夫在其致博伊恩伯格男爵的信件中所勾勒的那样的一本具有系统目标的著作的迫切需要，但

---

❶ Conring，《全集》，卷 6，页 408 – 409。
❷ Leibniz，《哲学手稿》，卷 1，页 166。

是他对普芬道夫在《要素》中是否实现了这一目标，或者说，如果普芬道夫继续规避古代哲学家的著作，只是孤立地追求魏格尔的"几何学"方法，能否在未来的著作中实现这一目标，仍然保持怀疑态度。但是，我们不应过分强调康宁与普芬道夫之间的这些差别：正如我们将会看到的，如果说把普芬道夫后期的哲学著作描述为在方法上是"折中主义"的，这是正确的，那么同样可以说康宁在他自己的著作中也是在沿着相同的方向前进。对于重组和复兴古代哲学的学说他们有着同样的关注，对此有充分的证据表明他们直接把它们用到了对当时哲学问题的解决之上。❶ 主要的差别之处在于，普芬道夫把大批古代哲学家和近期先辈的证明置于自己理性评判的法庭之上，而康宁却把他的源头限定于亚里士多德：

> 我们所能知道的只能像我们通过自己的判断所能理解的那么多……如果我们把亚里士多德置于首要的学术权威位置，[51] 这就足够了，这不是要他成为独裁者，学界不容许独裁，而是要他首先给出自己的观点。❷

然而，单就方法而言，这二人都与对权威论点的屈从相去甚远。

博伊恩伯格想创造一个自然法体系的计划在 1662 年年底传播给了许多学者。但是，这掩盖了它在何种程度上是康宁故意设计这个计划以期特别引导普芬道夫超越《要素》的事实。博伊恩伯格与康宁 1660 年到 1662 年通信的幸存部分可以明显反映出对普芬道夫的集中关注：康宁在 1660 年 10 月收到《要素》样本之后以一种未减弱的热情回复道："但是，那本著作超出了我的

---

❶ 对于这个问题请参见下面第 78 页引述的 Dreitzel 的意见。

❷ Conring，《全集》，卷 5，页 735。

预期……在格劳修斯之后我尚未读到同它相仿的著作。"他坚信作者应当把这种研究再推进一步："非常可取的做法是，把那些《要素》扩充到一部适当的著作之中，把已经规划好的东西出版出来：然后针对其中的这些问题进行一次彻底的讨论。这将是非常有价值的。"❶ 当博伊恩伯格宣布他打算 1662 年底拜访时处海德堡的普芬道夫时，康宁重申了他的赞扬，这说明上述绝非是昙花一现的热情。❷ 近期发现的一封博伊恩伯格在返回美因茨之后写作的信件表明，这次拜访的目的是正式传达选帝侯展开法学的体系性工作的请求。博伊恩伯格应当在这段时期让康宁熟悉他的计划，而且也应当把普芬道夫对他的所有回复都送至康宁处以备精读，这表明康宁本人一直是这一任务的推动力量，这在选帝侯的一份特别委托的掩盖之下更令人信服：

> 我现在业已从海德堡返回美因茨，由此似乎获得了更多的闲暇，从而可以把我代表您在［52］斯潘海姆（Spanheim）和普芬道夫的陪同之下的收获全部写出来。前者已经收到了您送给他的整理妥当的小册子。后者至为热诚地向您自荐了自己；至于我们的共同兴趣，特别是对于公共法的研究，选帝侯已命他承担以格劳修斯之方式加以公示之责，他随后将通过信件与我交流。有谁会怀疑我应当让您也加入这

---

❶ G. W. Leibniz，《莱布尼茨通信集》（*Commercium Epistolicum Leibnitianum*，Hanover and Göttingen，1745），J. D. Gruber 编，卷 1，页 404 – 405，"康宁致博伊恩伯格"（1662 年 10 月 28 日）。后面讨论中的所有对博伊恩伯格与康宁之间通信的引证都来自后面的一卷；普道夫致博伊恩伯格的两封书信引自前面 57 页注释①的 Palladini 的近期版本（它们在普芬道夫的《通信集》第 24 ~ 32 页中也能看到）；对伯克勒致博伊恩伯格的信件的引用采自前面 62 页注释②所指明的康宁《全集》版本的卷 6。这些文本与克里斯琴·托马修斯在《自然法小通史》附录二（第 156 ~ 214 页）收集的通信相比更为可靠多。

❷ Leibniz，《莱布尼茨通信集》，卷 1，页 997："康宁致博伊恩伯格"（1662 年 11 月 26 日）。

种交流呢?❶

　　普芬道夫以一封长信回复了这项使命,这封信的形式变成了他放入后来著作的序言的特征:一份思想自传的开场白,通向对他目前信念和未来著述规划的一个正当理由。他把自己独立的思想生涯的起点定位于对权威论点不是伦理学的神圣不可侵犯的方法的重视之上:"禁止越出反复重申的戒条半步,一旦这种不安笼罩着我,我似乎非常清晰地察觉到了许许多多学科中所存在的如此众多的愚蠢之处,这些学科对反思本身来说仍然是一个问题。"❷ 这种现实使他得出结论,就"使个人的道德符合正确的形式"这种智慧术而言,存在两处重要的缺陷:其一,缺少任何确定的知识;其二,宣称是道德教科书却对亚里士多德的评注具有明显的不足之处。结果,他经历了对权威的一种厌倦:"这使得我开始对几乎全部的那种研究感到厌倦,并着手去拆穿古代作家。"❸ 接着,他开始叙述写作《要素》的一些情况。它原本是要作为格劳修斯和霍布斯的一个评论;不论博伊恩伯格的邀请是什么,他自己的目的就是要在这个领域进一步推进他的著作:

　　　　这部著作需要进行更多的精心打磨,而且,当我们拥抱孩子的那种初爱冷却了下来,我自己现在也发觉它十分不理想,除了这个事实之外我似乎也使自己相信了创作一部更为精确、更为完整的这种类型的作品是何等地必要。❹

　　在思考过为何这个领域的其他人的近期努力一无所获之后,

---

❶　Palladini,"普芬道夫的两封书信"（Le due letteri di Pufendorf）,页 124 – 125,来源于 Herzog August Bibliothek, Wolfenbüttel, MSS Extravagantes f. 314 v. Boineburg to Conring（29 December 1662）.

❷　同上注,页 130。"普芬道夫致博伊恩伯格"（1663 年 1 月 13 日）。

❸❹　同上注,页 131。

他得出结论认为，法学家和哲学家都过分地偏执于他们自己的学科界限了。❶ 然后，他详细阐明了两种最可能［53］产生自然法科学的方法论的优缺之所在，一种是魏格尔的数学方法，另一种是格劳修斯的社会学方法：

> 在我看来，这里存在两种路径，在正确地理解了构成哲学流派的那些人之后就可以理解它：前一路径的追随者主要是数学家，他们喜欢从一些首要的原则推导出庞大的结论群；后一路径经常被那些人践行，他们热衷于观察自然现象，通过对许多个例的观察和比较他们可以最终获得某种一般性的陈述。❷

普芬道夫发动了对格劳修斯方法的猛烈攻击，这种方法通过观察某些挑选出来的国家的法律和风俗进而抽象出自然法的永恒原则。这种路径往往容易遭受种种质疑。首先，堆积个例的方法容易被引证观察者经验范围之外的反例嘲弄："你会发现几乎没有人可以自诩知道世界上所有民族的数目和名字：收集或理解他们的所有法律和制度，这显然超出了个人的能力范围。"❸ 这种方法同样也会受到文化帝国主义的非难，因为赋予欧洲国家的实在法以重要意义，这不可避免地会以贬低东方国家的立法产物为代价："据此我们可以合理地推论，我们认为是通过自然传递给我们的许多法律实际上对人类社会并非绝对根本。"❹ 格劳修斯的方法作为万民法研究的积极贡献不是毫无价值，但是，作为一种提取自然法本质的方法必须予以坚决反对：

> 这不是说，像有些人会说的那样，我们不应关注野蛮民

---

❶ Palladini，"普芬道夫的两封书信"，页133。
❷❸ 同上注，页134。
❹ 同上注，页135。

族。对于我们的目标而言，思考更为道德的民族所遵守的习俗就足够了：通过对比这些习俗可以编纂出某种完整的万民法体系。但是，除了这是巨大的工程这一事实之外，谁又能清晰地判断哪个种族应当被列为野蛮，而哪个又可以被列为文明呢？❶

但是，如果格劳修斯的方法不是令人满意的，那么魏格尔的与之对立的方法同样如此。为这种方法旗帜鲜明地进行辩护的段落特别重要，因为它揭示的正是普芬道夫自己的思想中确切的、当前的、最为困惑的阶段。他仍然准备为他在《要素》中所采取的路径辩护，但是这种辩护渐渐地就显得半心半意，实际上突然止于悬而未决：

[54] 因此，一旦我拒绝了这种方法，那么就会断定在这个领域我应当首要地追随那些数学家。这样就会去确立某种任何理性的人都不敢质疑的固定原则，从这种原则可以推导出属于普遍而持久的法律的全部内容。然而，这个根基却并非那么容易找到。迄今为止，大多数学者都一直认为诉诸健全理性的命令是可取的。但是，除非我们依凭某种固定的原则，谁又能成为正确理性立于何处的判官呢？多少学者之中才会出现一个在欣赏与他自己相对立的观点时保证是全心全意的呢？不把异议者说成愚蠢的，这似乎有失颜面。我们怎么才能以一种相反过程完全禁止的方式受到我们的理性的纯粹命令的限制，这是一个难以解开的结。当然，正因如此，塞尔登（Selden）显然受到了影响，不是去概括性地探讨自然法，而是去探讨被犹太人视为自然法的那部分内容，

---

❶ Palladini，"普芬道夫的两封书信"，页 134 – 135。

去从上帝的直接命令中推导那种法律的义务。❶

如果要避免格劳修斯在方法上的错误，那么，显然一种数学方法的起点，对一个根基或首要原则的要求，就是一种必然的愿望。然而，对于应当怎样确定这种原则，普芬道夫是极其不明晰的。诉诸健全理性（*sana ratio*）太过简单了，因为不同学者的推理会带来相互对立的看法。他也不能接受塞尔登的观点，上帝的自然法的首要原则（*fundamenta principia*）可以在一个历史中的民族的实在法中发现。在这一点上普芬道夫相继拒绝了把社会观察、演绎逻辑和实在法史作为通向自然法真正科学的路径，他突然停了下来并改变了立场。他放弃了怎样发现道德确定性问题，转而讨论如何表述本类的道德本体（*entia moralia in genere*），以之作为建构任何自然法的体系都需要的前提条件。❷ 但是，他在这么做时却避免给出任何明示，以说明他在随后的自然法的系统研究中所实际使用的方法。这个问题仍然悬而未决，而且正是这种不确定性和不明晰性使得通信的其他参与者得以显著地促进普芬道夫方法论的成形。

博伊恩伯格把普芬道夫的信件发给了康宁和约翰·伯克勒（1611～1672），后者是斯特拉斯堡的法学教授，并邀请他们发表意见。他们都在1663年1月底前作出了答复。可以预见，康宁的答复是一种热情的评判：他采纳了普芬道夫对自然法研究现状的批评意见，而比较令人意外的是，他在普芬道夫对亚里士多德主义的批判上让步太多：

[55] 首先，我认为他的抱怨对于那些公开教授道德法则（ius morale）但却从这种理论中除去一切证明力的人是

---

❶ Palladini，"普芬道夫的两封书信"，页135-136。

❷ 同上注，页136。

合适的……同样的人抱怨亚里士多德在这一领域中的缺点也不无道理。❶

然而，康宁也很快就注意到了普芬道夫在阐述他的计划时的主要犹疑：

> 我也同样宁愿普芬道夫已经添加了他所认为的这种哲学的最终的真正原则，特别是在他并不希望人们认为他赞成霍布斯的那些原则的情况下。❷

这里康宁准确地指出了下述事实：普芬道夫至此尚未协调格劳修斯的信念与霍布斯的见解，前者认为社会性是一种被观察到的社会事实，而后者却认为社会性是一种实用的个人计算。

另一方面，伯克勒的贡献更具明白的攻击性。他对普芬道夫蔑视古代前辈的傲慢深感愤怒：

> 我非常愿意普芬道夫像他期许已经取得的成就那样谙习古希腊和拉丁作家：在这方面没有人能轻易地欺骗我，因为我自己已经啃这块骨头太长时间了。❸

这种对源头的轻视本身不仅是应受谴责的，而且它还侵蚀了普芬道夫要成为格劳修斯精确解释者的声称："如果普芬道夫精通这种能力的话，那么这种技巧的其他形迹就都会在他的著作中

---

❶❷ Leibniz，《莱布尼茨通信集》，卷 1，页 1045："康宁致博伊恩伯格"（1663 年 1 月 25 日）。

❸ Conring，《全集》，卷 6，页 11："伯克勒致博伊恩伯格"（1663 年 1 月 26 日）。伯克勒的职业生涯及其对普芬道夫的持久反对最近在 F. Palladini 那里得到了研究，"普芬道夫的敌人：约翰·海因里希·伯克勒（1611～1672）"（Un nemico di S. Pufendorf: Johann Heinrich Böcler（1611～1672）），载 *Ius Commune. Zeitschrift für Europäische Rechtsgeschichte*，24，1997，页 32－52。

看得见了。他甚至没有像格劳修斯那样充分地理解事物或者重视它，对此我深信不疑。"❶

至于普芬道夫的方法论建议，伯克勒也与康宁一样表示怀疑。他不相信在《要素》所使用的几何学方法上会有任何的进步：

> 首先令人感到惊讶的一个原因是，他把一种方法呈现给你，最为杰出的人士，一位明察秋毫的判官，这种方法似乎是新颖的，现在触手可及，而且会在他未来的著作中加以使用——而事实上它就是在《要素》中所使用的同一方法。❷

[56] 最后，他抱怨普芬道夫没有在他的演绎方法和其他来自古代哲学源头的论证方法之间进行全面而又妥当的比较研究。由于格劳修斯已经采取了这两种方法的结合体，那么自诩为格劳修斯理论的完善者就当然有义务作出这种评判："我不知道他是否十分清晰地对比了演绎方法和基于权威和范例的方法。因为格劳修斯既把这两种方法结合在了一起，也确定了古代观念不应在实践中被孤立开来。"❸

在普芬道夫之后的那一代作家之中存在一种趋势，认为伯克勒是一位卖弄学问的老学究，他对格劳修斯著作的兴趣和理解不会超出对《论战争与和平法》中多种没有归属的材料来源的确定。❹ 但是，在这封通信中伯克勒已经触及了真正重要的问题，尽管他的尖酸风格把他的稿件表现得像是一位格劳修斯的评论者对另一位评论者著作的愠怒。康宁察觉了这一点，他在读完伯克

----

❶❷　Conring，《全集》，卷 6，页 11。

❸　同上注，页 12。

❹　这条标准线体现在《尼塞隆的回忆录》的判断之中，第 19 段，第 351 页："在古籍研究中，他是一位非常博学的人，正因如此他深受格劳修斯内涵丰富的著作的吸引。然而，除此之外，他的推理并不强大，他也没有一颗明晰而又精确的心灵。"

勒的信件后对它的修辞风格表示遗憾，但却采纳了它对普芬道夫忽视较早作者的权威的批评意见：

> 我也常常思忖，普芬道夫对于古人的阅读并不是十分娴熟。相反，他似乎蔑视他们，只把信任留给自己的才智。然而，我并不怀疑，如果他运用自己的能力定会带来许多东西：如果他同时非常谨慎地处理古代和现代作家的著作，无论他能带来多少东西，他都会以一种谦虚谨慎的态度抑制自己的思想火焰。❶

但是，普芬道夫致冯·博伊恩伯格男爵的第二封信回避了他在第一封信中的模棱两可的批判，而且未能重视他忽视之前道德哲学这一谴责背后的意义。他不愿意承认哲学史在确认一组演绎推理的基本原则中除了扮演辅助角色还具有其他的作用。在某种意义上，他是在重申对康宁下述主张的批判：实在法可以用于形成一种自然法体系；权威的证明只是用于肯定或否定一组先前提出的原则的真理性：

> [57] 就那些似乎与我的事业相关的作家而言，他们很少有人能在提出一些原则和根基上有助于我。但是，一旦恰当地建立了这些原则和根基，那么它们就能够提供充足的材料创造一种完整的法学体系，结果除了优美的组织问题，主要的工作就是按照我自己的原则为它们已经传递的内容提供准确的证明。❷

在这个阶段，普芬道夫在他的著作中只是满足于重申格劳修

---

❶ Leibniz，《莱布尼茨通信集》，卷 1，页 1052："康宁致博伊恩伯格"（1663 年 2 月 20 日）。

❷ Palladini，"普芬道夫的两封书信"，页 141："普芬道夫致博伊恩伯格"（1663 年 2 月 7 日）。

斯的理论，而没有对霍布斯对它的批判表示任何严肃的关注：

> 我的判断是，这个学科一切可以认识的首要原则和源头不是人性的社会性。显然，这是造物主自己的设计……而且，我也不认为霍布斯在把这种观念的对立面作为起点时是想让它成为一种严肃的断定，相反他只是想让它作为某种纯粹的假设，从中自然法则可以像从一种荒谬的或不可能的基础那样得到详细说明。❶

但是，正如伯克勒在他的第二封信中（通信的最后一封）所争论的，这完全弄错了他的反对意见的目的。伯克勒的观点只是说，普芬道夫要求成为格劳修斯继任者的主张会因为他不愿研究格劳修斯对历史文献的处理而受到损害，因为那是格劳修斯创作其著作的重要手段。如果普芬道夫做了这项工作，那么他就不会错误地要求一种自然法根本原理的概念的优先性，那事实上是西塞罗的——一种被格劳修斯承认并整合的先例：

> 他写到在他的事业中没有获得优秀作家的丝毫帮助，这是一个令人惊讶的观点，倘若不承认他的才智多么深入而广泛地依赖格劳修斯论证的绝佳推理……如果人性的社会性是普芬道夫的首要原则，那么他应当首先弄清这不是他自己才智的结晶，西塞罗在其《论义务》中，以及其他人，甚至是在泰奥格尼斯（Theognis）之前，就已经试图从这一源头抽取出法律和义务的全部规诫了。❷

伯克勒的立场是把这个问题教义化，因为他在自己的职业生

---

❶ Palladini，"普芬道夫的两封书信"，页 141："普芬道夫致博伊恩伯格"（1663 年 2 月 7 日）。

❷ Conring，《全集》，卷 6，页 12："伯克勒致博恩伯格"（1663 年 3 月 3 日）。

涯中花费了巨大的精力以他对古代哲学的博闻广识去查明格劳修斯著作中的不明文献：他的 1663 年版的《论战争与和平法》第一书从根本上来说就是这些归属的一个汇编，而且他在序言中坚持西塞罗在他所发掘出来的隐藏的受惠人序列中的重要性：

> [58] 拉丁哲学的整个荣耀都体现在西塞罗身上，他的两部著作（《论法律》，特别是《论义务》）可以在这个问题上扩展多卷……格劳修斯在许多问题上受惠于这些著作，即使他没有表现出来。❶

在伯克勒对格劳修斯《论战争与和平法导言》第九节的评论中（本节在 "oikeiosis" 这个概念中确立自然法的基础），他非常清楚地把格劳修斯学说的起源归给了古代源头。正是这种观点奠定了他对普芬道夫的所谓新观念表示愤怒的基调：

> 但是，格劳修斯在自然法起源上的观点是他在导言中着手解决的问题，我们不应拆散或肢解这种观点。因为他说，自然法源于一种对社会的高贵欲求，要借助正确理性的判断从而表明与人性一致抑或不合，甚至来自于神意，这不仅是自然的部分，而且（正如基督徒非常了解的）在《十诫》中得到了更新，并通过圣著清晰地揭示出来。这些要点有许多来自西塞罗，而西塞罗主要得之于斯多亚学派，尽管亚里士多德和柏拉图也具有类似的想法。❷

普芬道夫最初显然并不善于接受这些方法论建议，但它们似乎在《自然法与万民法》的写作过程中发挥着决定性的作用，

---

❶ J. Böcler，《胡果·格劳修斯论战争与和平法中的主要评论》（*In Hugonis Grotii Jus Belli et Pacis Librum Primum Commentatio*，Giessen，1687），序言，页 13。

❷ 同上注，页 47。

这部著作完成于 1670 年他到瑞典接受伦德大学的教授席位之前。对于那些年中所发生的影响他思想的经历我们所知甚少。如果真有这样的事件发生，一个像普芬道夫这样喋喋不休的自传作家不可能忍得住在他的辩论性著作集成《斯堪的纳维亚争论》中不去提及。相反，在《自然法与万民法》内部，以及围绕着它的出版产生的相当多的证据表明，普芬道夫在海德堡时期花了大量的空闲时间重读古代道德哲学著作，特别是斯多亚学派的著作，那时他已经意识到这些著作对于他驳斥霍布斯来说不是单纯的装点门面，而是具有实质的意义。在一份附于博伊恩伯格通信的摘记中，克里斯琴·托马修斯证明了伯克勒的话对普芬道夫研究的直接影响，作为普芬道夫的朋友和追随者托马修斯具有了解事实情况的特殊资格：

> 除了在随后出版的《自然法与万民法教程》中［59］到处列出那些作者的名字，并从他们那里获得证据和例子，普芬道夫无法更为有效地反驳伯克勒说他忽视了古代作家的这些指责。❶

《自然法与万民法》第一版的序言强调了对古代文献的使用："我并没有贬低古代文献所应得的荣誉，这从我在各种场合都选择引述古代作家以证明我的论题中可以清晰地看出来。"❷

---

❶ Thomasius，《自然法小通史》，附录 2，脚注，页 182。Brucker 在他的《哲学批判的历史》中也谈到了同一点，C. A. Heumann 在那里被引为权威："他在海德堡一年读的书比贝克曼（Beckmann）一生读的都多……他不仅获得了丰富的古代文献的知识，后来这些知识使得他的自然法和万民法的著作大为生色，而且他还拥有了一大批致力于研究和坚持他的著作的学生。"（*Historia Critica Philosophiae*，vol. V，tomus IV，par altera，liber II，caput IV，xiii，p. 755）。

❷ S. Pufendorf，《自然法与万民法》，1688 年版，C. H. Oldfather 和 W. A. Oldfather 译（Oxford，1934），1672 年第 1 版序言，页 8。通常来说，18 世纪 Basil Kennett 的翻译更为可取；但是 Kennett 的版本忽略了 1672 年和 1688 年的两篇序言，它们支持 Barbeyrac 的"道德科学的历史和批判解释"（An Historical and Critical Account of the Science of Morality）。

而且在同一序言之中还有一处对伯克勒的含蓄致敬，因为普芬道夫在写到对格劳修斯的错误解释时说，"某些博学的人实际上已经通过编注《论战争与和平法》尝试改正这些缺陷，有一两位这样的评论者所作出的努力不应受到轻视。"❶

在详细检查古代作家的过程中，普芬道夫放弃了魏格尔的严格的演绎方法，转而支持他的追随者称之为"折中主义"的方法：健全理性仍然是评价的标准，但是人的理性在道德哲学中必须发表意见的基本材料至此已经变成了之前道德哲学家的著作。鉴于当前的需要盘点这种遗产的结果将会带来那些具有持久有效性的真理，它们包含着普遍伦理（*ethica universalis*）。

普芬道夫方法中的这种相当重要的转变其原动力来自于典型的亚里士多德主义者康宁，很遗憾我们没有看到他对《自然法与万民法》的深思熟虑的结论。在 1676 年的一封信中，他似乎表明赞成已经完成的作品，尽管他有着初步的保留："普芬道夫的著作在许多方面都是令人满意的，然而有些内容开始似乎没有得到证明。"❷ 但是，从这一简短的引文中推想太多实属不明智之举。最终，康宁仍然是伦理学旧结构的支持者，但他又与之有着重要的差别，他从来不认为自然法研究已经充分完备了，也不认为他的导师亚里士多德是［60］绝对可靠的。然而，普芬道夫自己在新著作的写作中无疑考虑了康宁的地位，他在 1670 年 5 月完成著作之后立刻从斯德哥尔摩给后者写了封信：

> 曾几何时我期待向您表达敬意，不论是以信件的方式，还是当面奉上。这不仅因为您杰出的文学盛名，而且因为您对我的努力的肯定……现在我必须把我对您多年的感激一吐为快……我搬到这里（斯德哥尔摩）已经有些天数了，既

---

❶ S. Pufendorf，《自然法与万民法》，1688 年版，C. H. Oldfather 和 W. A. Oldfather 译（Oxford，1934），1672 年第 1 版序言，页 6。

❷ Conring，《全集》，卷 6，页 505。

是为了处理一些事务，也是为了提请您对我的包括八书的著作《自然法与万民法》作出审定……这部著作是否具有价值全赖您以及那些像您一样的人的裁定。❶

2.4　《自然法与万民法》中的斯多亚主义和折中主义

康宁道德和政治著作的一位近期评论者指出，由于康宁在后期人文主义中的地位，他本人已经预示了折中主义的方法：

> 康宁与后期人文主义的联系当然是他的地位的显著特征：它的突出特征是追溯到古代的一位作家或一个"学派"作为权威，这不是在以某种方式恢复他们的体系，而是进一步发展他们的基本概念和独立的思考方式，并让他们推动他在自己的时代获得新知和解决新问题。❷

但是，即便如此，这种影响也很少被他传递到自然法领域，在这个领域亚里士多德仍然是他参考的唯一重要源头。正如我们将要看到的，普芬道夫著作的新颖之处在于，它拓展了权威的范围，并把这种方法作为排他性的技术系统地、自觉地用于对一种道德科学的创设之上。

普芬道夫自己非常清楚，一门学科在其创始阶段需要一种新型的方法论，而且在它所应当操持的认识论原理上必须达成一

---

❶ Leibniz，《莱布尼茨通信集》，卷 1，页 1419 – 1420 和页 1421。
❷ Dreitzel，"赫尔曼·康宁"，载 Stolleis，《赫尔曼·康宁》，页 135。

致。1688 年在回应明显是在要求描述他的哲学方法的请求时，普芬道夫写信给克里斯琴·托马修斯肯定了他在早期职业生涯中对折中主义的拥护：

> [61]（您）我亲爱的先生，偏爱哲学中折中一派甚于其他，我恰好也处于这一派别之中。孤立地看，它并非最佳，除非在知识尚未从原则之中严格推导出来的领域。一旦实现了这一点，那么它就再也没有进一步的作用了，例如在几何学中，而且如果道德和自然哲学成了真正的知识，那么折中主义哲学本身也就终止了。❶

虽然普芬道夫从来没有完全放弃他关于道德真理能够以一种类似于几何学的方法加以证明的信念，但他的实际做法却满足于把既存的知识恢复和还原到一种清晰的体系。他在《争议典型》第二章"论哲学新方法"的标题下鲜明地区分了两种新方法：一种是笛卡尔主义路线的新方法，它挑战了亚里士多德主义传统（对此他的反对者很快就指责了他），还有一种形式的新方法争取从既存的学说中淘出真理，并把这些学说安排进一组基于明晰的认识论的连贯的道德原则之中。阿尔贝蒂和其他人把他自动地同化于笛卡尔主义，这在哲学上是粗糙的，因为反对亚里士多德的道德哲学并不能据此事实（*ipso facto*）就可以把一位现代哲学

---

❶ S. Pufendorf，"普芬道夫的通信"，载 K. Varrentrapp 编，*Historische Zeitschrift*，70，1893，页 31（《普芬道夫通信集》，页 194）"普芬道夫致托马修斯"（1688 年 6 月 19 日）。另一段在强调独立思考时明显采纳折中主义方法的地方出现在论年轻贵族的教育的一段简短文字之中：S. Pufendorf，"由于年轻人信息限制的非预先思考"（Unvorgreiffliches Bedencken Wegen Information eines Knaben von Condition），载《萨缪尔·冯·普芬道夫：简短的报告和文字：历史、教育、哲学、教堂和民法文章》（*Samuel von Pufendorf. Kleine Vorträge und Schriften. Texter zu Geschichte, Pädagogik, Philosophie, Kirche Und Völkerrecht*，Frankfurt/Main，1995），D. Döring 编，页 537－550，相关段落出现在第 549 页。

家置于笛卡尔的行列之中。他可以非常公正地说："无论我怎么尝试提炼自然法，都没有以任何方式从笛卡尔主义的原则中推导它们"，因为笛卡尔本人不能或者不愿把他的新逻辑的影响延伸到伦理学领域。❶ 普芬道夫的愤怒的断言，"我与霍布斯赤身肉搏，而笛卡尔却对道德哲学一言未发"，值得我们同情。❷ 普芬道夫相信，"综合的"创新的技术会赢得战斗：

> 那种创新方法无论如何都不应受到驳斥，它与其说是对新真理的揭示，还不如说是对旧真理的提炼，然后以一种适当的方式加以装饰——由此那些在这一点上分散和混乱的材料得到重新安排，纳入一种凝练的结构之中，并通过一种证明的方式确立起来：只有当它添加到已经获得的智慧之上时才能对得起这种努力。这种艰辛的工作会在文学领域中赢得同样的赞扬，这就像公共［62］道路被官员修整，排除了不平和弯曲使之变得平坦笔直一样。❸

尽管这种描述具有非个人化的性质，但很难不把这种解释视为普芬道夫作为一位折中主义哲学家的成熟做法的清晰表述：如果仔细研究《自然法与万民法》的前三书，那里作者承认其目的是定义自然法并捍卫这种定义使其不受霍布斯及其他批判者所害，那么就会立刻感受到这种做法的冲击，一套复杂的引证被整合进了论证之中，而不是仅仅作为这种论证的支撑。霍斯特·登泽尔（Horst Denzer）已经指出，整部著作有 310 处主要引证涉及斯多亚作家，这远远超出了任何其他的单个古代哲学家或者思

---

❶ Pufendorf，《斯堪的纳维亚争论》，页 172。
❷ 同上注，页 341（Krieger 译，载《审慎的政治》，页 49）。
❸ 同上注，页 171。

想学派。❶ 这些引证大量地出现于该著作的前面章节，特别集中于第二书第二章"论一般自然法"的标题之下。这里我们可以观察到普芬道夫在操作中的折中方法，他把对现代作家（格劳修斯）和古代斯多亚观点的概念分析结合了起来，用以驳斥《论公民》（De Cive）中的核心观点。

普芬道夫的自然法定义从一开始就与自然法理论的常规前提区别开来，它避免涉及被观察到的社会道德行为和神圣规定，相反，仅仅基于对自我保存的一种计算，这也是霍布斯本人的出发点：

> 人是一种极其欲求自我保存的动物，他置身于许多需求之中，如果没有其同伴的协作并互相帮助就无法保证他自身的安全和生计……那么，这种造物要得到保存和维持……就必然要求他是社会的……这就表现为一种根本的自然法，就其存在于每个人之中而言，每个人都应当保持和促进与他人的和平相处，接受人类共有的主要目的和性格。❷

然后作者就以对塞涅卡的《论利益》（De Beneficiis）[63]的长篇引证支持了这种观点。那里的论点是，"个人在每个方面都是自然软弱的；社会强化了他的脆弱，并武装了他的赤裸。"❸接着普芬道夫继续引证他所称的其他"就人具有社会性而言，不是非常重要的原因"，此处他用了三个来自西塞罗的引证证明人

---

❶　H. Denzer，《萨缪尔·普芬道夫的自然法与道德哲学》（Moralphilosophie und Naturrecht bei Samuel Pufendorf，Munich，1972），页 260。按照作者对引证作出的详细分解如下：西塞罗：155 次；塞涅卡：109 次；马可·奥勒留：12 次；爱比克泰德：34 次（其中包括来自阿里安的那些）。

❷　S. Pufendorf，《自然法与万民法》，J. Barbeyrac 编，B. Kennett 译（London，1749，5th ed.），第 2 书，第 3 章，第 15 段，页 134。

❸　同上注，页 135。《论利益》，第 4 章，页 18。

对一种社会生活的心理学上的强制力。❶ 最后，他证明坎伯兰（Cumberland）和培根都支持同样的"由我们所确定的基本的自然法"，并把读者引向他们著作的重要段落。❷

与霍布斯相反，普芬道夫渴望坚持这种主张：对自我保存的关注并非与格劳修斯的社会命题不相容。对他而言，"自爱与社会性决不应被视为相互反对"。要不然就会存在这样的危险，"每个人都应受同一可疑的哲学的蒙蔽并被导向错误"。❸ 这一点受到爱比克泰德的支持。❹ 但是在处理霍布斯的问题上，西塞罗被使用得更为广泛："图利为我们的目的留下了最为高贵的证明。"❺ 例如，他挑选了一长段来自《论共和》遗失内容的引证，那里强调的是自然法在个人生活中所发挥的审慎的自我规制作用。❻ 人类作为个体不考虑外部的惩罚就可以感觉到一种与邻人共存的社会性，与此同时还可以对社会共存作为实现任何最低限度的个人生活目标的必要前提作出审慎的霍布斯式的计算。这两个过程相互促进并产生相同的结果。这种法律"以命令的方式要求我们承担义务，通过威胁遏制我们犯罪"，因为每个人不论其教育和出身都感受到这种法律的压力，所以创造利维坦的要求就消失了，因为"不管是议会还是人民"都无法"把我们从其权威中解放出来"。而且，通过把这种法律义务的源头牢牢地置于个人对社会现实的感觉之中，针对格劳修斯的理论所提出的文化

---

❶ 《论目的》，第 3 章，第 20 节；《论义务》，第 1 章，第 44 节和第 3 章，第 5 节。

❷ R. Cumberland，《论自然法》（*De Legibus Naturae*），第 1 章，第 4 段；F. Bacon，《论科学证明》（*De Augmentis Scientiae*），第 7 章，第 1 章。后面这一引证显然有一处错误，因为《论科学证明》只分为两书。普芬道夫一定指的是第 2 书第 1 章。

❸ Pufendorf，《自然法与万民法》，Barbeyrac 编，第 2 书，第 3 章，第 16 段，页 137。

❹ Arrian/Epictetus，第 1 书，第 19 章："上帝按照这种方式安排了理性造物的自然和结构，他们不能在没有对公益有所贡献时促进私益。共同体没有排除对私益的追求。（注释 a.）"

❺ 同上注，第 2 书，第 3 章，第 20 段，页 143。

❻ Lactantius，第 6 章，第 8 节。

相对主义的反对就被排除了：因为"它既不会在罗马和雅典不同，也不会在当前和［64］今后相异，而且永恒不变地影响着一切地方的一切人"。❶

在第二章第 10 节"利益是否是法律的基础"的标题之下，对霍布斯的反驳得到了最明确的宣告，同时对格劳秀斯的修正也得到了最明显的展开。这里西塞罗仍然是主要的材料来源。为了驳斥"一切法律都首先产生于具体国家的便宜和利益"这一断言，普芬道夫采用了西塞罗的观点：风俗已经不自然地分离了德性与权宜的含义，"以致某些善良的不是有益的，而某些有益的不是善良的"。❷ 普芬道夫然后争辩说，伦理判断中的这种谬误并不适用于个体对自然法的感知，那里，"真正的利益是由健全理性促进的，这考虑的并非手边的事情，而是要对这些事情很可能带来的结果和效果进行权衡和探究"。❸ 虽然普芬道夫当然会同意霍布斯的定义要点，自然法在自然状态中作为"公理"得到了更好的考虑，因为它们缺少一个上级的命令，然而对于普芬道夫来说，个人的理性在自然法方面可以获得比霍布斯的怀疑视角所允许的更为宽泛的道德观。这是因为，正如我们已经看到的，普芬道夫的不同的道德认识论辩称，个人可以获得一组关于社会行为的连贯原则。在人类对外部现象形成判断的大多数情况下霍布斯的怀疑论和道德悲观主义是正确的。但是按照普芬道夫的观点，自然法的公式是反省式的，并因此免于这些怀疑论的反对意见。实际上，相同的结论形成于个人的本能及其对周围社会的计算，这一事实允许他在此情况下超越那种受到诋毁的认识论遗产，这一遗产涉及对何为有德的定义。他实际上可以防止西塞罗关于正直（Honestum）区分的陷阱：

---

❶ Pufendorf，《自然法与万民法》，Barbeyrac 编，第 2 书，第 3 章，第 20 段，页 143。

❷ 同上注，第 2 书，第 3 章，第 10 段，页 125。《论义务》，第 2 章，第 3 节。

❸ 同上注，页 126。

> 与自然法一致的行为具有一种双重的优越之处，不仅是善良的，即有益于那种保存，而且有益于荣誉的增长和人的良好信誉；但是同样也是有用的和有益的，在促进他们的利益和优势的同时也大大地有助于他们的幸福。❶

[65] 确实，根据对何者是个人行为的最有利的社会效果的先行计算作出行为的这种能力正是何谓人的构成要素。因为正如西塞罗所辩论的（他在我们当前主题上的观点令人钦佩），人的定义性特征是"理性思维"，它使人可以

> 观察到事物的结果，它们的产生和发展，以及原因和结果，比较行为和事件的相似之处，联系未来与当下，由此通过预先思考他的整个人生，他准备一切适用和安慰它的东西。❷

因此，在人的理性在道德问题上的界域这一典型的斯多亚概念的帮助下，普芬道夫为他的自然法如何在人内运作的理论进行了辩护，以防止霍布斯主义的反对意见的侵害。对于普芬道夫而言，强调一种折中的方法如何是实践的产物，是一种通过他的理论难题发现方法的结果，而不是一种对哲学方法的自觉的抽象反思的产物，这具有重要意义。针对普芬道夫，他在自己的哲学中为着什么而使用折中的方法才让人感兴趣；而针对他之后的那些人，他们对何为一个折中主义者的二手评论，比那种方法自身所产生的哲学结果，更具有启迪作用。在普芬道夫之后的那一代人中，在德国大学课程大纲的控制战中，折中主义拥有着一种超出其哲学深度的重要性。它的新奇之处与其说是在它的实践方面，毋宁说是在它如何论辩性地体现了与路德教经院主义的传统原则

---

❶ Pufendorf，《自然法与万民法》，页126。
❷ 同上注，译自《论义务》，第1章，第4节。

的差异对比之中。显而易见，它对激进哲学功效的要求在很大程度上建立在普芬道夫自己的成就之上。

2.5　首部"道德史"

普芬道夫在 1688 年《自然法与万民法》第 2 版的序言，以及同一年写给克里斯琴·托马修斯的一封信中都坚持认为，如果不是因为在第一版出版之后争议喷涌而出，他会继续贯彻一种补充性的规划，从一种折中主义的立场提供一部古代政治思想史：这会涉及对斯多亚道德理论的当代意义的延伸讨论：

> ［66］我考虑一部《希腊政治学评注》（*Commentary on Greek Politics*）已经很多年了，但到目前为止其他更为紧要的任务一直拖延着它。我希望在它那里处理希腊作家的政治理论，特别是柏拉图的和亚里士多德的，这些理论后来传到了罗马作家，以及我们这一代的作家和学派，但其中存在诸多谬误之处……原本计划抛出这部著作以对抗那些人，他们为正在动摇的亚里士多德的权威进行辩护，仍然在谋划喀提林（Catiline's）的秩序……在斯多亚学派、塞涅卡、爱比克泰德（Epictetus）和马可·奥勒留（Marcus Aurelius）的著作中是否可以发现一些比我们的道德教义更为精致和崇高的内容呢？对这个问题的探究同样也是一项颇有价值的工作。而且特别是，基督教道德神学是否在根本上超出了自然法规定的共同的义务规则？如果超出的话又超出了多少呢？❶

---

❶　Pufendorf，《自然法与万民法》，1688 年第 2 版，序言，页 4。该段一个几乎等同的版本出现在同年致托马修斯的信件中（Pufendorf，"普芬道夫的通信"，页 31，如前面第 79 页注释①所引述的）。

这部著作从来没有写出来，但可以合理地推断，这种折中主义的规划大纲就包含在普芬道夫的道德史之中，即"自然法学科的起源与发展"，它构成了《争议典型》的第一章，而且是随后全部"道德史"的基础。这部极为重要的著作需要详尽的总结。

"起源"的第一节断定，17世纪在自然法研究上所取得的进步是有目共睹的。尽管"自然法像人类一样古老"，但是在格劳修斯之前，没有任何人能够说明怎样区分自然法与实在法的内容。❶ 不管是对实在法的评论，还是之前哲学家的工作都没有带来"一个完整的和精致的体系"。❷ 当然，塞尔登试图在犹太法典之中从自然法析出实在法。但是，普芬道夫确信塞尔登的努力失败了，这主要有三个方面的原因：首先，塞尔登对自然法的起源问题关注太少。这是个致命的问题，因为如果不研究这个问题，那么就不可能区分这个学科的基础概念与从其他学科借来的概念。那些没有得到充分检讨的学说有：

> 一般道德主体本质的学说，人类行为、性格和感情的原则的学说，伦理学原则的学说……契约的要求和性质的学说……原始社会的起源及其性质的学说。❸

[67] 其次，塞尔登错在从诺亚的"七诫"而不是从所有民族都承认的前提之中推导出自然法。换言之，他的错误是格劳修斯的反面。他未能证明这些规诫是如何等同于根本的人性并指导人的众多道德决定的，从而混合了自然法。最后，塞尔登过于重视和尊重对犹太博士的法律观点的解释了，而又过少地评价这些观点对于一般的健全理性来说是否可以接受。

在他的"历史"的第二节普芬道夫捍卫了格劳修斯的卓越地位，以免于那些主张的侵害：基督教神学已经充分地研究了自

---

❶❷❸　Pufendorf，《斯堪的纳维亚争论》，页163。

然法主题。在《新约》中，按照普芬道夫的观点，自然法的许多构成部分都得到了启发性的解释。但是，基督教文本和对它们的评论都不是法学家的有用资源，因为它们没有表述一种不分宗教而对全体人类都共同享有的自然法理论。再者，宗教著作中关于道德的许多讨论往往与永生的权利相关，在严格的和纯粹的意义上，这是与自然法无关的，因为自然法在定义上即限定在此生。因此，他被迫勉强得出结论：

> 同样可能是，上面我们所说的与自然法研究相关内容既不存在于《新约》的正文中，也不存在于对它的评论中：无疑，当这些问题得到讨论时，它就处于圣著的职责范围之外。❶

"起源"的第三节研究了罗马法体系在自然法领域的贡献。普芬道夫再次感觉它没有提供真正有用的材料：罗马法及其庞杂的评注传统是不能令人满意的，因为它只是零散地流传下来，缺乏建立一个法律体系所需的连贯性。正如塞尔登研究犹太法律的例子一样，罗马法学家并没有试图把自然法的要素从那些实在法的要素中区分出来，这些实在法是罗马国家性质的具体表达，并受到它的重要启示。因此，"不论对于罗马法我们有多么多的溢美之词，都必须承认我们需要一种特殊的自然法学科，即使可以使它的完成与道德学说一致。"❷

[68] 正如人们可以预见的，普芬道夫对自然法学还剩下的一个历史源头——古代哲学——有着较大的尊重："古代哲学家的令人难忘的著作包含着许多普遍原理，它们澄清着自然法。"❸这种贡献并没有引起足够的注意。结果，亚里士多德的重要性被

---

❶　Pufendorf，《斯堪的纳维亚争论》，页165。
❷❸　同上注，页166。

高估了，而斯多亚学派却被整个遗忘了：

> 因为尽管在古代哲学的各种不同流派之中似乎可以很容易把斯多亚学派的观点列入（加上一些修正）一个稳固的自然法体系之中，但这些都被忽视了，只有亚里士多德的学说在主宰着哲学学派。❶

斯多亚学派的理论具有更大的当代意义，因为它的道德理论不像亚里士多德所自觉做的那样与一种具体的宗教、政治或民族背景相连。亚里士多德的著作旨在为4世纪的希腊既存政治现象提供一种分析。因此，亚里士多德的一代又一代评论者都是极不正确的，他们争辩说他的自然法是以一种客观抽象的方式表达的：

> 撇开他的哲学的其他部分不论，亚里士多德的伦理学，如果你把那些处理人类行为的原则搁置一边，似乎除了任何希腊共和国中的公民义务就再也没有其他内容了。在他的政治学中也是如此，他似乎特别珍爱他自己的希腊国家的制度，把它们的自由置于一切之上。对于要供给整个人类使用的修养来说，这是一个严重的缺陷。❷

在第五节普芬道夫颂扬了格劳修斯的功绩。特别有趣的是他的以下评论，《论战争与和平法》写作背后的思想动力不是来自格劳修斯的直接赞助者佩雷斯科（Peiresc），而是源于弗兰西斯·培根的著作：

> 我相信，他为了挑选一个组织该著作的观念一定受到培

---

❶❷　Pufendorf，《斯堪的纳维亚争论》，页166。

根所著的《新工具》的启发，后者曾是英国的掌玺大臣。❶

这部著作本身以及格劳修斯的信件都没有任何证据来支持这种断定，可能的情形是，培根广泛地鼓励在各个哲学学科之中进行大胆的调查，而普芬道夫把自己对培根的这种感激也回溯性地加到了格劳修斯的头上：

> 是这个人首先吹响了号角挥动了旌旗，由此哲学问题上的更为细致、更为深远的工作［69］才凸显出来，而不再仅仅是此前从学院之墙那里传来的回声。❷

毫无疑问，培根的论著在《自然法与万民法》第 2 版的修订中具有重要的作用，而且后来的"道德史学家"（historians of morality）也称培根是首位折中主义哲学家，因为他拒绝尊重哲学的传统权威。这恰恰是普芬道夫似乎敬重他的地方。格劳修斯这一派的其他人既努力为他的宗教观念的正统性辩护，又竭力谴责 1625 年以后出现的对《论战争与和平法》的无数愚蠢的评论。普芬道夫既折服于格劳修斯的广博，也钦佩他著作的谦逊，这种

---

❶ Pufendorf，《斯堪的纳维亚争论》，页 167。

❷ 同上注。在《论科学证明》中没有任何段落曾经提供过这种激励，除了培根（F. Bacon）关于学问史构成的建议："我不是不知道在法学家、数学家、修辞学家和哲学家的具体科学中，我们已经些许提及或者空泛叙述过宗派、学派、著作、作者及其沿革……但是我要说的是，我们仍然缺乏一个完整而又普遍的学问史"（*De Augmentis Scientiae*，book II，ch. 4，in Works，ed. J. Spedding，R. L. Ellis and D. D. Heath，vol. II（London，1858），p. 300）。然而，P. H. Kocher 指出，在《法彦》（*Maxims of Laws*）或者《论科学证明》的法律格言这样的法学著作中，"明显缺乏具体的宗教观念"。这使得他得出结论："他（培根）感到更加自如……通过打磨法律的内在一致所获得的正确性从而追求正义。从这种偏爱中我们可以看到自然法的概念与基督教逐渐分离的种子，然后通过格劳修斯、普芬道夫和洛克这些哲学家得到发展，最后在启蒙时期达至顶峰"（P. H. Kocher，"弗兰西斯·培根论法学科学"（Francis Bacon on the science of jurisprudence），载 *Journal of the history of Ideas*，18，1957，页 25）。

谦逊反映在这部著作的标题上，它实际上远远超出了对战争法则
的探讨。还有一处说伯克勒无疑是格劳修斯最好的评论者的有意
思的恭维话："在这些人当中首要地是伯克勒，他的判断和教导
可比肩于格劳修斯的著作。"❶

　　下一位自然法的经典作家是霍布斯，在对他的描述中透着
敬意：

　　　　在众多不好的论点中也不乏极具价值之处：霍布斯所阐
　　述的那些非常错误的论点也为道德和政治科学的完成提供了
　　一个机遇，如果没有他的贡献有几个有助于这种科学成就的
　　要点就几乎不会被任何人发现。❷

　　人们认为霍布斯其实是在伦理学中复兴了伊壁鸠鲁主义，这
就像他的朋友、同时代的加桑迪（Gassendi）在物理学中所做的
工作一样：

　　　　伊壁鸠鲁主义者的古老理论对他极具吸引力，这或者表
　　现为兴趣的相似，或者是因为他认为它与国家的实践相关
　　（它［70］证明了与国家的自我保存和优势相关的许多问
　　题），或者，我有时推测，甚至是因为他对他的伟大的朋友
　　佩里·加桑迪的仿效：当看到后者已经着手恢复伊壁鸠鲁的
　　观点，特别是他的《物理学》的观点时，霍布斯决定在学
　　术界发表他的（加桑迪的）新结构掩盖下的伦理学观点。❸

　　在把霍布斯描述为一个"伊壁鸠鲁主义者"时，普芬道夫
是把这个术语用作恰当的标签，而不是像霍布斯的对手中所存在

---

❶　Pufendorf，《斯堪的纳维亚争论》，页 167。
❷❸　同上注，页 168。

的那样，仅仅是对这个术语的一种滥用。因为这种描述旋即与普芬道夫自己的"斯多亚主义"的声明形成了对照。在这一点上普芬道夫与坎伯兰联起手来，后者的《论自然法》与《自然法与万民法》出版于同一年，表现出对霍布斯的一种相似的"斯多亚式"的反对：

> 到目前为止，我可以说理查德·坎伯兰已经在英格兰用他的渊博而又精彩的著作《论自然法》有效地摧毁了他的（霍布斯的）理论。而且，他同时也确立了非常接近斯多亚学派观点的相反论题，其中有两个也是我自己的观点。❶

对于普芬道夫而言，"斯多亚"和"伊壁鸠鲁"这两个速记标签不是粗制滥造的压缩标语，而是对他在思维中迎战和超越霍布斯主义自然法的方法的一种反映。

"起源"的结尾章节对神学争议的激烈和无关表示遗憾，这些争议已经对准了格劳修斯和霍布斯，现在轮到了普芬道夫自己。他指出，《自然法与万民法》的目标是要提供一种自然法定义，这种定义可以把这个主题置于那些使人分心的争议的领域之外，由此神学和自然法所代表的兴趣领域就得以分开：

> 在那里（《自然法与万民法》的序言），我的具体目标是在我的能力范围内把那些与自然法学科相关的主题都囊括在内，同时把它们组织在一个既不松散也不粗糙的顺序之中。接下来，我的目标是剔除自然法中的一切神学争议，并使它适合于整个人类的理解力，他们在宗教上歧见丛生：我注意到这也是理查德·坎伯兰所做的工作，虽然他是一位职

---

❶ Pufendorf，《斯堪的纳维亚争论》，页168。

业的神学家。❶

　　一旦承认了这个原则，那么自然法就仅仅用于人力讨论（但那是一个人类自己创造的领域），这就没有给那些难以对付的争议留下太大的空间："毫无疑问，除非把这个学科升至疾风暴雨之上，否则它就绝难［71］安静绽放，也永无辉煌照耀。"❷然而，这种期望过于乐观了，甚至显得不那么坦诚。因为无论阿尔贝蒂关于自然法的神赋起源的理论有何等的缺陷，他在鉴别下述事实上都是完全正确的，即普芬道夫把自然法置于社会本能和个人计算之上的做法几乎没有为宗教在人类生活中留下任何位置："在整个八书中无法读出任何来自宗教的义务，而且实际上关于宗教本身的内容都极少。"❸上帝的角色被降到只是一位在来生适用刑罚的惩罚的主宰者，这几乎算不上是对一位神圣者的属性的全部描述。一旦神学被逐出了一致同意的神圣实在法的细微讨论，那么很快就可以断定任何国家的宗教实践都成了一种社会功用的问题，而不是对上帝的虔诚崇拜。因此，如果不考虑他对格劳修斯和霍布斯的社会性概念的综合，普芬道夫的一般道德认识论仍然与霍布斯的唯意志论血脉相连。阿尔贝蒂正确地强调了，一旦自然法成了独一无二的人造物，那么随后霍布斯的唯意志论就会应运而生：

　　　　有些作者也采取了这部著作的方法，他们与那些把自然法的核心置于社会性（socialitas）的基督教作家们分道扬镳了。通过对这种方法及其优势的仔细思考，这些作者认为，在自然法之下对宗教加以要求和规定，只要它是单纯的，并且指向国家安全，这就足够了。基于这种假定，有位作家

---

❶❷　Pufendorf，《斯堪的纳维亚争论》，页169。
❸　V. Alberti，《自然法纲要：依照正统神学》（Leipzig，1678），页54。

（普芬道夫）为宗教设定了此生中的目标，把它的使用限制在对国家的有益之上；另一位作家（霍布斯），为了更加容易地实现同一目标，就把规制信念的绝对权力分配给了主权者。然而，这二位都完全忽视了对趋于一个更为完整的上帝观念的导引。❶

这种论点将由普芬道夫的年轻对手以更大的精确性继续完成，他就是戈特弗里德·威廉·莱布尼茨（G. W. Leibniz）。

---

❶ V. Alberti，《自然法纲要：依照正统神学》，页53。

第三章　唯意志论和道德认识论：莱布尼茨与普芬道夫的比较

3.1　莱布尼茨对普芬道夫自然法理论的批判

[72] 莱布尼茨与普芬道夫之间的关系在许多方面像是洛克与霍布斯之间的关系的投影：他们（显然）从未谋面，没有交换过具有真正思想实质的信件，而且一种不安的、轻狂的敌意似乎代表着年轻的那位对年长的那位的意见的特征。❶ 当然，莱布尼茨与

❶　因为那些幸存下来的信件（《普芬道夫通信集》，页182、页183、页187和页227 – 229）都追溯到17世纪90年代，而且按照编者对它们之间的关系的判断（页400 – 401），尽管莱布尼茨早在1676年就认真地研究了《自然法与万民法》，但他始终认为普芬道夫在其试图从中作出贡献的整个思想领域都是一位肤浅的思想家。对莱布尼茨与"现代"自然法的一般争论的最为出色的研究是 R. Sève 的 （转下页）

普芬道夫的职业生涯确有有趣的相似之处。他们二人都在 17 世纪 60 年代受到他们共同的赞助者博伊恩伯格男爵的鼓励去创作一种"普遍法学"的系统解释;都创作旨在寻求神圣罗马帝国政治衰败解决良方的著作;都在自然法研究上保持着一生的兴趣,以此作为解决各自关于上帝与人的哲学问题的最佳方法。更为重要的是,他们的很多学说都得之于对早期[73]哲学家著作的细致研究,而且他们方法上分歧都可以追溯到他们从那种训练中提炼出的教义的不同。普芬道夫发现斯多亚道德理论在回答霍布斯时非常有帮助,而莱布尼茨则在本质上相信柏拉图主义可以针对同一敌手发挥同样的作用。

莱布尼茨的哲学气质很早就稳定下来。终其一生他都专注于调和的任务:他拥护基督教王国在一个改革的普遍的教皇制下的重新统一;他设法重新定义神圣罗马皇帝和德意志君主的权力以

(接上页)《莱布尼茨与自然法的现代学派》(*Leibniz et l'Ecole moderne du droit naturel*, Paris, 1989),这部作品在第 89 页以下概括了莱布尼茨反对普芬道夫的论据。还可以补充阅读 Klaus Luig 的"莱布尼茨自然法解释的根源"(Die Wurzeln des aufgeklären Naturrechts bei Leibniz),载 O. Dann 和 D. Klippel 编《自然法—后期启蒙—革命:18 世纪研究》,(*Naturrecht – SpätAufklärung – Revolution*, *Studien zum achtzehnten Jahrhundert*, Hamburg, 1995),卷 16,页 61 – 79。对于莱布尼茨与普芬道夫之间的关系,请参见 N. Bobbio,"莱布尼茨与普芬道夫"(Leibniz e Pufendorf),载 *Rivista di filosofia*,卷 38,1947,页 118 – 129;对于利用未出版的档案材料所做的较近的调查研究,请参见 D. Döring,"普芬道夫的'使节法'的接受(特别是通过莱布尼茨)"(Excurs. Zur Rezeption von Pufendorfs "Jus feciale"[insbesondere durch Gottfried Wilhelm Leibniz]),载他的《普芬道夫研究》(*Pufendorf – Studien*),页 130 – 142。R. W. Adams 的《莱布尼茨:决定论者、一神论者与观念论者》(*Leibniz: Determinist*, *Theist*, *Idealist*, Oxford, 1995)是最近、也是最为精细的复兴莱布尼茨体系的尝试之作。对于莱布尼茨与博伊恩伯格之间关系的解释,参见:G. MacDonald Ross 的"莱布尼茨"(*Leibniz*, Oxford, 1984),页 5 – 11。对莱布尼茨的柏拉图主义的证据可以在 P. Riley 编的《莱布尼茨政治著作选》(*The Political Writings of Leibniz*, Cambridge, 1988,第 2 版)的导论中轻易地收集到,这些经过修订最后成了同一作者的权威性和综合性研究的核心部分,《莱布尼茨的普遍法学:作为智慧者之爱的正义》(*Leibniz' Universal Jurisprudence: Justice as Charity of the Wise*, Harvard, 1996)。除非另有说明,所有对莱布尼茨原著的翻译均是我自己的。

激活帝国的政治效力；他尝试创作一部普遍史和一部通用百科全书以概括全部相关的知识。他的"单子论"（monadology）的实体哲学代表着一种努力，确立一种可以涵盖和调和古今哲学成就的单一性解释原则。这种希望从过去和现在找到健全思维的愿望，以及试图综合它的明显无法比较的真理的尝试甚至在他1669年写给他的老师雅各布·托马修斯的一封信中就已经一览无遗了：

> 您曾坚持，虽然新观点层出不穷，而且它们的真实性已经得到最令人信服的证明，但我们几乎从来不应离开一般接受的说法。对此您是对的。如果经院主义者这么做了，我们现在就不会再身处困境。❶

在某个主题上找到一种涵盖和重新描述此前一切思想的单一和简单方法，这些尝试的第一步就是《法学教学的新方法》(1667)，❷ 在这部著作中，莱布尼茨试图从自然正义的若干基本和不容置疑的原则中推导出全部实在法。尽管莱布尼茨对这本小册子的修改持续了30年，但他并没有接着它对自然法理论进行重要的、系统的研究。然而，他在职业生涯后期在许多著作中再次触及自然法问题。我们可以从这些著作中看到一个利用柏拉图重新描述和校正霍布斯的连贯理论。

在其生命终期莱布尼茨曾表示，他在道德和形而上学上已经把柏拉图视为向导，而且实际上已经做了一些工作以系统化后者在这一领域中的洞见：

---

❶　G. W. Leibniz，《哲学论文和书件》(*Philosophical Papers and Letters*，Dordrecht，1969)，L. E. Loemker 编，卷 1，页 102 – 103（"莱布尼茨致托马修斯"，1669 年 4 月 20 日）。

❷　G. W. Leibniz，《法学教学的新方法》(*Nova methodus discenae docendaeque jurisprudentiae*，Frankfurt/Main，1667)。

[74] 我一直对柏拉图的道德理论感到满意，这甚至始于我的青年时期，而且在某种意义上对于他的形而上学也是如此：除此之外，这两种科学紧密相关，就像数学和物理学一样。如果有人能把柏拉图归纳到一个体系之内，那么这将是对人类的巨大贡献，或许可以看到我已经在这个方向上前进了几步。❶

这里形而上学与道德联系在了一起，因为莱布尼茨相信借助柏拉图的实体概念他可以克服神的意志论难题。

莱布尼茨对把上帝描述为纯粹的全知全能的反对可以追溯到他早期的《形而上学的讨论》（1686），他在那里争辩说如果上帝的正义是任意的，仅仅是至高意志的产物，那么他就几乎等同于一个不配享有权力的暴君：

> 如果他在做相反的事情时也是值得颂扬的，那么为何要颂扬他的已行之事呢？如果只剩下一种专制的权力，如果意志取代了理性，而且，按照暴君的定义，如果取悦于最有权势者这一事实本身即是正义的，那么他的正义和智慧又存于何处呢？❷

但是，另一方面，如果上帝被公认是无尽完美的存在，那么他的属性就必然包括与其无限的权力同样多的无尽的智慧和善良：

---

❶ Leibniz，《哲学手稿》，卷3，页637。（"莱布尼茨致雷蒙德"，1715年2月11日）。对莱布尼茨思想中的自然法、基督教和柏拉图主义之间联系的最佳研究，参见：H.-P. Schneider，《普遍正义：莱布尼茨"基督教自然法"的历史的原始资料研究》（*Justitia Universalis, Quellenstudien zur Geschichte des ' Christlichen Naturrechts' bei Gottfried Wilhelm Leibniz*, Frankfurt/Main, 1967）。

❷ Leibniz，《哲学论文和书信》，卷1，页466（"形而上学的讨论"）。

上帝的概念最为普通也最为丰富，它充分地体现在下述这些话语之中：上帝是绝对完美的存在。然而，这些话语却没有得到充分的思考。例如，完美有着多种不同的种类，它们都是上帝所具有的，而且每种都与他在最高程度上相关……它们与上帝相关，没有限制。由此可以得出，拥有至高和无限智慧的上帝以最为完美的方式行为，这不仅是在形而上学的意义上，而且也是基于道德的角度。❶

莱布尼茨形而上学中的这种上帝本质的基本概念是在三个典型柏拉图主义哲学观念的帮助下形成的：一切永恒真理都深嵌在上帝心灵之中的观念；灵魂不朽可以通过自然理性加以证明的观念；最后，人类心灵只是神圣心思的贫乏映像，因此人类和上帝都是"精神"，[75]中间寓居着一个由"智慧者的仁爱"规制的"正义共同体"的观念。

莱布尼茨声称存在永恒的真理，正义只是其中之一，它们不是上帝权力的附属品，而是深嵌在上帝心灵之中的理性，与数学和逻辑学的真理类似。他直截了当地拒绝了笛卡尔关于这种永恒真理只是上帝意志造物的观念：

我们千万不要以为，像有些人那样，那些依靠上帝的永恒真理是任意的，而且取决于他的意志，笛卡尔以及后面的波莱特似乎就是这么认为的。这只针对那些偶然的真理，其原则是合宜（fitness）或者是对最佳的选择，而必然真理却只取决于他的理解力，而且是这种理解力的内在对象。❷

遵从笛卡尔实际上就是屈从于怀疑论，因为神的意志论暗含

---

❶ Leibniz，《哲学手稿》，卷4，页427（"形而上学的讨论"）。
❷ Leibniz，《哲学著作选》，G. H. R. Parkinson 编（London, 1937），页186（单子论，论题46）。

着有多少神的意志行为就有多少真正正义的概念："他打开了最为夸张的皮洛主义（Pyrrhonism）之门：因为它导致的论断是，3加3等于6，这个命题当且仅当它取悦于上帝时才是真的。"● 莱布尼茨转而求助于柏拉图《游叙弗伦》中的论点。那里讨论的主题是，善良和正义的规则是否先于上帝的规则。这个文本被用于证明，一个永恒真理不可能同时既是真的，又是意志（甚至是上帝意志）的产物，以及永恒真理必然存在于上帝的心思之中，因为一切现实都以某种存在的事物为基础。●

对于莱布尼茨来说，能够证明灵魂的自然的不朽这也是重要的，因为基于这个前提就不可能辩称正义只是一个局限于人力讨论范围的法律概念。一旦我们既可以通过信仰也可以通过理性确立灵魂存活到某种来生的理论，在那里甚至那些此生逃过察觉的罪犯也会受到应得的审判，那么就不再可能坚持自然法与道德神学之间的严格界限，而且人与上帝之间"正义共同体"的必要前提就会得到满足。为了实现这一目的，莱布尼茨采用了柏拉图主义的论点，这种论点坚持灵魂由于其无形而在根本上是自然不朽的。在一个题为"作为理性神学奠基者的希腊人"（The Greeks as Founders of Rational Theology）［76］的讲座中（1714），他称赞了希腊哲学家，尤其是柏拉图，因为他们勾勒了一种关于实体的充分理论，这种理论思考了与有形实体共享自然不朽的无形实体的存在："他们首先提出了某种形而上学……承认无形实体以一种完成的方式存在于上帝和其他的心灵之中。"● 柏拉图

● Leibniz，《一神论》（*Theodicy*, New Haven, 1952），A. Farrer 编，页 239。

● 《游叙弗伦》（*Euthyphro*），特别是 9E – 10E 部分，莱布尼茨在《神义论》（*Theodicy*）和《关于普遍正义概念的思考》（*Meditation on the Common Concept of Justice*）中都有所使用。

● G. W. Leibniz，"莱布尼茨论希腊人作为理性神学奠基者的未出版讲稿：它与他的'普遍法学'之关系（1714）"（An unpublished lecture by Leibniz on the Greeks as the founders of Rational Theology：its relation to his "Universal Jurisprudence" ［1714］），载《莱布尼茨政治著作选》，页 240。

首先"承认运动的原则不可能是有形的，而灵魂是自我推动的，是运动的原则，推动自己运动"。❶ 因此，莱布尼茨尤其要批判普芬道夫这样的哲学家，因为他们辩称不朽只能通过上帝启示才能表明，由此在道德神学（对人在此生应当如何准备迎接最后审判的研究）与自然法（人们借以安排尘世生活）之间不存在联系：

> 有些杰出人士，例如普芬道夫和托马修斯，教导说人们只能通过启示才能认识灵魂的不朽，只能在此生的尽头去等候我们的奖惩，对此我发现非常糟糕。毕达哥拉斯学派和柏拉图主义者更为睿智……一切仅仅以此生的善行为基础的道德、正义和义务学说都只能是非常不完美的。拿掉灵魂的（自然）不朽，神圣天道的学说是无用的，而且不比没有神圣天道的伊壁鸠鲁的诸神更有权力强制人们。因此，如果上帝没有为我们提供我们据以获得不朽知识的原则，那么自然神学就是无用的，也就不存在无神论的克星了；而且，在启示之前人们成为无神论者也就是合法的了，神性在此生也就毫无保护了。❷

对莱布尼茨而言，正义与不正义"并不仅仅依赖人性"，而是依赖"一般智性实体的本质"，这是不证自明的公理。❸ 上帝的正义与人的正义其区别仅仅是度的而非质的，因为正义的"形式概念""并不依赖上级的任意规则，而是依赖智慧和善良的永

---

❶ G. W. Leibniz，"莱布尼茨论希腊人作为理性神学奠基者的未出版讲稿：它与他的'普遍法学'之关系（1714）"（An unpublished lecture by Leibniz on the Greeks as the founders of Rational Theology: its relation to his "Universal Jurisprudence" [1714]），载《莱布尼茨政治著作选》，页240。

❷ Leibniz，《哲学手稿》，卷7，页511（"莱布尼茨致比尔林"，未标明日期）。

❸ Leibniz，《哲学手稿》，卷3，页307。

恒规则，这在上帝和人之中都是一样的。"❶ 上帝与人同样都是
由智性实体构成的，他们一起构成了一个"普遍的精神共和国或
社会"，这代表着一个物理性质之中的道德领域，那里"上帝和
人的普遍权利是一样的"。❷

[77] 确实如此，因为莱布尼茨接受人的心灵是神的心灵的
一种影像的柏拉图主义理论。甚至在他的最为成熟和原创的实体
概念的研究中（《单子论》），他的这种道德认识论的解释也深深
地依赖于柏拉图。这里应当广征博引以展现莱布尼茨为这个主题
所提供的最为完整的陈述：

83. 在普遍的灵魂（souls）和心灵（minds）之间存在
的那些差别之中……还有这个差别，灵魂一般是受造事物的
宇宙的活镜子或影像，而心灵也是上帝自身或自然的作者的
影像，它能够认识宇宙的系统，并且通过建筑样式模仿它的
内容，每个心灵似乎都是它自己部门中的一尊小神。

84. 就是它使得心灵能够参与人与上帝的某种社会，使
得上帝与人的关系不仅是一位创造者对他的机械（这是上帝
与其余造物的关系），而且是一位君主对他的臣民，甚至是
一位父亲对他的孩子。

85. 由此可以轻易得出结论，全体心灵的汇聚就构成了
上帝之城，即在最为完美的君主统治之下的最为完美的可能
国度。

86. 这个上帝之城，这个真正普遍的君主国，是一个自
然世界中的道德世界，是上帝作品中最为高贵、最为神圣的
东西，而且它是上帝的真正荣耀，因为如果他的伟大和善良
不被那些心灵认识和惊叹他就不会被颂扬：也是因为这神圣

---

❶ Leibniz，《一神论》，页403。
❷ 同上注，页94。

之城才可以正当地说他必然善良，在那里他的智慧和权力四处彰显。❶

　　一旦承认了上帝和人具有共同的智性实体，那么就可以理解莱布尼茨所说的他同等地受惠于柏拉图的形而上学和柏拉图的道德哲学了。正如他自己写到的，"真正的伦理学与形而上学的关系就像实践与理论的关系，因为关于精神的知识，尤其是关于上帝和赋予正义和德性恰当含义的灵魂的知识，都共同依赖于实体的学说。"❷

　　进而我们现在可以看出，莱布尼茨何以能够比阿尔贝蒂这样的论者更为成功地坚持，人的社会性源于上帝的规定，而不是人的自然本性。莱布尼茨不再依靠圣经权威以证实神圣自然法 [78] 在伊甸园之逐发生后仍然持续，他仅仅需要表明 爱（caritas）是上帝的本质，因为它将变成上帝和人所共享的正义理论的区别性特征。人的善举（benevolence）可以被视为是以上帝对人的善举的样式起作用的，而且智慧（同样也是与上帝共享的品质）可以用来为那种善举设置理性的界限。因此，一种真正"普遍的法学"就可以创立起来，它依赖于对上帝的与权力相对的善良和智慧的证明。"不是上帝的意志而是他的智慧才是正义的最终标准。"❸ 因此，"仁爱（Charity）一定胜过世界的其他因素。"❹

---

　　❶　Leibniz，《哲学著作选》，页 192 – 193。

　　❷　Leibniz，《人类理解新论》，第 4 书，第 8 章，第 9 段（译自《莱布尼茨政治著作选》，页 14）。

　　❸　G. W. Leibniz，《根据汉诺威省图书馆手稿的未发表作品》（*Textes inédits d'après les manuscrits de la Bibliothèque provinciale de Hanovre*，Paris，1948），G. Grua，2 卷，卷 1，页 252。

　　❹　Leibniz，《莱布尼茨著作选》（*Die Werke von Leibniz*，Hanover，1884），O. Klopp 编，卷 7，页 296（"莱布尼茨致布利农先生"，译自《莱布尼茨政治著作选》，页 4）。

莱布尼茨对柏拉图的依赖不仅仅体现在他自己理论的构建上，也体现在他对对手的描述中。在对《游叙弗伦》一个章节的释义中他指出了他本人与唯意志论者的争议主题：

> 大家都同意无论上帝意欲什么它都是善良和正义的。但是，仍然存在一个问题，它是否是因为上帝欲求它才是善良和正义的，还是说上帝是否欲求它是因为它是善良和正义的：换言之，善良和正义是否是任意的，或者说它们从属于事物本性的必然和永恒真理，正如数理和命题一样。前一种观点由某些哲学家（例如霍布斯和普芬道夫）采用，但是当下改革派（神学家）通常拒绝这种学说。❶

稍后在同一著作中莱布尼茨把霍布斯直接比作柏拉图《国家篇》中的特拉续马霍斯（Thrasymachus），并且以一种苏格拉底式的风格回答了他，指责他把行为的潜能误作了行动的正当性理由：

> 有一位著名的英格兰哲学家名叫霍布斯，他因自己的悖论而出名，他希望坚持与特拉续马霍斯相同的论点：他想让上帝拥有做任何事情的权利，因为上帝是全能的。这是一种未能区分权利和事实的失败。因为能做什么是一回事，而应做什么是另一回事……如果权力是正义的形式原因，那么一切有权的人都是正义的，每个人与其权力都是相称的。❷

因此，即使上帝的权力在事实上是不可抗拒的，这也并不表明上帝的正义就从这个源头获得了正当性。如果上帝真的是"一个明确的实体，一个位格，一个心灵"，❸ 那么，他的仁爱属性

---

❶ Leibniz，《政治著作选》，页 45–46（"关于普遍正义概念的思考"）。
❷ 同上注，页 47 和页 48。
❸ Leibniz，《哲学论文和书信》，卷 1，页 246（"注释部分"）。

就是他的理解和意志的重要组成部分，[79] 添加权力只是肯定它而不是任意取代它："智慧存于理解，善良存于意志。正义作为结果处于二者之中。权力是另外一个问题，但是如果它被添加进来它就把权利转化为了事实。"❶

1706 年，有人请莱布尼茨给出他关于普芬道夫自然法理论的缩影《论公民和人的义务》的意见。其结果就是一篇题为"关于普芬道夫原则的意见"的论文。在这封长信中，普芬道夫被指摘为一位头脑混乱的特拉续马霍斯：换言之，他从霍布斯那样的唯意志论者的原则出发，后来又未能把它们贯彻到底，"因为那些得到解释的大部分思想内容……都与原则不符……对于那些坚持悖论的人来说，容易出现的情况是，当他们有了良好的感觉就会忘记自己的学说。"❷ 从根本上来说，莱布尼茨指责普芬道夫是一位混乱的思想家，而且还是一位隐蔽的霍布斯主义者。这些指控都值得深思，因为它们适切地概括了普芬道夫的著作在德国所产生的长期争议的基本要点。

普芬道夫已经把霍布斯从他的实体的自然法中赶了出去，其方法就是把格劳修斯的社会性原则重述为一种弱化形式的社会性。但是，对于莱布尼茨来说，霍布斯似乎又被重新接纳为公民社会和天堂世界的领军人物。通过把法律定义为"上级据以强制其治下臣民按照法律自身的规定作出行为的命令"，普芬道夫已经确保公民社会制度的义务来源完全由上级强制服从的权力构成。❸ 一旦人的社会性所开辟的基本结构被取代了，那么义务只有在被一位上级提取出来时才能存在。由此，公民社会也就丧失了免于恣意和暴政行为的保护。这种局面也无法通过引入上帝作为全体的上级加以修补，他以其大能为尘世行为提供奖惩以确保较低的上级的恣意和不公行为不致不受惩罚。这个策略因若干原

----

❶　Leibniz，《政治著作选》，页 50（"关于普遍正义概念的思考"）。

❷　同上注，页 65 和页 74（"关于普芬道夫原则的意见"）。

❸　同上注，页 70（引文来自《自然法与万民法》，第 1 书，第 2 章，第 2 段）。

因而归于失败：首先，这种薄弱的形而上学无法产生任何富有意义的正义概念，因为如果正义仅仅是上帝自身的自由意志的结果，那么它就无法作为上帝本质的一个部分：

> [80] 人们必须注意这个事实：颂扬上帝是因为他是正义的。那么，在上帝之中……一定存在某种正义……或者说一种至高的正义。行为的规范自身以及正义的本质这二者均不依赖他的自由决定，相反却要依赖永恒的真理，这些真理是神圣智性的对象，它们构成了……神性的本质……实际上，如果上帝通过自己的自由意志创立了正义和法律，那么正义就不再是上帝的一种根本属性了。其实，正义遵从特定的平等和比例规则，这些规则存于事物的不变本质和神圣理型之中，就如同算术和几何原则一样。❶

其次，也是更为重要的，一旦自然法的源头摆脱了神圣规定，成了产生于个人之内的一种计算性的和本能的社会性，那么这种法律的义务就与上帝的存在毫无瓜葛了。格劳修斯和霍布斯都意识到了这一点。这是一种对上帝根本不再有逻辑要求的自然法，那么，援引上帝以使现代作家从唯意志论者的正义所引发的难题中摆脱出来，这显然就是不合逻辑的：

> 这种学说要使一切法律都派生于一位上级的命令，无论怎样对它作出解释，它都无法免于非议与错误。实际上，更不用说格劳修斯的公正评论了，即，即使假定——这是不可能的——上帝不存在，或者撇开上帝的存在不予考虑，也会存在一种自然的义务。因为对个人自我保存和幸福安宁的关心无疑为人们规定了许多关心他人的要求，正如霍布斯在某

---

❶ Leibniz，《政治著作选》，页71。

种程度上所理解的那样。❶

莱布尼茨显然相信，一旦现代作家开始辩称自然法完全是人工造物，他们实际上就全都屈服于唯意志论了。这是因为，如果没有一个由上帝的善良所定义的正义概念，他们就没有任何标准把正义与无责任区分开来了，因为在他们的理论中上帝自身几乎等同于一位身居高位的暴君。霍布斯至少把这种立场贯彻到底了，但普芬道夫的论证却是混乱和循环的，因为他同时要求一位上级在对下级动用权力时要具有一种正当的理由，而他的前提却不容许不可抗力（force majeure）之外的任何正当理由：

　　那么，如果法律的源头是一位上级的意志，相反，为了产生一位上级就必须要有一个法律的正当性理由，这就出现了一个循环，没有比这更明显的了。这种理由的正义性源自何处呢？如果尚不存在一位上级，那么法律从谁处产生呢？❷

[81] 这些论证具有很强的力量，特别是当莱布尼茨如此清楚地表明了上帝的地位在 17 世纪后期的自然法理论的主流中已经变得多么无足轻重的时候。实际上，他的论文在 18 世纪大多数时间中都被视为随着《自然法与万民法》的出版而产生 30 年辩论期间所出现的对普芬道夫最为杰出的批判。❸ 然而，他对普芬道夫的理论混乱、不连贯的这种指责却是不正确的：如果莱布

---

❶　Leibniz，《政治著作选》，页 71。

❷　同上注，页 73 – 74。

❸　巴贝拉克试图回应莱布尼茨的努力被认为没有实现其目标。参见：M. Hübner，《自然法史论集》（*Essai sur l'Histoire du Droit Naturel*，London，1757～1758），2 卷，卷 2，页 345。莱布尼茨论证的不可抗拒的力量也得到了现代评论者的接受，例如 W. Röd，《几何学精神与自然法：17、18 世纪国家哲学研究的方法论史》（*Geometrischer Geist und Naturrecht. Methodengeschichtliche Untersuchungen zur Staatsphilosophie im 17. und 18. Jahrhundert*，Munich，1970），页 93。

尼茨认真地研究普芬道夫对他的批判的答复，他或许会理解普芬道夫何以可以合理地坚持一种仍然只是从人性和人生状况之中推导人的义务的非霍布斯主义的道德认识论。这个解释无法逃避莱布尼茨关于义务来源问题的更大的批判，但是它却是连贯的。而且，它也成功地解释了自然法的义务何以能够从一种神意之外的源头推导出来，同时仍然是在补足而不是挑战上帝自身的权威这一根本性问题：道德神学和自然法并不必然相互冲突。

然而，这仍然是对那一问题的不稳定的解决方法，因为与大多数德意志州的政治制度的主导观念更为一致的正是莱布尼茨。为了使道德神学与道德理论保持分离，这既要求对神学家的实践领域的限制要远远超出其他评论者，也要求探问主权来源的这类尴尬问题。而且，莱布尼茨关于神学家的社会地位和影响的相对宽松的观念使得他成为一个比其对手更为乐观的信仰统一的支持者，当时这个特殊理由在许多王室法庭都是普遍存在的。因此，无论是普芬道夫的《基督宗教与世俗生活的关系》（*De habitu religionis christianae ad vitam civilem*）（1687），还是托马修斯的《神圣法学教程》（*Institutiones Jurisprudentiae Divinae*）（1687），这些是他们的道德神学概念得到最为全面发展的著作，在这个关键问题上都没有特别受到待见。

实际上，在普芬道夫的生命晚期，他的学生托马修斯开始参与（得到了普芬道夫的暗中支持）一个具有破坏性的争论，争论的对手是丹麦路德法庭的教士马修斯（H. G. Masius, 1653～1709），争论的内容正是刚才的［82］那些要点。❶ 这个争论围绕着主权（summa potestas）的源头问题展开：马修斯辩称主权

---

❶ 请参见主要撰稿人 F. Grunert 的精致分析，"神权专制主义的批判性解释：马修斯与托马修斯在'主权'起源及其根据上的争论"（Zur aufgeklärten Kritik am theokratischen Absolutismus. Der Streit zwischen Hector Gottfried Masius und Christian Thomasius über Ursprung und Begründung der "summa potestas"），载 Vollhardt 编，《克里斯琴·托马修斯》，页 51–77。

者直接从上帝那里获得了其绝对权力，对这种绝对论的最佳辩护特别体现在路德教会之中，它被视为拥有一种比天主教或改革的宗教团体更为可靠的政治记录。托马修斯以一名法学家而不是神学家的身份进行了回应（按照普芬道夫的引导），他说主权只是间接地来自上帝，而且被授予给了人民，人民在契约下把它交给了统治者。因此，一种中间性的赞助权力，例如路德教会，就没有了存在空间，不管怎么说它都与其他任何教会一样有可能为了维护自身的目的而导致世俗和平的破坏。只有国家才能监督宗教事务，然后在某些情况下授予宽容。马修斯的论点或许可以视为诡辩术的一个奇怪片段，因为它也承认路德教义具有一种令人担忧的潜能，足以采纳最为极端形式的不受控制的绝对论。然而，托马修斯——乃至普芬道夫——仍然被逼到了自卫的和启示的立场上，在主权的起源和有组织宗教的可取的社会和政治影响上，他们显然与当时的意见不合拍。北部德国的任何君主，不管他们多么具有世俗思想，都不太可能喜欢他们的主权来自民众契约而不是神圣赐予的说法；而且，由于这个原因这一争论也对托马修斯有着严重的现实后果，一份来自丹麦国王的投诉说服了（毫不令人奇怪）德累斯顿（Dresden）的选帝侯法庭，令他于1690年3月离开萨克森，定居到相邻的勃兰登堡。在普鲁士哈勒大学的新职业生涯中，托马修斯明智地放弃了从人民导出主权的主张。

虽然人们通常认为托马修斯在一个比普芬道夫所打算的更为彻底的方向上推进了后者的思想，但是，这个例子——事实上还有许多其他的例子——揭示了这个年轻人只是公开了那些深埋在普芬道夫主要著作中的含义。正如迈克尔·塞德勒（Michael Seidler）近期在讨论普芬道夫为格劳修斯的革命所作的辩护时指出，在普芬道夫的以双重契约为基础的主权概念之中存在一种固有的反抗权，因为人民在政府形成之前就具有一种［83］明确的集体身份。特别是在为宗教信念进行辩护的情形中可以主张这

种权利。这一点会被普芬道夫的胡格诺教徒读者抓住，同样也会被托马修斯抓住。❶

3.2 普芬道夫的道德认识论

德国自然法问题上的传统著作一般把神法（*lex divina*）或逻各斯（*logos*）作为它在认识论上的起点：正如阿尔贝蒂在他的《自然法纲要》（1676）中所说的，"我们路德会教友通常不会想出那种事物，它的反面已经被上帝自身启示出来（甚至在哲学中也不这样，因为它应当是基督教的）。"❷ 任何这样的前提都会面临一个障碍：如何协调上帝作为道德义务的源头与人的理性和意志的自由。因此，当梅兰西顿在他的《道德哲学概要》（*Philosophiae Moralis Epitome*）（1538）建立路德教义与亚里士多德主义自然法的最初的新教综合时，他采用了合宜（convenientia）或和谐的论证以解决这个困难。由此他断定，在人的自然本性与宇宙的神圣结构之间存在一种和谐，结果自然法只能被视为神圣理性在我们之中的印象（impression）。这仍然是阿尔贝蒂所持立场的本质，而且被莱布尼茨以更为精致的方式加以维持。从理性具有神赋性这一假定可以得出结论：人具有分辨善恶的天赋观念。因为如果理性具有作出这些区分的能力，那么这些区分的创造者在逻辑上必然是上帝。正是在神圣实在法的这个方面普芬道夫要集

---

❶ M. Seidler，"'土耳其的判断'与英国革命：普芬道夫论抵抗权"（"Turkish judgement" and the English Revolution: Pufendorf on the right of resistance），载 Palladini 和 Hartung，《萨缪尔·普芬道夫与欧洲启蒙》（*Samuel Pufendorf und die europäische Aufklärung*），页 83 – 104。

❷ Alberti：《自然法纲要》，标题 1，第 28 节，页 40。

中他的火力。❶

[84] 在普芬道夫开始写作之前的很长一段时期内，17 世纪的道德理论已经把这种传统的道德认识论置于严重的压力之下了：即使笛卡尔在新教德国大学中未得到一般性的接受，他的新逻辑学的影响，以及声名远播的霍布斯的道德理论，已经足以改变哲学进程。如果我们关于人和世界的知识真的仅限于对我们自身个人体验的认识，那么就难以理解一种要求普遍意义和综合义务的自然法如何可以从那种微小的心理基础上产生出来。无情的现实是，自然法不再被视为一个形而上学问题，而是一个经验的、特殊心理学的学科。在这个方面普芬道夫把格劳修斯和霍布斯立为他的重要前辈，这是完全正确的，因为这二人迫使他们的

---

❶ 梅兰西顿（Melanchthon）远没有路德（Luther）那么对亚里士多德的哲学成就怀有偏见，尽管他与后者同样厌弃经院主义解释的传统，那正是亚里士多德被吸收进天主教神学之中的方式。面对新教大学规定哲学教程的任务，他决定在教学活动中采纳部分古代哲学，其中包含着所有学科分支中可以接受的最大量的真理（"……传递大部分的真理，根据真正的原理建立科学，只有最为少量的错误"：K. Hartfelder，《作为德国导师的菲利普·梅兰西顿》［*Philipp Melanchthon als Praeceptor Germniae*，Berlin，1889］，页21）。梅兰西顿在哲学基础上敌视斯多亚学派、怀疑论者和伊壁鸠鲁主义者，因此他可能与亚里士多德和解，特别是由于亚里士多德的著作领域宽广，足以涵盖需要教导的所有哲学范围。梅兰西顿 1528 年编订了《尼各马科伦理学》，而且也制定了来自《物理学》和《伦理学》的纲要，这在一个多世纪里都是大学的标准教科书。《道德哲学概要》的一个基本论点是神圣逻各斯与亚里士多德的自然法同一：

但是，道德哲学是神法的一部分。因为正是自然法本身被能人发现和解释，正如能人在人的心灵中察觉算术的起点，然后把各种命题整理为一种方法。然而，人们同意说自然法就理性所理解的那些德性而言就是上帝法。因此，如果我们把道德哲学定义为神法或者十诫的一部分，因为它充满着理性，再也没有比这更为合适、更为真实的定义了。［梅兰西顿：《道德哲学概要》（Strasbourg，1538），序言，页2－3］

在梅兰西顿之后，几乎不可能在不招致不虔诚的指控的情况下批判亚里士多德主义伦理学的任何一个方面，亚里士多德是如此紧密地（以及具有讽刺意味地）融入了新教大学的教义之中："在许多人看来，亚里士多德主义哲学经过梅兰西顿的修改已经与新教大学的教义具有了本质的关联，因此攻击亚里士多德的权威就是攻击新教信念本身"（K. Hartfelder，《菲利普·梅兰西顿》，页248）。

对手必须以他们所选择的新的基础攻击他们：格劳修斯是通过坚持自然法的源头必须置于一种所有民族无论宗教归属都需要赞同的原则之中，而霍布斯则是通过争论个人能够借助他的个人心理计算创造自己的道德世界。在每种情况下，以熟悉的方式单纯地重申传统已经不再充分，因为到目前为止它的不容置疑的出发点正饱受攻击。神人本质一致的简单假定自身现在就处于争论的核心，而且自格劳修斯首次提出即使上帝缺席也存在道德规范的理论可能性之后就一直如此。❶ 在道德认识论的讨论中不仅争论的内容变了，而且［85］主题本身的定义也变了。在这一点上存在普遍的共识，这是连对手都必须承认的要点，如果它还想实际地维持自己的对立地位的话。就此而言，把格劳修斯描述为自然法学科中的"破冰"之人是真正恰当的。❷ 莱布尼茨从未把他关于自然法的想法系统化，反而只是把自己限制在对霍布斯和格劳修斯理论缺陷的尖锐简评之上，这正是传统自然法被迫防守的标志。相似地，可以看出，虽然阿尔贝蒂在圣经上匠心独运，但他的纯洁形象的概念在根本上承认了对手的论证：因为他试图证明一种堕落之前的道德保存到了现代世界，这实际上承认了对这种论点的解决不是在神学和形而上学的研究之中，而是在《圣经》记载的人类社会的实际历史行为的经验领域之中。虽然我们很容易谈论观念史中的"范式转变"，但在这个例子中似乎没有其他合适的标签用以描述普芬道夫继承下来并赋予其最终形态的自然

---

❶ 当然，正如帕拉蒂尼所指出的，普芬道夫声称完成格劳修斯工作的主张在某种程度上有待争论，这有助于他掩盖自己对霍布斯的依赖。因此，有关他与格劳修斯之间关系的较老解释需要警惕对待：例如，J. Sauter 的《自然法的哲学基础——法律和国家学说的历史研究》（*Die philosophischen Grundlagen des Naturrechts. Untersuchungen zur Geschichte der Recht-und Staatslehre*, Vienna, 1932），页 91－98。

❷ J. Barbeyrac，"道德科学的历史和批判解释"（An Historical and Critical Account of the Science of Morality），页 63（普芬道夫的《自然法与万民法》的序言，Barbeyrac 编）。应当谨记，尽管格劳修斯最先提出了他的上帝缺席以指责唯名论者的声名狼藉的假定，但这并没有损害其思想之中的重要的新经院主义因素。

法科学的创新表述。

这种最终形态是由一种强调神人同赋的重要性的道德认识论发展构成的，但它不是霍布斯主义的，因为普芬道夫可以提供一个关于下述问题的原创概念：在一个摒弃了上级的纯粹意志的社会中如何获得和散播一个道德词汇。克里斯琴·托马修斯强调，正是这个概念成了他转向普芬道夫自然法的重要因素，而且，托马修斯的重要见解也为我们提供了一个切入点（本书第四章将详细研究托马修斯的观点）。

在普芬道夫的防御性论辩《辩护与裁量》（*Apologia de se et suo libro*）（1674）的若干部分，托马修斯也有所涉及，他尽力为自己进行辩护，从而不受贝克曼（Beckmann）和施瓦茨（Schwarz）所提出的第十九条指控的攻击："他否认自然法是某种植入的东西或一种天生的性相（innate disposition）。"首先，他引出了他们所反对的《自然法与万民法》的一段文字：

> 然而，这里我们决不认为必须要坚持说，自然法的普遍原则是天生的，或者说似乎是铭刻在人心灵上的，从人一出生就以本能和真命题的形式呈现出来［86］，人一到了开始说话的时候无需进一步的教导和思考就可以轻易地表达它们。这些天生的观念或者原初的性格几乎等同于毫无保证的虚构，任何对儿童的求知过程感到好奇而去细致观察它们的人都会发现，他们正是一点一点地从对他们婴儿状态的遗忘中清理自己的。❶

---

❶ J. Barbeyrac，"道德科学的历史和批评解释"，第 2 书，第 3 章，第 13 段，页 130。贝克曼和施瓦茨提出了一些批判，对于这些批判的总结，参见：帕拉蒂尼，《萨缪尔·普芬道夫的 17 世纪的讨论》（*Discussioni seicentesche su Samuel Pufendorf*），页 163－172。普芬道夫的回应来自《辩护》和论文"自然法的基本命题"，作为《争议典型》的第 3 个标题出版（1674 年）。对二者的引用来自《斯堪的纳维亚争论》（Frankfurt/Main，1686）。

普芬道夫不无挖苦地评论说，如果贝克曼与施瓦茨要质疑这种观点，他们显然要让哲学家花点时间证明儿童不是天生就是法学家："似乎这要求我们努力证明幼儿不是天生就是法学家。"❶如果要认真对待自然法天生于幼儿心灵的命题，那么就必须完全接受这些心灵具有表达人类义务的完整命题的体系，即使这是可能存在的，也是无法证明的：

> 因此，那样只能把自然法的特征理解为一个表达人类义务的观念体系，一个存于儿童心理活动之中的体系……但是，又有谁能证明存于儿童心理之中的观念呢？❷

普芬道夫在其他地方也评述说，天生的观念有两种：一种是来自神启并由经验肯定；另一种是完全产生于人的理性活动，而没有任何经验证据的介入。这些定义都没有为自然法的认识论提供一种令人满意的解释，因为任何命题都无法单独通过理性证明，即便在数学中也是如此；对于上帝启示或许已经植入儿童心灵的内容也不存在有用的、可接受的证据。如果在自然法的基本原则实际是什么的问题上存在分歧，正如在各个民族之间常常出现的那样，那么按照传统的理论就只能采取这种方式解决争议：向儿童询问他们在这个问题上的天生观念是什么，因为成人不可能再精确地回忆起他们作为儿童时所具有的那些观念：

> [87] 但是，如果可能发生的情况是，不仅个人之间而且所有民族之间对自然法的某种要求都意见不一，那么查明真理的路径又在哪里呢？因为没有人能够记起他出生时的心理内容。因此，争议会提交给新生儿，以便他们自己可以思

---

❶ 普芬道夫：《斯堪的纳维亚争论》（1686 年），页 40（《辩护》，第 24 节）。
❷ 同上注，页 40 – 41。

考作为争议主题的哪些观点可以在他们的心灵中发现。❶

　　但是，普芬道夫的最为实质的反对意见却是，假定自然法在认识上是天生的，那么这就与儿童通过学习语言表达抽象概念的明显机制相矛盾。与自然法命题相关的任何句子都是一个由名词和动词构成的复合句，在说话者的思考中组织和连接起来。经验表明，这些技巧只能由儿童慢慢获得：起初对孩子的教导是通过图画进行的，而根本不是词语。经过很长一段时间，在频繁的重复之后名字与物体联系起来，物体与物体之间的联系通过对动词不定式的使用而得到指示。最后，反思作为一种技巧而被习得，这时儿童就可以造出越来越复杂的句子。但是，自然法的所有原则，即使是对杀人和盗窃的简单禁止也是复杂的观念，如果没有表述它们的手段很难想象它们是天生的：

　　　　每个短语都由一个名词和一个动词构成，它们通过肯定和否定连接起来。但是，新生儿既不知道名词也不知道动词，他们更不知道如何通过肯定或否定把它们连接起来。如果有人希望把某种特定的观念灌输到幼儿心灵之中以表示要做或要避的行为，那么他不会求助于由名词和动词构成的句子。他会调整自己以适应听众的理解，他会设想那种观念是否可以通过某种形状加以代表。当然，幼儿的知识会分阶段地进步。首先，他们重复地听到自己每天都看到的那些物体的名字，从中学习。然后，他们进步到表达最普通动作的动词，但这首先是由动词不定式呈现的，是最为简单的形式。逐渐地，名词和动词不定式连接起来。对动词和名词以及一些小品词的反思也慢慢地被学会了。随着这种进步，甚至那

---

❶ Pufendorf，《斯堪的纳维亚争论》，页267（《争议典型》，标题3，"自然法的基本命题"）。

些以陈述句表达的观念也在发展。由于自然法的命令就是
"不应杀人、通奸、盗窃或说谎"这类东西,我想知道杀
人、盗窃和伪证这些形象是怎样存在于幼儿心灵之中的——
这些概念只能被较大的儿童理解。❶

[88] 既然如此,采用传统的辩护,说天生观念的知识是不
完善的,通过教育可以逐步成熟,这就是不充分的。这种知识或
者从一出生就以明确的形式存在,或者根本就不存在:"因为我
认为它们因不完善而受到的损害与在一个短语中既没有名词和动
词也没有连接词一样大。"❷相反,应当承认心灵在人出生时是一
块白板(tabula rasa),理性的训练和语言的学习是同时进行,而
不是前后相继的过程。之所以如此,是因为整个人类认识论就是
个人反思的结合以及感性材料的组织,因此也是一个伴随着语言
能力不断发展的官能:

> 因此,最好少一点令人难以置信的哲学化,采纳一种接
> 近于许多古代作家以及较多现代作家公认常识的立场:人的
> 心灵在出生时就像一块"白板",在上面可以印上任何内
> 容;或者说它具有一种接收和保留任何通过感觉传达过来的
> 观念的自然能力;通过对这些内容的比较,智力能够发明新
> 的观念,并且在它自身之内增加它通过感觉器官获得的
> 概念。❸

除了这种理解能力,心灵还能够对通过感官获得的信息进行
比较,辨别一致或者差异,并且清晰地表述那些隐藏在经验世界
背后的概念。由于心灵显然也具有判断因果的独立能力,当然也
存在不依赖于感官的精神存在和活动,但是,这种第二阶的知识

---

❶❷❸　Pufendorf,《斯堪的纳维亚争论》,页 41(《辩护》)。

是生于世上的产物，绝不是天生的。它是存于感官之中的知识种子所结出的果实：

> 有些人采取这种观点，认为在人的心灵中不仅存在一种感知能力，还存在一种比较能力，以及一种弄清观念之间一致和差异程度的能力，从这种已经观察到的一致和差异中可以推出被不正确地说成是早已存在于感觉之中的新概念。这种观点可以表明，幸福的心灵特别认识和理解许多他们未曾通过听或读所察觉的事物。这整个就像肥沃的田地反馈回来那些已经撒上的种子。因此，人的心灵也可以作为事件因果的判官：这显然不是可以被视为感官对象的东西。通过这种方法他们修正了说记忆中的内容无不是感官之中先前就存在的内容的常见假设，而且在另一方面也断定了心灵之中存在许多并非通过感官进入其中的内容。❶

[89] 理性与语言一起成熟，因为只有当语言已经被熟练掌握到能够内在化为无言的反思时，那些第二阶的想法才能够清晰地表达出来并传递给其他人：

> 因为，显然从我们使用语言的那一刻起，我们的想法就以包含着动词的句子的形式默默地在我们心中反复地思考。产生连贯的语言是少年时期的心灵的工作。这种思想的语言用沉默的想法在内心之中显示出来，它（与语言的官能）在相同的阶段形成。❷

我们获得关于世界的知识与学习用来描述这一世界的常用标

---

❶ Pufendorf，《斯堪的纳维亚争论》，页267（《争议典型》）。
❷ 同上注，页268。

志这两个过程互为镜像：语言习惯所提供的框架是心灵对感官信息所进行的一切反思的核心部分，因为它是传递和组织材料的介质，并且因而至少部分地控制着那种思想的结构。这是一个反省性判断出现的自然结果，我们应当忘记获得基础知识的方式，并且得出结论认为某些知识是天生的。一旦认识论变成了个人与世界的透明的、明显无介质的遭遇，那么就很容易忘掉心灵出生时有所欠缺的本质：

> 现在，知识的原则是这么清晰，只需要很小的努力和很轻的推动就可以进入人的心灵，那么，我们几乎无法记起我们是何时首先接受它们的，它们也因此不那么像是从外部进入心灵之中以便潜伏下来等待外部事件的促动的。结果，传统的信念被强化了：知识的种子生于人的心灵，这些种子处于一种不完美的状态，一旦受到训练和培养它们就成熟为一种完美理解的状态。❶

果真如此的话，那么我们就有反驳天生自然法的拥趸所采纳的那一主要文本的充分理由了，这一义本就是《罗马书》第 2 章 15 节，那里声称自然法刻在了人的心上。按照普芬道夫的意见，这段应当作为"当然的象征性"（certainly figurative）加以接受，因为它"仅仅表明一种在记忆中珍藏的清晰而确定的知识；对此人所谈及的就是他们在自己的良心中所确信的，不论那些概念以何种方式首先进入他们的思想之中"。❷ 这只是一个例子，知识因 [90] 被忘记了真正起源才具有了天生的地位。事实上，显然只有当人的心灵已经获得了形成抽象命题的语言才能时，才能接近自然法。这种技巧与理性自身的成熟是同一的：

---

❶ Pufendorf，《斯堪的纳维亚争论》，页 268。

❷ Pufendorf，《自然法与万民法》，Barbeyrac 编，第 2 书，第 3 章，第 13 段，页 130。

正如儿童确实具有理性，这种理性必须通过他们成长过程中的实践才能完善，所以真正的、独特的推理在儿童时代是看不到的。只有当理性的运用已经得到完善之时，理解自然法的官能才能出现在幼儿心灵之中，这正如在运用理性之前，真正的、独特的陈述就不存在。❶

通过承认自然法只是正确理性的产物，我们既可以理解自然法是对我们通过感官获得的信息的第二阶反思活动的产物，也可以理解它必须体现某种原则，这种原则能够通过一种传统的语言公式传递给他人并获得赞同：

因此，当我们承认自然法是正确理性的命令时，我们的感觉和意思是，人的理解力具有这种能力，它能够从对人的状况的思考出发，发现一种合乎这种法律的生活的必然规律；同样地，能够找出某种原则，据此法律的训令可以得到清晰稳固的证明。❷

尽管普芬道夫在天生知识上的立场在《自然法与万民法》中表现得并不明显，但他关于道德认识论与语言相互关系的观点却可以在第 4 书第 1 章"论语言以及伴随它的义务"中触手可得。在该章中他围绕着格劳修斯《论战争与和平法》中两个未展开的段落构建自己的论证，用它们支持下述论点：人们协议创立一种共同语言本身就是一种结合的首要例证，这种结合即是社会本能与计算性的自利相互作用以形成一种社会制度。在逻辑上先于形成社会的协议本身的是，语言对他们自身和世界的赋加，作为这一步的推动力的是普芬道夫视之为自然法基础的"非社会

---

❶ Pufendorf，《斯堪的纳维亚争论》，页 354（《争议拾遗》，第 19 段）。

❷ Pufendorf，《自然法与万民法》，Barbeyrac 编，第 2 书，第 3 章，第 13 段，页 130 – 131。

的社会性"（unsocial sociability）原则。❶ 格劳修斯的社会性的认识论基础因此就被置于了原初的社会语言制度之中，而且道德认识论自身不可避免地像任何其他形式的社会讨论一样服从同样的指导原则：道德规范纯粹由［91］人的伦理判断的协议赋加构成，因为自然法与语言习惯是形式上的相关物。

普芬道夫以对下述问题采取一种强硬态度开始，这个问题涉及语言由自然符号还是由习惯符号构成这一当代争议："通过约定人们把表意的使用和效力强加到某些事物、行为和运动上，尤其是言语上。"❷ 他以一种赞同的姿态援引了柏拉图《克拉底鲁篇》（Cratylus）中赫莫杰尼斯（Hermogenes）的观点，但却把它用作了他的主要权威格劳修斯对虚假和错误之间有意义的言内行为差别的研究：

> 欺骗是由一种积极活动构成的，如果它形诸于行为，那么就被称作虚假；如果它存在于言语，就是错误。有些人在这两个术语之间确立了这种区分，因为他们说言语自然地即是想法的符号，而行为却不是。但是，相反的情况却是真的，即，言语基于其本质，在人的意志之外，没有意义，除非一个词碰巧被搞混了，"难以清楚表达"，例如是由一个处于悲伤之中的人发出的，这时与其说它来自言语，毋宁说来自行为。❸

普芬道夫反对说语言是由上帝为亚当完美设计的理论，因为

---

❶ 这个短语最初来自于康德，被 I. Hont 在他的文章"社会性与交往的语言"（The Language of sociability and commerce）中适用到这个作者身上。

❷ Pufendorf，《自然法与万民法》，Barbeyrac 编，第 4 书，第 1 章，第 2 段，页 314。

❸ 同上注第 4 章，第 1 节，第 4 段，页 317，引自格劳修斯的《论战争与和平法》（De Jure Belli ac Pacis/The Law of War and of Peace，Oxford，1925），F. W. Kelsey 编，2 卷，卷 2，页 607（第 3 书，第 1 章，第 8 段）。

"显然没有任何语言是人天生的，而全部都是通过使用和经验习得的"。❶ 普芬道夫争辩说，一切语言起初都是"非常贫乏和非常朴素的"，但是作为历史的产物它们"随着时间的发展越来越丰满和优美"，而且也会"经历许多符号的变化"。❷ 语言的历史延展性是一种结论性证据："由此确定性的表意效力，即在我们心理产生某些确定观念的效力，并不属于自然的语言，而是纯粹起因于人的希望和赋加"。❸ 尽管亚当被认为创造了动物的名称，这些名称与它们有着类似的关系，但是语词的原始词根纯粹是由人的赋加指定的：

> 尽管在一切语言之中，自然使之联合的事物通常在名称上也联合在一起，在大多数语词中可以观察到这种类型，有着某种结构的一致性，语法学家称之为类比；但是，这决不是一成不变的，许多语词有着极为特殊的屈折变化的习惯和方法；而且即使这种类比本身，由于它是由语词的某种屈折和组合构成的，也是被人的指定所确立的。❹

[92] 因此，语言是人的任意的、具有历史相对性的创造物，与上帝对世界的干预无关。但是，语言的存在并非仅仅依赖于单个人的赋加，而是依赖许多人通过契约达成一致的赋加：要使一种语言获得普遍的流通需要两个契约，首先要确保对语词的标准的、常用的含义的接受，其次要保证对那些有权知道我们心理内容的人真诚和无偏见。根据我们自身的利益，我们计算到最好是放弃赋加我们所选择的任何范围的词语含义的权利，转而支持能够与我们的同伴进行交流的那些含义。这第一个契约是任何一种可以设想的语言存在的前提条件，这实际上使它成了第一个社会

---

❶❷❸　Pufendorf，《自然法与万民法》，Barbeyrac 编，第 4 书，第 1 章，第 3 段，页 315。

❹　同上注，页 316。

契约，第一个在个体之间确保合作关系的协定。但是，在普芬道夫的体系中，由于它的这种双重功能，它同时也是那种奠定一切人类关系的社会性原则起作用的第一个实例。因为它是这样的一个契约，它连接着两个方面，一方面是个人对如何最好地克服自然状态中的脆弱性（*imbecillitas*）的计算，另一方面也是一种社会性的本能，对此格劳修斯确信可以从语言能力的存在推导出来：

> 人被自然（Nature）设计去过一种社会的生活，这本身即是一个充分的论据，在一切活的造物中，他是唯一被授予权力以清晰的言语向他者表达自己心理的：如果把这种能力从这种社会条件之中抽取出来，我们很难想见它对人类还有什么用途和益处。❶

如果，正如我们所见的，一切第二阶的知识（例如道德认识论），都是与语言能力紧密相关地获得的；如果语言的社会系统是一个赋加那些经由合意所肯定的含义的问题，那么道德认识论的词汇同样也是一个人类把任意的含义赋加于世界的问题，自然法的基本原则因此也就成了那种首先产生语言的同一人造的社会性：

> 但是，除非人们具有彼此关于某些需要和愿望的信息，否则他们之间起作用的相互交流就无法进行；而且，也是因为除了通过刺激感官的符号，人性的条件不允许以任何其他的方式传递这个；因此，这些符号的使用要受到某些确定契约的认可和［93］限制，以便每个人都可以清楚地理解其他人对他想要什么样的帮助或服务。❷

---

❶ Pufendorf，《自然法与万民法》，Barbeyrac 编，第 4 书，第 1 章，第 1 段，页 313，涉及格劳修斯的《论战争与和平法》，"序言"，第 12 段。
❷ 同上注，第 4 书，第 1 章，第 4 段，页 318。

但是，这种契约仅仅只能确保通往真相的可能入口，因为内在的想法可能不同于外在的指示，"人自然地具有掩饰和伪装的能力"。❶ 因此，就必须设计第二个契约，从而保证对那些人的真诚，他们可以正当地说成是我们义务的受益者：

> 在人的一切交易和商事活动中，通过各方当事人的合意权利和义务被创造出来，我们向交易对象公开明确地宣布我们的意思。因为否则的话就不可能存在任何正确调整那些关系的可能方法。❷

这第二个契约涉及把一个伦理一致的标准进一步添加到第一个逻辑一致的标准之上："结果，除了由词与物之间的一致性构成的逻辑真理之外，这种伦理真理或者道德真理，我们现在正在讨论的，又添加了说话者的目的和义务。"❸ 使用这两个契约以保证认识论上的确定性，这成了普芬道夫的政治思想中构建公民社会所需的两个契约的原型（一个用于确立对某种契约的需要，另一个提供了约束人民遵守它的某种方法）。

认识论是如何由一种习惯的语言与经验之上的推理共同发展构成的，普芬道夫对这个问题的解释在 17 世纪并非什么新奇之作。许多学者，著名的如麦斯纳（Mersnne），都攻击过自然语言的观念，并且强调我们可以获得的一切语言都是由习惯语言所定义和解释的事物的外在表现构成的。普芬道夫的著作的创新之处在于他的具体方法，借助这种方法他把他的语言认识论适用到道德认识论之上，以及他所使用的词汇，这明显不同于霍布斯和洛克对语言与道德概念形成之间关系的解释。

---

❶ Pufendorf，《自然法与万民法》，Barbeyrac 编，第 4 书，第 1 章，第 4 段，页 318。

❷ 同上注，第 4 书，第 1 章，第 7 段，页 322。

❸ 同上注，第 4 书，第 1 章，第 8 段，页 323。

当然，在普芬道夫的语言认识论与霍布斯最被人遗忘的著作《论人》（1658）之间也存在类似之处。在前十章霍布斯讨论了视觉问题，在个人真理观容易滋生分歧和冲突方面，他有着与普芬道夫同样的忧虑。像普芬道夫一样，霍布斯在为对象赋加名称中看到了语言的起源，他认为这是一种双刃剑般的收获。因为创造一种共享的语言把人提升到了动物之上，并且造就了一种道德和政治秩序的可能性，但它同时也包含着未来分裂的种子。显然，有序的、标准的语言与著作开端所讨论的视觉能力共享着一种潜能，由于它要求实现，对于词语的使用有着根本的分歧，这最终会激起未来的社会紊乱："因此，通过标准语言人不是变得更好，而是被给予了更大的可能性。"❶ 但是，对于语言分歧的范围普芬道夫并没有采取他的前辈那样的彻底的怀疑主义，而且他相信无论如何他的双重契约都已经解决了关键问题。

把普芬道夫关于理性与语言机制同时成熟的解释与洛克在《人类理解论》（*Essay concerning Human Understanding*）中的极为类似的分析进行对比也是富有启发意义的。普芬道夫的解释比洛克的早十八年，而且洛克从未用他的分析去证明人如何获得自然法的知识。当然，洛克也像普芬道夫一样蔑视天生自然法的学说：他早在17世纪60年代早期《关于自然法的论文》第二篇就摒弃了这种学说。尽管他在这部著作中论证人认识自然法的最为可能的方式是通过对感官经验的理性解释，但他并没有非常详细

---

❶ T. Hobbes,《论人》（*De Homine*），第 10 章第 3 节，译自托马斯·霍布斯《人与公民》（*Man and Citizen*, Indianapolis, 1972），B. Gert 编，页 41。霍布斯的感知和语言创造理论的核心可以在《论人》的第 2 章和第 10 章发现，这一理论只有在霍布斯著作的拉丁文版中才能完整阅读。对于霍布斯语言理论在其道德理论构成中的重要意义的分析，参见：R. Tuch, "霍布斯的道德哲学"（Hobbes' Moral philosophy），载 T. Sorrell 编，《霍布斯剑桥指南》（*The Cambridge Companion to Hobbes*, Cambridge, 1996），页 180–184；对于他的语言理论的更为广泛的衍生物的分析，请参见：T. Ball, "霍布斯的语言学转向"（Hobbes' linguistic turn），载《重估政治理论：政治思想史的修正主义研究》（*Reappraising Political Theory: Revisionist Studies in the History of Political Thought*, Oxford, 1995），页 83–106。

地探究这个命题。而且，那部著作也未能完成道德认识论的研究：洛克至多同意语言起源于人的任意的、自愿的赋加，但是这种赋加并非特别地与自然法相关：

> 因此，我们就可以想象词语……是怎样为人所用，作为他们观念的符号的，不是通过具体的清晰发音与特定观念之间存在的任何自然的联系，因为若是如此，则人间就只会有一种语言；而是通过一种自愿的赋义，由此一个［95］词语被任意地作为一个观念的标志……词语在它们原始或直接的含义上只表示使用它们的人心中的观念，不管那些观念是多么不完美地、多么草率地从假定它们所表示的那些事物那里收集起来的。❶

3.3　普芬道夫思想中的心灵修养与契约

在我们研究普芬道夫道德词汇的详细内容之前，必须进一步研究他的思想的另一个领域，他对心灵修养（*cultura animi*）这个概念的使用。在一部关于赫尔德的文化概念及与之相关的关键词的发展的被人过分忽视的专著中，约瑟夫·尼德曼（Joseph Niedermann）争论说，在普芬道夫的著作中存在一组恒定的反题：个人在自然状态的匮乏和脆弱中的易受攻击性和他在文明社会中所体验到的文化的安全。个人判断促进他自身的心灵修养的最为理性的方式就是去接受文明生活的制度，普芬道夫将其描述为文化（*cultura*），没有任何所有格的限制。尼德曼争论说，这

---

❶ J. Locke，《人类理解论》（*Essay concerning Human Understanding*，Oxford，1975），P. Nidditch 编，页405（第3书，第2章，第1段和第2段）。

是西方社会理论首次使用一个可以在其指涉范围上与赫尔德的文化（*Kultur*）相媲美的概念。由于这个论点未能认识到所有被研究的关键词本身都是依赖理论的，所以它被时代误置地夸大了。但是，从较为局部的层面上来看，他仍然凸显了普芬道夫社会思想中的一个重要概念。❶

[96] 尼德曼指出，通过比较《自然法与万民法》第一版和第二版的拉丁文本可以发现，随着当时许多争论内容的出版，1684 年的第 2 版已经存在一些实质性的修改。尤其是，普芬道夫对心灵修养一词的使用愈加频繁，而且常常与勤勉（*industria*）和教导（*disciplina*）连用以表示个人对自我改进和逃离自然状态困境的强制性欲求。特别是在第 2 书第 4 章"论人对自己的义务以及对他自己心灵的改进以关照其身体和生活"，普芬道夫使用了来自培根论文《如何在德性上获得进步》的材料，以表明心灵的不断培育是必需的，为的是获得正确判断的能力，从而确保

---

❶ J. Niedermann，《文化：从西塞罗到赫尔德的概念及其替代概念的生成与变化》（*Kultur. Werden und Wandlungen des begriffs und seiner Ersatzbegriffe von Cicero bis Herder*, Florence, 1941）。尼德曼显然确立了心灵修养概念对于普芬道夫的重要性，并且描述了它在他的社会理论中的衍生物；但是，他在论证普芬道夫具有一个成熟的文化概念，它产生于个人欲求自我改进的社会化时，他超出了论据的范围："按照普芬道夫的理论，社会产生文化，并且是它的条件。生活的便宜、道德、心灵修养及其教育——所有我们称之为文化的这一切都是社会的创造及其结果"（页 147）。尽管这种论证很具吸引力，但是它不合理地延伸了可以获得的文本论据范围。普芬道夫在使用文化时不带宾格所有格的例子既极为罕见，也不具有代表性。在几乎所有的情形中，他的意思不过是人的勤勉（*industria humana*），即使当他讨论心灵修养在一个社会框架内的运用时也是如此。当然，他并没有预见到 18 世纪晚期把文化（*Kultur*）定义为教育（*Bildung*）的方法：相关的目标不是一个文化修养的组织问题，而是更为基本的逃离贫乏的问题。因此，在下面来自博伊恩伯格通信的例子中，这是尼德曼以赞同的态度援引的，相关的对比与其说是在文化与野蛮之间，毋宁说是在人的勤勉的正确使用与其作为奢华（*Luxuria*）的滥用之间："如果我们不自欺的话就必须承认，或许我们可以通过奢华的某种炫耀从许多他人那里夺去胜利的棕榈，但是在道德节操之中（真正的文化应以此作为判断标准），我们必须向许多我们称之为蛮族的人让步。"（Pufendorf，《普芬道夫的两封书信》，页 135，以及尼德曼所援引的原文，页 149。）

内心的冲动被理性所规制：

> 心灵修养（Improvement of the mind［*cultura animi*］），这是对所有人施加的一种义务，而且对于人的义务的正确履行是根本性的，可以把它归纳为：每个人对那些与其义务相关的事项都具有正确的观念；每个人都可以形成一个有效判断，并且可以判断那些常常会激发激情的事项；每个人的想法都可以被健全理性的标准唤起和限制。❶

通过不断的努力人能够超越他的根源，并且把他的原始的脆弱抛诸脑后：

> 我们从另外一个方面观察人的自然状态，因为它与那种改善（*cultura*）相反，这种改善对于人生而言是可能的，这或者是通过他人的帮助、勤勉和探索，或者是通过个人的思考和努力，或者是通过上帝的引导。在定义这种状态的位置时，我们已经预设了人的自然本性，它正如现在在不体面的倾向中所观察到的，在它通过其他人获得任何资源之前，它伴随着巨大的需要、无知和脆弱。我们已经断言，由于匮乏、忽视、无知和脆弱，这是一种最为糟糕的状况，只要我们把它与我们后来通过自己的努力或者他人的力量所增加的优势相比就可以发现这一点。❷

通过运用精神力量和身体力量谋求自我改善的愿望对人来说

---

❶　S. Pufendorf，《自然法与万民法》（Berlin，1694，第 3 版），页 233（第 2 书，标题 4，第 2 段）。在"论人对自身的义务"这一章中至少有七个引注来自培根的论文。还有两大段来自论文《如何在德性上获得进步》而没有标明出处，这或许是因为普芬道夫希望隐藏其受惠的范围。参见：Niedermann，《文化》，页 136 – 137。

❷　Pufendorf，《斯堪的纳维亚争论》，页 185（《争议典型》，标题 3）。

是自然的，而且很难想象他在伊甸园中［97］已经得到了满足，更不用说是在自然状态了：

> 因为我不知道人类在它尚未犯罪时是否可能永远在一个孤园里吃自生的果实，如此消磨时光，而没有生活的改善（*cultura vitae*），这种改善正是通过人类所发明的各种技巧和艰苦的工作引入的。❶

在这个意义上，人面临着永恒相继的需要，他总是在努力争取，却总是无法满足，因为随着社会变得愈加复杂和精密，维持它所需的努力也就越大："一个民族的生活越是原始和朴素，就越不需要艰辛劳作；越是复杂光鲜的生活就越需要专心致志和大量工作。对于这个事实以为如何呢?"❷

但是，这种成果无论是多么不完美、多么短暂易逝，它都只能通过作为其前提的社会生活的介质才能产生。心灵修养的实现有一个预先的要求，这就如语言的情形一般，个人交出他的只取决于自己的绝对权，并且承认社会生活的必要限制。只有在这个框架之内，任何个人进步才能产生。为了个人获益和一般福利，社会性必须得到遵守：

> 倘若我们要设想一下人的状况会是什么，我们可以思考一下人的自然状态，假设把所有问题都留给一个人自己处理，没有任何来自他人的额外的帮助，这实际上是在假定当下所发现的那种人性状况。当然，这似乎是一种比任何野生动物都更为糟糕的状况，倘若我们考虑到人在这个世界上的无力（*debilitas*），除非他人的帮助，他可能立刻死亡；如果

---

❶ Pufendorf，《自然法与万民法》，页 10（第 1 书，标题 1，第 11 段）。
❷ 同上注，页 539（第 4 书，标题 4，第 8 段）。

每个人只有归功于他自身力量和才智的东西，那么生活将是多么不堪啊！与之相反，正是由于他人的帮助，我们已经能够从这种脆弱（*imbecillitas*）中成长起来，我们现在享受着说不尽的舒适，而且我们也提升着身心，这既是为着我们自身，也是为了他人之故。在这个意义上说，自然状态与一种由人的劳作所促进的生活状态相对。❶

［98］因此，道德科学的任务即是加强和提升社会性从而促进个人的心灵修养：

> 在三个标题之下对有用的文献展开归类这是有可能的：道德学科、医学和数学……第一个关系到心灵修养和社会生活的培养……而且具有明显的用途。❷

正如我们看到的，普芬道夫的目的是为格劳修斯的社会性理论提供一种基本的认识论；这个目标既实现于他对社会契约之中的道德语言的起源的讨论，通过这种社会契约语言得以赋加，也实现于他对心灵修养作为人性的驱动力的研究。在这两种情况下，对一种社会需要的接受显然是任何可能的自然法的前提，而且这种接受本身即是自然法首要原则的体现。因为一切进一步的道德决定都被同一结合所推动，这种结合是指一种需要同伴的人的天生本能，以及对在一个同等地限制着每个人的社会框架之内自利动机只是有望实现的一种承认。不管问题是政府通过契约的建立，还是私有财产权的创立，都是同样的"非社会的社会性"原则在主导着决定过程。普芬道夫就此用同一种自然法理论把格劳修斯与霍布斯的核心要点连接了起来。对于这个事实于贝维戈

---

❶ Pufendorf，《自然法与万民法》，Oldfather 和 Oldfather 译，页 89。此处两位 Oldfather 的 1688 年译本优于 Kennett 的版本，因为它更为准确地复制了拉丁文原意。

❷ 普芬道夫：《自然法与万民法》，页 251（第 2 书，标题 4，第 13 节）。

（Überweg）的评述最为精到：

> 他对自然法的解释在根本上与格劳修斯和霍布斯相关，他从前者那里学到了社会性原则，而从后者那里学到了个人的利益，并把它们统一于社会性存于个人利益这一原则之中。❶

但是，正如莱布尼茨所坚持认为的，这种修正的社会性概念并非是对霍布斯唯意志论的一种出卖。道德无疑在根本上是人造的，而不是神出的，而且是由任意的但却并非历史地易变的意志所强加的；但是差别在于，普芬道夫的自然法理论在其义务上不依赖一位神圣的或世俗的上级的惩罚性权力。在每种情况下个人都选择通过契约向社会交出权利，以便促进他自身的自利。这些让步是自愿而不受限的，如果个人［99］想要从自然状态的恶性缺陷和易受攻击性中摆脱出来，与此相较任何社会制度都会受到欢迎，那么维持这些让步仍然是为了个人自身的自利。然而，可以争辩说，对一个人应负义务的动机的解释仍未得到界定，倘若有人甘冒放任的自然状态的不稳定的风险的话。这些要点都可以得到证明，其方法就是研究普芬道夫在他的《自然法与万民法》行文过程中所提供的道德用辞的那些定义。

从一开始我们就谨记道德原则是对经验的二阶反思，而不是实体的自然固有的本性："道德本体（Moral Entities）并非由自身维持，而且由于那种原因，一般地不应列于实体（Substances）

---

❶ F. Überweg，《哲学史原理》（*Grundriss der Geschichte der Philosophie*，Berlin，1924），卷 3，页 334。对于普芬道夫究竟从格劳修斯和霍布斯那些获得了什么，近期的重述，参见：T. Behme，《萨缪尔·普芬道夫：自然法与国家——对他的理论及其基础和问题的一个分析和解释》（*Samuel von Pufendorf：Naturrecht und Staat. Eine Analzse und Interpretation seiner Theorie，ihre Grundlagen und Probleme*，Göttingen，1995）。

的等级之下，而是列于模式（Modes）的等级之下。"❶ 通过这些思考道德意义由智力存在物赋加于世界之上；这既是由上帝，也是由人类为着他们自己的生命安全：

> 我们可以把我们的道德主体定义为由有理解力的存在物添加于自然物和运动之上的某些模式，主要是为着引导和调和自愿行为的自由，也是为了在生活方式之中获得一种合宜的规律性。❷

道德中的确定和准确并非由物理学中那种证明构成，而是由赋加道德性的意志的效力构成：

> 我们认为数学和道德证明之间的差异是十分清楚明白的……后者所努力的不会超出对某种对象具有某种性质的证明，而把对道德数量的决定留给了人的意志的更为宽广的领域和范围。❸

如果我们接受一切认识论在根本上都是人对其已经理解的东西进行判断和反思的问题，那么就可以得出结论认为，人的理性足以获得道德上的某种知识：

> 我们应当把这个确立为一种特定的原则，即在理解的官能和判断中都存在一种自然的正确性……这就不会让我们在道德事物中遭到欺骗……除非我们可以彻底颠覆和破坏一切行为的道德性，否则我们务必坚持，人的理解力是自然地正确的和确定的，而且通过充分的调查和思考我们总是能够清

---

❶ Pufendorf，《自然法与万民法》，Barbeyrac 编，第 1 书，第 1 章，第 6 段，页 4。
❷ 同上注，第 1 书，第 1 章，第 3 段，页 3。
❸ 同上注，第 1 书，第 2 章，第 10 段，页 22。

晰地理解事物。❶

[100] 如果这种道德仅是意志的产物，那么它的具体要求
（specifications）也会随着时间的经过与那种意志的要求的改变一
道发生改变：

> 它们（道德主体）从其作者的限定那里获得其全部的
> 存在。同一力量分配给它们这种和那种效果，对于这些效
> 果，当它觉得便宜时，它可以破坏它们，而不会造成它们所
> 适用的主体的任何自然的改变。❷

在人的判断中这些变化发生了，因为不存在善的一种绝对概
念，这种概念要作为一种不变的真理寓居于上帝的心思之中，或
者在任何人间的实体之中；相反，这种善只能在主体之间得到定
义，作为在社会之中影响不同人们的行为的有益结果。这些人们
的需要和要求是变化着的，因此试图最大化这种善的道德也必须
随着这些变化改变自身：

> 但是，意志的首要影响，以及似乎是直接源于其本质的
> 东西，是一种本质的中立性（Indifference），对它的解释并
> 不限定于任何固定不变的行为方式……因为对意志的这种中
> 立性的正确理解，多少应当以一般的善的本质作为前提：尽
> 管这种善被许多哲学认为是绝对的，因此每种实存的存在
> （Being）都被宣称为这种善；然而，在我们没有思考这种意
> 义的情况下，我们认为它是极其无用的，我们仅仅这么思考
> 善，它代表着对别人的尊重，以及说它是对某个人或者为某

---

❶ Pufendorf，《自然法与万民法》，Barbeyrac 编，第 1 书，第 3 章，第 3 段，页 24。
❷ 同上注，第 1 书，第 1 章，第 4 段，页 3。

个人的善。根据这种含义，善的本质似乎在于那种倾向（Aptitude），通过它一件事物倾向有益、保存或成就另一件事物。❶

　　在论证的这一点上，它与莱布尼茨的信念所形成的对比再鲜明不过了，莱布尼茨认为自然法的源头在于上帝心灵之中的善良（goodness）的永恒真理。再者我们可以发现，对于普芬道夫而言，一切道德都基于社会关系已经存在并且需要其规制这一前提预设之上。上帝可以赋加道德规范，但如果道德主体的主要任务是去保卫社会，那么人要首负其责：

　　　　它们（道德主体）之中的绝大部分是人们随意添加的，正如人们发现引入它们是有利的，可以打磨普通生活并使它更具条理。因此，它们的目的明显是有待发现的，不是像自然的存在物一样，是宇宙的完美，而是人类行为的具体完美，超越于野蛮，能够拥有不变的美和恩宠；因此，在一个如此易变的主体中，正如人的心灵的运动，一种悦人的优美与和谐得以产生。❷

　　[101] 但是，这并非是说普芬道夫同意亚里士多德所说的人天生就是政治的动物：尽管人对于社会具有一种自然的欲求，但是他没有对这种公民社会的自然倾向，因为他的形成基本社会联系的动机——自然的友善与计算性的自我扩张——都被那些初步的步骤满足了：

　　　　承认他（人）具有一种自然的社会欲求，因为这可以

---

❶　Pufendorf，《自然法与万民法》，Barbeyrac 编，第 1 书，第 4 章，3 - 4 段，页 34 - 35。

❷　同上注，第 1 书，第 1 章，第 4 段，页 3。

> 由先前所描述的原始社会满足，据此推导出来的不是他对公民社会的欲求，而毋宁说是，他对职业的一般热爱代表着他对具体某位学者职业的感情。❶

一切政府都必须通过契约和誓约建立起来，对于这些契约和誓约人们身为孩童时自然是无知的。实际上，正是由于通过心灵修养所得的理性的逐步教育，才使得人们看到了政治结构的必要性。因此，这些结构不是一位上级而是人们自己赋加的，根据的是同一种计算的社会性原则，它最先把他们置于合作关系之中，而且同时开启了自然法与社会：

> 这种学说的可信度也不会因亚里士多德的著名格言而动摇，即人天生或自然即是一种政治动物。因为，肯定一件事物自然是这样或那样……这有时意指在事物之中存在一种通过文化和教导接受某种完美的合宜性。❷

由此可以看出，普芬道夫完备的政治理论由两个契约和一个命令构成：人们接受公民政府的初步合意，同意采用特定政府形式的批准，这后来被宣布为实在法。在每个阶段参与各方都可以退出，只要他们的利益没有得到满足。因此这就迎合了下述必要条件：全部社会制度都自动强加于那些随后隶属于它们的人员。一种契约是恰当的机制，因为它由一种"恐惧与尊敬"的混合物构成：恐惧缺少它所可能导致的社会无政府状态，尊重它的条款是因为可能从它得到明显的利益。❸ 因此，普芬道夫避免了霍布斯式的对公民社会形成的解释，那里所有公民都放弃了他们在

---

❶❷ Pufendorf，《自然法与万民法》，Barbeyrac 编，第 7 书，第 1 章，第 3 段，页 622。

❸ S. Pufendorf，《论人和公民在自然法上的义务》（*De Officio Hominis et Civis juxta Legem Naturalem*，London，1716），A. Tooke 译，页 195。

自然状态中所拥有的权利（除了一种个人的、完全未整合的自我保存的权利），而主权者却保留了他的权利：普芬道夫的公民社会的成员只是有条件地放弃指定一种公民权的权利，[102] 但如果这种权力侵害了契约的条款，那么人们就可以重新获得那些权利。❶ 这就切开了两个方面，虽然主权权威只能体现为公民约定的权威，但它同时拥有着不被任何个人意志或意志的简单集合所拥有的权力：

> 当若干个体的人联合在一起，他们凭借这种联合的力量欲求或行为，这被视为是一种单一的意志和一种单一的行为，那么一个复合的道德人格就构成了。因此，这就出现了在其他情况下当许多人欲求或去做任何事情时，我们就认为这些不同的欲求和行为就像自然人或个体的数目一样多；而当他们封闭起来，形成一个复合的人格时，我们就会认为他们只有一个单一的意志，而且他们所做的任何行为都被解释为只有一个，尽管若干个体在它的产生中共同作用。❷

普芬道夫的政治理论对具体政府形式的优点问题不感兴趣，因为更为重要的争议焦点是为任何公民社会的创立奠定一个理论基础。一旦这个基础发展出来，那么就可以得出一个逻辑结论：具体组织形式的细节内容可以根据立约各方的局部愿望加以确定，他们是何种政府适合自己的最佳判官：

---

❶　霍布斯立场的鲜明特征被 A. Rylan 的讨论很好地捕捉到了，"霍布斯的政治哲学"，载 Sorrell，《霍布斯剑桥指南》，页 237 – 241。

❷　Pufendorf，《自然法与万民法》，Barbeyrac 编，第 1 书，第 1 章，第 12 段，页 7。卢梭的这些预见能够看起来比它们的实际情况更加显著，因为马勒伯朗士的词汇单一意志（*volontés particulières*）与公意（*volontés générales*）添加到了巴贝拉克对普芬道夫的原文的翻译之上。关于这一问题请参见 P. Riley，《卢梭之前的公意》（*The General Will before Rousseau*，Princeton，1986），页 93 – 98。

> 一切人类事物并非即刻臻至完美，第一个公民社会的制度是非常简单和不完美的，直至最高的公民权，以及维持一个公民社会所必需的这些法律和宪法，一点一滴地建立起来。❶

契约作为体现自然法的"非社会的社会性"的技术工具，其重要性可以在普芬道夫对如何合法地获取和保持财产的说明中更为清晰地看到。普芬道夫拒绝那种认为财产权是从上帝对亚当的具有排他性支配权的原始赠与中发展出来的理论。同样他也蔑视霍布斯的人与物之间存在一种自然关系的观念，正是这种自然关系导致了利维坦被创造出来以终止冲突。相反毋宁说，上帝的对人赠予具有一种"消极的共有"，它属于一切人，但它的任何部分都不是任何具体个人的积极财产［103］。确定根据何种排他的所有权或使用权对地球进行分割这是人自身的任务。起初，原始人采取了一种个体化的使用权体系，对一切互相援助的人在其需要时都具有一种对应义务。但是，随着人口的增长和以土地劳动为形式的心灵修养的活动，人自然地希望获得排他性的财产权。那些付出了最大勤勉的人却应当与那些贡献极少的人获得同等的回报，这似乎显得至为不公：

> 但是，一个对某物没有任何付出的人却应当获得与另一个人对它同等的权利，正是后者的勤劳才使得它首先产生出来，或者全部创造出来，以使它可以满足进一步的需要。这是非常不合适的。❷

---

❶ Pufendorf，《欧洲国家和主要王国的历史导论》（*An Introduction to the History of the Principal Kingdom and States of Europe*，London，1702），J. Crull 译，页 3。

❷ Pufendorf，《自然法与万民法》，Barbeyrac 编，第 4 书，第 4 章，第 6 段，页 367。

但是，这并不意味着可以简单地、任意地占用土地；因为要想存在任何的社会稳定性，那么财产获得就必须由契约加以批准："我们无法理解一个赤裸裸的身体行为，例如没收，应当能够损害他人的权利和权力，除非添加他们的同意去肯定它；这即是说除非一个契约介入进来。"❶ 因为要保持社会和平，那么就必须使那一社会的全体成员都参与把土地转移给那些已经改进它的人。一旦这个初步的契约订立下来，那么剩余的土地就可以被随后定居其上的人直接获得，因为冲突的危险现在已经被人民在第一个契约中的共同参与和一致同意防止了：

> 从一开始，纳入占有范围的东西与人们根据他们当时的情况认为方便的差不多；其余的则留在自然的和消极的共有之中，有待任何以后认为适合使用的人拥有。因此，这里我们就必须设想已经通过了一个具有这种效果的契约：那些土地应当属于……它们的改进者，它们已经通过其他人的明确同意分配给了特定的人，或者其他人已经被认为放弃了他们的全部权益，因为他们默许个人平静地享用土地，而且自己也以同样的方式获得其他土地：剩下的东西应当逐渐变成那些后来能够决定它的人的财产。❷

对财产权形成的这种解释的重要后果是，普芬道夫关于财产所有人的社会责任的建议比格劳修斯和洛克的要更为贫乏。格劳修斯认为［104］穷人在匮乏的时代对富人的财产拥有一种"完美的权利"（perfect right），在这个时代财物的共有暂时性地得到重申。然而，在《自然法与万民法》中，这些"完美的权利"被重新描述为对富人的"不完美的义务"（imperfect obligations）。

---

❶ Pufendorf，《自然法与万民法》，Barbeyrac 编，第 4 书，第 4 章，第 6 段，页 367。

❷ 同上注，第 4 书，第 4 章，第 5 段，页 366。

这里不存在权利与义务之间的真正对应性，因为富人只有一种博爱救济的自愿义务，假使他们充分地感觉到了自然仁爱的促动的话。❶ 这是一个具有重要意义的修正，因为这里表现出了一种冷酷的怀疑，普芬道夫把自然友善的功效当作了社会行为的一种未经证实的动机。当然，这种修正也来自财产权据以确立的原始契约的条款：不能说穷人有任何的权利，因为他们已经通过对契约的接受放弃了它们；也不能说富人有任何超出酌情帮助范围之外的义务，因为在契约之下他们处分自己财产的绝对权没有任何限制。似是而非的是，这是创立一种以同意而不是以先占和纯粹武力为基础的财产权理论所必须付出的社会代价。

这种以义务的形式重新描述权利是功利主义的一个重要特征，而且人们尚未充分注意到这种相互关系在多大程度上已经由于普芬道夫对契约的广泛使用而成为他理论中的主要论点。因为如果一切实质的道德学说都产生于一系列的契约，而这些契约又最终溯源到第一份社会契约，那么那一社会的成员所拥有的权利就只有在他们达成合意的条件都被打破时才能发挥作用。仅仅是在那些条件下，他们才能重新获得他们已经通过契约交给政治体的自然状态的权利。否则，他们的道德世界完全可以用一种义务的词汇加以解释。正如我们已经看到的，找到一种方法，把社会性保留为基本的自然法，而同时又避免把霍布斯的利维坦引入自己的理论，这正是普芬道夫的目的。通过自我赋加的立约的合意，这就类似于人们之间为了确保一种共同的语言从而达成的首个社会约定，唯意志论被成功地逐出了普芬道夫的道德认识论。但是，由此产生的一个意想不到的后果却是，它带来了一种在这

---

❶ 关于格劳修斯与普芬道夫在这一问题上的区别的完整讨论，参见：I. Hont 和 M. Ignatieff，"国家财富中的需求和正义"（Needs and justice in the *Wealth of Nations*），载 I. Hont 和 M. Ignatieff 编，《财富与德性：苏格兰启蒙时期的政治经济学的形成》（*Weath and Virthue: the Shaping of Political Economy in the Scottish Enlightenment*，Cambridge，1983），页 30 – 31。

个方面与其格劳修斯的原型极为相异的道德讨论。

［105］然而，这背离 17 世纪早期的权利理论更远，因为义务的词汇伴随着一种相应的悲观主义，怀疑人的能力是否能够满足公民社会中的约定义务。在普芬道夫的约定论的自然法理论中，没有任何东西强迫他引入对上级惩罚的恐惧从而作为人们遵守他们自己所建立的社会的法律的动机；但是，人的恶性仍然完全有能力（如果不受约束）破坏人们为着自己的利益所谨慎地建立起来的东西：

> 但是，因为这超出了任何道德联系的能力，彻底压制了我们的自然的行为自由；并且，大多数人心灵之中的轻率或者恶性使得他们把这些支配的基础视为服从的虚弱理由；因此就出现了添加某种进一步的动机的必要性，它作用于我们无序的欲望，具有比空泛的尊严感和荣誉感更为强烈的效果……没有任何事物具有这样的效果，除了对我们违反义务所招致的恶的恐惧，这种恶由某种更强的力量所施加，对于其利益我们不应冒犯……因为其实法律很难获得其外部的目的和效果，除非它们受到强力的支撑和武装，以便在遇到必要时强制性地要求一种服从。❶

通过把上帝和归于他的永恒真理移出自然法的界限，普芬道夫已经去除了任何超出人性的立法创造和义务的具有外在道德参照的要点。只要人性被认为是可靠的，而且自然法是自我规制的，那么这种排除就是前后一致的和富有成效的。但是，一旦人性被承认是不一致的，而且无法有规律地遵守其约定的承诺，那么如果要保持社会不分崩离析就只能诉诸主权的唯意志论；尽管

---

❶ Pufendorf，《自然法与万民法》，Barbeyrac 编，第 1 书，第 6 章，第 10 段，页 64。

义务的来源已经被成功地从抽象的道德认识论中排除了。另外，如果公民权的词汇被重写为公民义务，那么就毫不奇怪普芬道夫的完备的政治理论为何从一开始就呈现出一种疑似霍布斯的外貌。这种身份在普芬道夫的《论人和公民的义务》的简练的概述中更加明显。在剪去了《自然法与万民法》的限定条件和详细解释的片段中，相应位置的论证似乎开始于对霍布斯《论公民》的简单抄袭。一个成功地为自然法提供了非意志论的 [106] 认识论基础的规划，却应当显示出一种极为接近霍布斯的实践政治学的上层建筑，这具有讽刺意味，但却不可避免。因此，普芬道夫的自然法理论也不是塔克所识别出来的作为 17 世纪自然法理论突出特征的通常的、长期的不稳定性的例外情形。❶

3.4 莱布尼茨与普芬道夫的道德神学

有必要详细描述普芬道夫对文艺复兴之后的自然法认识论基础的重新阐释，因为"道德史学家"认为正是这一成就与他们的核心任务相关。因此，在着手处理其追随者的解释史之前，我们必须清楚了解普芬道夫自己的论点以及其同时代对手的观点。

我们把莱布尼茨和普芬道夫并置一处会带来两个重要的观察结果。一方面，莱布尼茨对普芬道夫著作混乱和循环论证的指责是不适当的。普芬道夫为道德知识提供了一个清晰的认识论基础，从而避免了从一位上级的意志推导全部自然法义务的陷阱，不管这后来在政治实践中妥协了多少。但是，莱布尼茨的

---

❶ Tuck，《自然权利理论》（*Natural Rights Theories*），页 176 – 177。对于普芬道夫义务理论中的持久缺陷的极好解释，请参见：Schneewind，《普芬道夫在道德史中的地位》（*Pufendorf's place in the history of ethics*），页 123 – 155。

第二个主要保留意见，即普芬道夫把上帝的角色降低为一位纯粹的意志论的主权者和惩罚的主宰者，仍然具有说服力。我们可以在自然法随后从道德神学的分离中轻易地看到这一点，托马修斯很快就抓住了它，把它当作普芬道夫自然法理论的逻辑结果。❶

在他的《论人和公民的义务》的序言中，普芬道夫为这些截然不同的领域提供了一个解释。他争论说，如果我们接受"理性之光、公民法和神圣权威的特定启示"都是我们关于自身义务的知识源头，那么就存在三种形式的义务，从中就会分别产生三种研究：从理性之光产生"人的最为普通的义务，特别是那些使他与人为善的义务"，这是自然法的界域；从公民法派生人对他所生活的具体国家的义务，这带来对实在法的研究，而从神圣实在法"出现人作为基督徒的义务，[107] 这是道德神学的领域"。❷ 普芬道夫坚持认为，这对于自然法而言绝非言过其实的主张，因为

> 自然法的目的和目标只包括在此生的旅程之中……但是，道德神学把人塑造成一名基督徒，他特别渴望此生之后的虔诚之果……而他在这里只是旅行者或旅居者。❸

但是，事实上，道德神学的范围是非常受限的。自然法的命令或许"只是适于人力讨论"，但是在那种讨论中它们是绝对的，任何神圣智慧都不发生作用。❹对于全部的外在行为人类只

---

❶　请参见本书第四章，页 149－159。

❷　S. Pufenford,《论人和公民的义务》(*On the Duty of Man and the Citizen*, Oxford, 1927), F. G. Moore 译，序言，页 5－6。请参见 James Tully 编，"普芬道夫《论人和公民的义务》导读"('Introduction' to Pufendorf *On the Duty of Man and the Citizen*), 页 21－24，这是"划界"论点在自然法作为一种完备的社会理论之中的意义的完整研究。

❸❹　Pufendorf,《论人的义务》, Moore 译，页 7。

对他们自己和指定的世俗上级负有责任："在有赖于人的讨论的道德问题上，每个人都对这样的行为负有责任，对它们的履行处于他自己的选择之中。这是首要的自明之理。"❶ 事实上，道德神学只是作为自然法的一个补充：上帝的裁断只在那些领域才是重要的，那里人在外在方面与自然法一致地行为，而在内在方面却按照不纯的动机行为：

> 但是，对于道德神学而言，使人的外在习惯以某种方式与端庄得体一致，这是不够的；它主要地与此相关，即心灵及其内在活动要仿效上帝的意志；而且它要非难那些行为，它们的外在方面似乎是恰当的，但却发源于一种不纯的内心。❷

上帝仍然可以是使人永生或永罚的最终权力，但在所有公共讨论的事项上——关于日常生活的领域——他在定义上就是边缘性的，因为人的社会性已经被证明是一种据以击退任何威胁社会生活稳定性的充分标准。从这个立场很快就可以过渡到下述主张：整个内在动机的问题都是不相关的，那些先前突出表现这一点的问题可以根据以人的社会性为前提的自然法进行再评价。我们后面可以看到，托马修斯在攻击巫术控告和延续已久的拷问惯例时采取了这一步骤。

[108] 但是，把上帝作为一位超凡判官之外的任何事物从人的道德生活之中实际地排除出去，这对于普芬道夫讨论宗教宽容的连贯性同样有着严重的后果。这使他在处理个人追求其救赎目标的宽容优先与支持在一个国家内实行宗教统一这二者之间的

---

❶ Pufendorf，《论人的义务》，页 18。
❷ Pufendorf，《论人的义务》，Moore 译，页 7 – 8。

关系上颇为不安。❶ 按照普芬道夫观点，一切宗教问题上的争议都是公共安全的潜在危险，然而他同时也坚持，至少在他的南特敕令废止之后的著作中如此，教会具有独立于国家而且国家不能触碰的目的。正如楚布根（Zurbuchen）已经指出的，这种悖论既要求同时也限制君主的权力介入教会的救赎使命之中：

> 在他的南特敕令废止之前的政治著作中，普芬道夫主要从事为基督教既作为臣民的公民德性的真正基础，也作为君主正当行为的真正基础的辩护工作。在这方面他所关注的与其说是宽容，还不如说是国家的宗教统一。作为对法国国王不宽容的政治学的一种反应，这是他先前认为不大可能的，他从一个不同角度发觉了宽容的难题，并且详细阐述了……新的论点以为宗教自由进行辩护。❷

对于普芬道夫来说，对一切宗教意见的宽容只能存在于形成社会联系的最初合意之后的那些最早的和前政治的社会之中。一旦公民社会准备就绪，那么一切权威要想前后一致就必须依赖世俗权力，因为政治体已经通过契约达成一致：通过那种选出的权

---

❶ 对于围绕着普芬道夫在宽容问题上的立场的复杂争论的观点类型，请参见：F. Lezius，《洛克和普芬道夫的宽容概念》（Der Toleranzbegriff Lockes und Pufendorfs，Leipzig，1900），以及 S. Zurbuchen 对普芬道夫观点的近期的比较性研究，"萨缪尔·普芬道夫的宽容概念"（Samuel Pufendorf's concept of toleration），载《分歧与不同意：中世纪和早期现代史中的宽容理论》（Difference and Dissent: Theories of Tolerance in Medieval and Early Modern History，Lanham，1996），C. J. Nederman 和 J. C. Laursen 编，页 163 – 184，以及 D. Döring，"萨缪尔·普芬道夫与宽容"（Samuel Pufendorf and toleration），载 J. C. Laursen 和 C. J. Nederman《超越压迫性社会：启蒙之前的宗教宽容》（Beyond the Persecuting Society: Religious Toleration before the Enlightenment，Philadelphia，1998），页 178 – 196。

❷ S. Zurbuchen，"从宗派主义到启蒙：普芬道夫、克拉克和托马修斯论宽容"（From denominationalism to Enlightenment: Pufendorf, Le Clerc, and Thomasius on Toleration），载 J. C. Laursen 编，《宗教宽容：从塞勒斯到笛福的"礼仪种类"》（Religious Toleration: 'The Variety of Rites' from Cyrus to Defoe，New York，1999），页 192。

威对公共秩序进行保存是它的最高社会价值。宗教实践的多样性所危及的正是这种公共的和平。这也不是一个可以通过一个进一步的契约加以解决的问题，因为如果上帝在普芬道夫的道德神学中的主要职责是惩罚或奖赏，那么个人的自利的理性计算会使他远离大多数人的支持，转向对他确信可以为他赢得永生的宗教实践的信仰。普芬道夫因此在宗教实践的公共控制上除了采取与霍布斯同样的立场没有任何其他的选择［109］，尽管如何界定个人的救赎道路这个问题尚未得到明确回答：

> 无法否认，每个人都受到自然法的约束以服侍上帝；而且，以他所相信的最为取悦上帝的方式执行外在的礼仪也处于他的能力范围之内。但是，在公民社会建立起来之后，那种相同的权力就此移交给了那些人，他们在一个公民社会中具有最高的事务管理权……因为如果在这一点上留待每个人的自由选择，那么各种不同的礼拜仪式必定会引入混乱、分裂和内部动荡。❶

在历史上，那些完全把宗教置于国家目的之下的国家发展得很好。例如，普芬道夫指出，罗马宗教担当着罗马共和制的有效支持，因为"设立宗教是为着国家的利益，由此可以根据国家的便宜和必要更好地统治人民的心灵。"❷

对于莱布尼茨而言，普芬道夫关于道德神学和教会与国家关

---

❶ Pufenforf，《历史导论》（*Introduction to the History*），页 362－363。

❷ 同上注，页 17。Dreitzel 最近开始关注普芬道夫在《论习性》（*De Habitu*）中关于宽容的解释所出现的张力，这受到了有关信仰告白主义在专制统治制度中的作用的争议的冲击，这种争议处于信仰统一争论的核心位置，并且威胁着路德宗教对世俗权力的传统优势关系。请参见 H. Dreitzel，"良心自由与社会秩序：作为 17 世纪尾声政治理论问题的宗教宽容"（Gewissensfreiheit und soziale Ordnung. Religionstoleranz als Problem der politischen Theorie am Ausgang des 17. Jahrhunderts），载 *Politische Viertel-jahresschrift*，卷 36，1995，页 3－36。

系的观点只能详细地证明把道德理论从一种神圣理性的基础之上分离出来的危险，这个错误是只关注人在社会之中的外在行为的结果。道德应当超出此世世界趋向更高的目标，而不是仅仅满足于一个有保障的公民和平的较低的目标。要不然宗教的内容，变成了国家万能论，并且要从属于国家的狭窄的和特定的目的，在其目标和本质上全然缺乏超越性。这些观点在他对普芬道夫最后的也是死后出版的著作《神圣封建法》（*Jus Feciale Divinum*）（1695）的批判中得到了提炼和维持，那部著作试图为调和帝国内的路德宗与其他改革团体提供某些建议。在正常的情况下，身为路德宗的莱布尼茨应会支持调和方案，减少在礼仪的琐碎事项上的众多争议；但是在这种情况下，他确信普芬道夫与路德宗的观点形成了统一战线，对于发现神学真理没有任何真正的兴趣，而且这纯粹是因为普芬道夫认为如果路德宗的国家万能论的政治原则增强力量，那么德意志的［110］一种政治解决就更加可能。❶ 这种批判形成了莱布尼茨标准方法的一个变体：普芬道夫已经粗糙地分离了神学和哲学，这是通过对一个暴君式的上帝和一个人为的唯意志论者的个人的发明，以及一种对逻辑一致性和恰当的形而上学研究可以揭示的世界目的性质的无知忽视。❷

普芬道夫根据适用于不同知识和学问范畴的认识论原则保护着他的自然法"划界"和他对它的推导结果不受上述立场的侵

---

❶　对于莱布尼茨攻击的细节，请参见：Döring，《普芬道夫研究》，页 134 – 135；对于信仰统一争论所涉及的问题的审视，请参见：J. Moore 和 M. Silverthorne，"新教神学，有限主权：自然法与德意志帝国、尼德兰和大不列颠的联盟条件"（Protestant theologies，limited sovereignties：natural law and conditions of union in the German empire，the Netherlands and Great Britain），载 J. Robertson 编，《帝国联盟：政治思想与 1707 年的大不列颠联盟》（*A Union for Empire：Political Thought and the British Union of* 1707，Cambridge，1995），页 171 – 197。

❷　有必要指出，普芬道夫自己夸耀他并没有在形而上学研究上浪费时间，请参见：Pufendorf，《斯堪的纳维亚争论》（Frankfurt/Main，1706），页 372。

害。这种削弱或绕开莱布尼茨形而上学的基本见解最先来自普芬道夫对下述问题的解释：语言的学习和理性官能的发展如何共同分享着同一社会语境。在克里斯琴·托马修斯的"实践哲学"的形成中，并且因此在确定早期启蒙自身的优先事项上，这将是决定性的一课。

第四章　克里斯琴·托马修斯与
普芬道夫自然法学的发展

4.1　托马修斯实践哲学的背景

[111] 直到最近，克里斯琴·托马修斯对早期启蒙的社会和政治理论的贡献的独特特征都被证明是难以确认的。❶ 这在一定程度上是他的各种著作避开

---

❶　最好的近期介绍，它试图把托马修斯多变生涯的大多数方面都涵盖进去，并且也确实收集了最好的近期研究成果，是 P. Schröder 的精妙研究，《克里斯琴·托马修斯导读》（*Christian Thomasius zur Einfürung*，Hamburg，1999）。还有两部较老的，但也是重要的和有影响力的专著，它们分别是 H. Rüping 的《克里斯琴·托马修斯的自然法学说及其在托马修斯学派中的深化》（*Die Naturrechtslehre des Christian Thomasius und ihre Forbildung in der Thomasius – Schule*，Bonn，1968），以及 W. Schneiders 的《自然法与爱的伦理：从克里斯琴·托马修斯来看的实践哲学史》（*Naturrecht und Liebes-ethik. Zur Geschichte der praktischen Philosophie im Hinblick auf Christian Thomas*，（转下页）

传统范式的一个因素：这位学人创作了横贯众多学科的著述，而且往往具有高度争议的风格，因此常常会被人以肤浅之故而搁置一旁。但是，这种忽视同样也归咎于托马修斯作为普芬道夫杰出的德国门生其从事研究的思想背景的极端复杂性。本章将详细说明托马修斯与普芬道夫自然法学的变动不居的关系，以此尽力阐明这一背景。

正如帕拉蒂尼所言，普芬道夫的思想遗产既是令人困惑的，也是相互矛盾的。❶虽然普芬道夫在自然法方面上的主要著作使他与霍布斯联系紧密，但他的辩护性论辩，[112] 尤其是他的"道德史"，形成了一种关于他的论点的思想根源的替代性解释。连同其他的第二代评论者，托马修斯必须首先确立普芬道夫的"真正"贡献，接着重构其思想先驱，然后为普芬道夫的观念进行辩护，使之不受与莱布尼茨、科奇乌斯（Coccejus）和克里斯琴·沃尔夫相连的其他的与之竞争的自然法讨论的侵害。

在这些思想目标之外，托马修斯忙碌于以折中主义指导哈勒的大学课程改革，他认为这种哲学见解最好地体现在普芬道夫的

（接上页）Hildesheim and New York，1971）。对托马修斯作为一位实用大学改革家的最为透彻的评价可见之于 Hammerstein 的《正义与历史》，第 2 章，页 43－147。然而，在许多方面，对于托马修斯多重职业的最具综合性的研究现在可见之于两部论文集：Schneiders 的《克里斯琴·托马修斯：1655～1728》，以及 Vollhardt 的《克里斯琴·托马修斯（1655～1728）》。这两部论集合在一起覆盖了一种极为多彩的职业生涯的最为重要的方面，同时也提供了一个自从 1945 年之后以托马修斯为主题的二手研究文献的详尽目录。但是，这些著作没有一部足够详细地探讨托马修斯与普芬道夫之间的关系，也没有一部足够详细地探讨法学和法学教授方法在其著作中的核心地位（请参见笔者在《德国史》，10，1992，页 106－107，对早期论集的评论）。近年来 Simone Zurbuchen 重新评估了托马修斯及其最为重要的导师之间思想联系的一个重要方面：请参见"良心自由与宽容：克里斯琴·托马修斯对普芬道夫的接受"（Gewissensfreiheit und Toleranz. Zur Pufendorf-Rezeption bei Christian Thomasius），载 Palladini 和 Hartung，《萨缪尔·普芬道夫与欧洲早期启蒙》（Samuel Pufendorf und die europäische Frühaufklärung），页 169－180。

❶ 参见 Palladini，《萨缪尔·普芬道夫：霍布斯的弟子》（Samuel Pufendorf, discepolo di Hobbes），第 2 部分，第 1 章，页 175－189。

著作之中。实际上，直到 18 世纪末，托马修斯在德国在很大程度上都被作为大学改革家和折中主义学派的杰出代表而受到追忆：对于他逝世后的两代德国学人来说，他是一位原创性的人物，而他的思想事业直接形成于普芬道夫伦理学和法学方面著作的方式却在很大程度上被遗忘了。❶

这种选择性记忆的典型情形出现在法布里修斯（J. A. Fabricius）的《学术通史大纲》（*Abriss einer allgemeinen Historie der Gelahrtheit*）之中。他的主要观点是，德国在过去的一百年期间已经在神学、医学和法学等广泛的领域之中取得了巨大的思想进步。但是，他坚信这种进步依赖于对德国新教大学的自由研究环境的先期创造。托马修斯在这里的作用体现在两个方面：首先，他在哈勒大学建立了既具有实践指向又脱离神学影响的学术研究；其次，他带来一种哲学见解——折中主义，迅速被大量的新教大学接纳了。托马修斯创造了一种既作为理论概念又作为一种制度现实的"实践哲学"，它根源于对人的理性范围的连贯解释："一种有充分根据的、训练有素的和健全的理性。"❷ 正是思想创新和实践改革的这种结合使得托马修斯很快就声名远播了：

> ［113］而且，如果不是他在他们之前承担了极度的风险，我们这个时代的那么多学者就不可能这么自由地查阅和发扬真理；在他的鼓动之下，在哈勒内外有一种视角在大多数科学中都建立起来，这是 18 世纪特别令人兴奋的一种视角，人们称之为改革的折中主义。❸

---

❶ 在席勒致歌德的一封信中，他给出了托马修斯在德国的声誉在康德到来之后顿然失色的暗示，他在那里赞扬托马修斯是迂腐的强劲敌人和出色的辩论家，但却没有提到托马修斯自己的哲学。请参见："席勒致歌德"，1799 年 5 月 29 日，载《席勒与歌德通信集》（*Der Briefwechsel zwischen Schiller und Goethe*，Munich，1984），S. Seidel 编，卷 2，《1798 ~ 1805 年之间的通信》，页 213。

❷❸ Fabricius，《学术通史大纲》（*Historie der Gelahrtheit*），第 3 章，页 650。

要公平对待托马修斯的著作，首先必须精确确认他与普芬道夫的思想关系，因为这种关系正是他的全部理论和实践倡议的最终源头。第二个前提是，要寻找托马修斯的法学与其"实践哲学"之间的联系，或者换言之，他对普芬道夫的阅读与折中主义之间的联系。这些就是本章的两个关注重点。

4.2 托马修斯对普芬道夫的解释

幸运的是，我们可以拥有托马修斯对自己思想发展及其与普芬道夫之间关系的相当详细的说明，这些都包含在他用作自己首部著作《神圣法学教程》序言的"准备论文"（Dissertatio Prooemialis）之中。❶ 这部著作写于 1687 年，托马修斯的莱比锡时期的末段，托马修斯打算既用它作为对普芬道夫的一般自然法理论针对其批判者的辩护，也作为对普芬道夫关于神圣实在法与自然法之间区分的澄清。"准备论文"以及一份哈勒时期的讲稿（这份讲稿在后来的版本中一起再版）解释了托马修斯作为一名学生是怎样逐渐熟悉普芬道夫著作的，这种经历如何对于他的思想的发展极为重要，以及他为何觉得必须以自己的首部重要著作发掘它的深远含义。《神圣法学教程》是对普芬道夫《自然法与万民法》出版之后所引发的争论的最终的也是最具分量的贡献，但它们只是托马修斯试图提供一个以人的理性为中心的系统伦理学的若干尝试的开端。

---

❶ 这里援引的版本是 C. Thomasius, *Institutiones Jurisprudentiae Divinae*, *in quibus Fundamenta Juris Naturalis secundum Hypotheses Illustris Puffendorffii perspicue demonstrantur*, *& ab objectionibus dissentientium*, *potissimum D. Valentini Alberti*, *Professoris Lipsius*, *liberantur*, *fundamenta itidem Juris Divini positivi universalis primum a Jure Naturali distincte secernuntur explicantur* (Halle, 1717, 6th)。

　　托马修斯写到，在通过他父亲的讲座获得了一个关于格劳修斯的早期入门知识之后，他首先阅读了普芬道夫的《自然法与万民法》，[114] 那时他只是莱比锡的一名本科生。他的反应部分是敌意的，尤其是对于普芬道夫在神法与自然法相对地位上的观点。❶ 回顾这段时期，他认为他这种最初反应的根源在于他所受的教育，这种教育不赞同对神学问题和哲学问题的任何分离讨论，这样就使得与哲学传统的一致成为一种宗教信仰问题。尽管他自己不能反击普芬道夫对传统自然法理论的批判，但他在这段时期却宁愿对一般接受的意见保持忠诚：

　　　　因为，由于我不知道如何区分神学问题和哲学问题……我就认为凡是胆敢怀疑这些事项真理的人都应受永罚；尽管怎样解决普芬道夫的反对意见这尚不清楚，而且学者们的答复也并非完全充分，如果有机会我一定会与这些学者商榷，然而这么多受人尊重的人的权威已经赢得了有利地位，因此，我自责自己的愚钝，而不是怀疑一般接受的智慧的缺陷。❷

　　这种调和传统意见与较为现代的解释的愿望持续了许多年。这是显而易见的，例如在《法哲学》（*Philosophia Juris*）这篇 1682 年的早期论文之中，托马修斯试图弥合普芬道夫与其莱比锡的杰出对手瓦伦丁·阿尔贝蒂之间的裂缝，他的方法就是假定社会生活的首个形式是存在于伊甸园中的上帝与亚当之间的联合时期（*coaeva societas*）：如果亚当已经承认服从上帝特定命令的义务，那么上帝和人之间的社会关系就潜藏于创世的时刻之中。❸ 这种理论

❶❷　请参见 Thomasius，《神圣法学教程》，"准备论文"（Dissertatio Prooemialis），第 6 段，页 4。

❸　参 C. Thomasius，"法哲学"（1682），载《法学论集》（*Dissertationes Juridicae*，Leipzig and Halle，1695），页 172。

149

使得托马修斯保留了阿尔贝蒂的一种原初纯洁状态的概念，它以一种弱化的堕落状态之后的形式持续作为后来一切自然法的基础。由此他就避免了涉及任何前社会的、霍布斯式的自然状态，据此人的社会性被说成是历史的和完全人为的逃避。然而，这种新构想对传统主义者让步太多，因为它建立在没有任何跨文化适用性的宗教前提之上，无法从中产生出任何关于自然法起源的一般解释。

在随后的岁月中，当托马修斯作为莱比锡的律师进行讲演和实践时，他开始了对普芬道夫法学的详细研究，以便确定神学和[115] 法学的边界问题。❶ 这种研究的结果在他 1685 年的论文"论重婚罪"（De Crimine Bigamiae）中早已浮现出来。他在那里试图确认重婚是否既可以在神圣实在法上也可以在自然法上被宣布为一种犯罪。托马修斯辩称，虽然圣经经文清晰地禁止人们娶一个以上的妻子，但这在自然法上仍然不是犯罪，因为人的社会性和繁衍并没有受到妨害：

> 但是，我们判断，一个人的重婚在先天上并不违反自然法，因为它并没有破坏人的社会性，而且它也没有直接与婚姻结合的目标相冲突；它在后天上也不是错误的，因为上帝在《旧约》中许可犹太民族一夫多妻，而且实际上也是对先祖们的安排。❷

对于托马修斯而言，人性是问题得以评价的足以胜任的法庭，因为人既拥有理性自主性，也拥有作为运用那一理性能力的标志的天生社会性："但是人性同时既是理性的也是社会的，而且自从堕落之后一直如此，因为我无法设想没有社会和社会性的

---

❶ 参 Thomasius，"准备论文"，第 15 段，页 11。

❷ C. Thomasius，"论重婚罪"（De Crimine Bigamiae, 1685），载《法学论集》，页 483。

人的理性"。❶ 因此，这是一个分离神圣实在法与自然法内容的清楚例证，自然法严密地推导自人的能力和需要，而没有神的介入。

这个例子是托马修斯如何在《教程》中详细描述神法和自然法的独特渊源和功能的第一点暗示，但是有必要强调，他在这个阶段仅仅把自己视为针对敌对学术群体的普芬道夫的阐释者而已。他在这篇论文中的论点实际上只是普芬道夫自己在《自然法与万民法》第六书第一章所表达的那些意见的一种推断。❷ 这不仅可以从文本的对比中清楚地发现，而且也可以从普芬道夫 1686 年 6 月致托马修斯的首封幸存下来的信件中明显地看出，在那封信件中普芬道夫在回应对《论重婚罪》的评论请求时证实，它以较为明白的术语体现了他自己的观点，即人性的理性规范足以得出这个问题在自然法上的解决方法。❸

[116]《教程》从托马修斯在莱比锡的讲稿中脱颖而出。在他父亲于 1684 年辞世之后，他的学术自由彻底清除了任何残留的限制，于是他开始讲授格劳修斯《论战争与和平法》和普芬道夫《论人和公民的义务》等课程，试图从中提炼出这二位前辈在神法和自然法界限上的教义。❹ 这些课程很受学生欢迎，因此当被请求重新讲述这些课程时，他乘机就把这些材料扩展为了一本著作。然而，这本著作的结构仍然受惠于其来源材料：第一

---

❶ C. Thomasius，"论重婚罪"（De Crimine Bigamiae，1685），载《法学论集》，页 483。

❷ Pufendorf，《自然法与万民法》，Barbeyrac 编，第 6 书，第 1 章，"关于婚姻"（Of Matrimony），第 17 段和第 18 段，页 574－575。

❸ 请参见 Pufendorf，"普芬道夫的书信"，K. Varrentrapp 编，"普芬道夫致托马修斯"（1686 年 6 月 9 日），页 18（同样见之于《普芬道夫通信集》，页 154）。对于不同的观点，认为托马修斯在其职业生涯的这个阶段具有较大的原创性，请参见 Schneiders，《自然法与爱的伦理》（Naturrecht und Liebesethik），页 112。

❹ 关于他父亲辞世对他的影响，参见 H. Luden，《经历命运之后的克里斯琴·托马修斯及其作品》（Christian Thomasius nach seinen Schicksalen und Schriften dargestellt，Berlin，1805），页 14－15。关于他的教义在莱比锡的发展，参 Thomasius，《准备论文》，第 17～20 段，页 13－16。

书致力于定义神圣法学和自然法学的抽象问题，而第二书和第三书则试图具体说明人在自然法上的义务，既包括人在一般社会中相互之间应负的义务，也包括个体之间在具体的契约关系中的义务，例如婚姻，以及个人的群体，例如国际条约。后两书在很大程度上，托马修斯自己也承认，仅仅是普芬道夫在《论人和公民的义务》中所表达的观点的概括。但是，在 1687 年率先出版的第一书中，托马修斯在从普芬道夫对理论问题的讨论中进行推断，在展现普芬道夫的自然法解释的创新特征上另辟蹊径。

对于托马修斯来说，是 lex 而不是 ius 才是法学的首要关怀："因此，法学就其最为广泛的含义而言不过是关于法律（leges）的知识"。❶ 而且，lex 的权威存在于一位上级的命令之中："lex 是一位上级的命令，他限制其臣民按照这种命令安排他们自身的行为"。❷ 由于上帝是所有人的上级，那么一切法律的源头就都在上帝的意志之中：

> 但是，人法（*jus hominis*）最终源于上帝的意志，而且一般来说源于一位上级的意志，就其容纳自由而言，它产生权利（jus），就其规定限制而言，称之为法律（lex），它是义务的源头。❸

然而，托马修斯接着争论说，我们无法充分认识上帝的本质，这就无法为人对自身以及他人的义务给出一种解释。神圣实在法为人提供了一种他对上帝的义务的充分解释，但仅此而已。在圣经中，上帝或许会使用人类法学所熟知的实在术语，但这些做法［117］只是为了我们理解的轻松才被采用。实际上，这

---

❶ Thomasius，《教程》，第 1 章，"论普遍法学"（De Jurisprudentia in genere），第 156 段，页 44。

❷ 同上注，第 28 段，页 9。

❸ 同上注，第 85 节，页 28。

种术语类似于一种"被人所不恰当地"（humanly and unsuitably）使用的法律拟制。❶ 我们可以说上帝是法律的创造者，他通过其神圣意志创造法律；但是，事实上我们不知道神圣法学的源头是上帝的善良、上帝的理性，还是上帝的意志。从这种不充分的知识去假定神圣法学类似于人的理性活动，这无论如何都是轻率的。因为虽然人的理性是一个我们直接认识的熟悉事实，但我们关于神圣心思的知识只允许我们至多假定这二者之间的简单类比，因为它们是在不同的领域之内活动的。❷ 上帝法律的真实基础仍然遮蔽在黑暗之中，我们只能察觉它的那些实在部分，那是上帝自身在《圣经》之中使我们获得以治理我们的行为从而趋向他的部分。

如果我们没有充分地认识神圣法学的实践，发现它与自然法之间简单类比之上的东西，那么我们就必须转向其他确定自然法内容的手段。托马修斯认为这可以通过在自然法和神法的认识论原理之间进行对比加以实现："因此，自然法与神圣实在法相互区别，这最初是由于它们得以认识的过程不同：在自然法中是正确理性，而在神圣实在法中却是神圣启示"。❸ 对这种认识差别的承认可以立刻解决神学和法学起始范围的问题：

> 但是，为了不把修枝刀伸向尊贵的神学领域，法学的定义加上了一个额外的限制，即它应当至少与处理人在此世安全的法律相关。❹

这只不过是因为以下事实：神圣实在法已经得到了明白无误

---

❶ Thomasius，《教程》，第 4 章，"论具体神法的解释，这是自然法或自然法的实在法的首要原则"（De Interpretatione Legum Divinarum in specie, hoc est, de primis principiis Juris Naturalis & positivi naturalis），第 26 段，页 128。

❷ 同上注，第 28 段，页 129；第 3 章，"论一般神法的解释，或者论实践原则"（De Interpretatione legum divinarum in genere, & de principiis practicis），第 64 段，页 112。

❸ 同上注，第 2 章，"论神圣法学"（De Jurisprudentia Divina），第 64 段，页 72。

❹ Thomasius，《教程》，第 1 章，第 163 段，页 46。

的颁布和传播，从与自然法的对比研究中自动界定和分离了对它的研究。❶ 重婚的圣经教义是这种操作差别的一个清楚例证：禁律［118］已经清楚启示出来，而且是绝对的，但却无法从人的理性本质之中推导出来，与人的理性本质没有任何联系。

托马修斯为人的理性与社会性之间的相互依赖进行辩护，这是他拒绝把神圣的唯意志论作为自然法的基础的第二个理由。对于托马修斯而言，人的理性本质可以定义为"一种推理的自然能力，或者从真实的首要原则推导出真实结论的自然能力"。❷ 这种才能是正确理性（recta ratio），这时理性的正确运用会导致一个以功利主义的方式有益于人类的行为：

> 但是，只要对准予人类去做的行为的疏忽会产生人类毁灭的不可避免的结果，我就称之为行为与理性的一种必然一致，只要同样的毁灭紧随着行为的实施，我就称之为行为的前后矛盾。❸

据此可以得出自然法的首要命令是遵从正确理性的肯定和否定指示："去做那些必然与人之理性本质一致的事情，抑制那些与之相冲突的事情"。❹

每个人都能够承认的既是理性的又是必然的东西因此就自动成了一条自然法原则；这一点距离人的社会性是自然法的基础这一结论只有一小步。不仅所有人都承认它的实践必要性，而且社会性在任何情况下都是人的理性的一个不可分离的组成部分，这

---

❶ Thomasius，《教程》，第 2 章，第 121 段，页 88。然而，发展这一学说的实际困难很快就在 Thomasius 与 H. G. Masius 的论辩性交流中显示出来。请参见第 107～109 页对这一争议的总结，以及 Grunert 在那里援引的文章。

❷ Thomasius，"论神圣法学"，第 66 段，页 73。

❸ 同上注，第 2 章，第 73 段，页 76。

❹ Thomasius，《教程》，第 4 章，第 7 段，页 122。

只需要我们接受普芬道夫的解释，他把思想解释为内部言语的一个过程，断定存在一位听众作为我们交谈的预期接受者。人的理性本身建立于对关系和社会交流的期待之上。如果上帝希望人避开社会性，那么他将不得不使人成为一种非理性的存在物，这就会出现上帝自身本质的一种不可能的矛盾。❶

　　这事实上就是托马修斯通向其自然法理论的路径，这一点可以从他自己的文本中获得证明，而且在他的通信之中也存在充分的证据证明普芬道夫就是源头。首先应当注意在托马修斯的下述阐述之中二人的类似之处：人的思想如何通过把词语赋加于感觉材料之上从而为社会交流提供习惯做法。而且，这种解释用于同样的目的，都是作为一种手段反驳以下理论［119］：存在某些上帝先天地就置于心灵之中的观念。因此，下面这一长段非常重要，值得全文列出：

　　　　人的理性由思想构成。思考是一件连接词与词、命题与命题的事，这然后被称为推理。但是，除非通过词语我们就无法进行推理，这些或者保持在心里，或者说出来，因此一个逻各斯或者是内在的或者是外在的。然而，词语……根源于生活于同一社会之中的人的赋加。再者，无论笛卡尔的信徒说什么，婴儿都并非从一出生就具有思考能力，而是只有思想的潜能。但是，这种潜能离开了与他人的互动就几乎无法在实践中实现……现在总结如下：没有交谈就没有理性，交谈在社会之外无法进行；因此理性不存在于社会之外。或者，如果我们说那种在运用理性之前就存在于人内的潜能不过是一种与人说理的倾向，我们会被误解吗？当然，任何潜能都旨在实现，都趋向一个目标。因此，当我们说人是理性的，这就等同于说他是社会的。社会性（*socialitas*）实际上

---

❶　Thomasius，《教程》，第66段，页141。

是一种一般趋势，由上帝授予整个人类，据此人希望与其他人的共同生活和平而又蒙福。但是为何要和平？因为在一个动荡不安的条件下我们无法推理。这种和平的生活一旦实现就称之为社会。它的反面，正如逍遥学派（Peripatetics）所言，就是无政府状态。❶

对于托马修斯而言，普芬道夫也是如此，自然法的真正基础存在于去做那些促进社会性和抑制那些阻碍其发展的事情的命令之中;❷ 而且，在托马修斯的结论背后存在一个关于理性和社会性的主体间性的描述，它非常接近前面所勾勒的普芬道夫的观点。

这种解释可以根据幸存的通信和托马修斯自己的声明加以证实，这二者都表明他们在《教程》的创作过程中有着一种紧密的合作关系，这样可以确保把普芬道夫在这个关键问题上的观点正确地传递下来。在一封写于《教程》出版之后的信中，普芬道夫打消了托马修斯的顾虑，说他不同意的那些段落与托马修斯对社会性的成功解释相比微不足道，而这正是普芬道夫自己原来极为谨慎地表达的地方：

> 我承认，恰恰相反，一些段落让我非常高兴，特别是（我的令人敬仰的先生）已经非常清晰地证明了 [120] 关于社会的基本命题，并且从它们那里极为恰当地推出了所有内容。在他不同意的许多地方，他都撼动了我自己的意见，然而这是我没有足够的胆量出版的东西，因此是公共意见无法获得的。❸

---

❶ Thomasius,《教程》，第4章，第52~56段，页137－139（省略了某些句子）。

❷ 请参见同上注，第64段，页140。

❸ S. Pufendorf,《萨缪尔·普芬道夫致克里斯琴·托马修斯的通信（1687~1693）》（Briefe Samuel Pufendorfs an Christian Thomasius (1687~1693)），Munich and Leipzig, 1897），E. Gigas 编，"普芬道夫致托马修斯"（1688年3月14日）（同样见之于《普芬道夫通信集》，页184）。

而且，在后来的著作中，托马修斯颇为骄傲地提到了他支持普芬道夫的社会性理论以反对后者对手的成功之处，"通过清晰而又明确的定义和原理"。❶

事实上，我们可以从这一点更进一步，接着证明正是普芬道夫在这个领域中的论点实际上致使托马修斯完全转向了他的导师对自然法的一般阅读。托马修斯在《准备论文》中已经解释了正是普芬道夫的《辩护与裁量》（*Apologia de se et suo libro*）（1674）的出版消除了他对后者自然法理论的疑虑：

> 但是，我的观点被证明是错的，因为普芬道夫的《辩护》很快就传到了我的手上；当我仔细阅读它之后，我感到自己的武器不足以抵抗它的攻击。几乎与此同时我开始拨开云雾了，此前它们一直遮蔽着我的内心。❷

特别是，作者拒绝天生的观念，其中包括自然法原则，是由上帝植入人的心灵之中的学说，这给托马修斯留下了深刻的印象。他在这个问题上一直受到贝克曼和施瓦兹在他们的《创新要览》（*Index Novitatum*）中的观点的影响。《辩护》中的论证使他信服了普芬道夫的真正意思：

> 但是，那位著名的作家（即普芬道夫）在回应中通过《辩护》的第46页以及其他对应的圣经引文的恰当论证，完全令人满意地证明了"刻在人心上"意味着某种极不同于一种天生条件的东西。❸

---

❶ C. Thomasius，"这个时代对上个时代的自由"（Von der Freyheit der jetztigen Zeiten gegen die vorigen，1691），载于 *KleineTeutsche Schriften*，Halle，1701，页403。

❷ Thomasius，"准备论文"，第10段，页7。

❸ 同上注，第46段，页46。

在阅读了这本小册子之后，托马修斯就明白了，有充分的理由支持自然法与道德神学的一种截然分离，而且，把自然法视为在根本上以人为中心这完全合理：

> 直到那时我一直认为一切由神学家作为一般观念加以辩护的事项都是神学的，一个正直的人应当［121］尽心竭力地使任何人都不要听从异端或者改革者（那时我认为这二者是同义的）。但是，对神学和哲学之间差别的深入思考，以及对政治学和公法著作的认真阅读，已经教会了我，许多不是神学的就是与道德哲学或法学相关的主题实际上通常都被认为是神学的……但是，我看到普芬道夫向他的对手解释这些相同的意见，而且看到这些人在那些错误的假定上寄予了巨大的胜利希望。❶

4.3 托马修斯与折中主义

托马修斯在形成自己的自然法理论时，极为引人注目地反叛了学院哲学的传统形式和内容，并且拥护折中主义。❷ 这个过程与他 1690 年与莱比锡大学分道扬镳随后就任哈勒的哲学高级教

---

❶ Thomasius，"准备论文"，第 10 段，页 7。

❷ 对于托马修斯在折中主义上的立场最好的分析仍然出自 Dreitzel，"'折中主义哲学'的发展及其特征"，页 281－343。J. J. Brucker 在其著名的《哲学批判的历史》（1744）中明显高估了折中主义对欧洲早期现代哲学的总体影响；但是，折中主义作为托马修斯及其学派攻击迂腐学问并且证成对学科历史的自由选择和自由思考的一件武器，其重要性是毋庸置疑的。正如我们在本书第 1 章所见的，在普芬道夫和托马修斯之前折中主义已经在德国具有了一定的地位，因为它与经验科学具有同等身份。指出这一点具有重要意义（请参见第 1 章页 28－37，以及页 30 注释①所引文本）。

席同时发生。这种职业上的突然停顿（*caesura*）或许很容易被用作区分托马修斯哈勒时期的教育改革和折中主义著作与他在莱比锡的自然法研究的便利的分界线，而事实上他的"实践哲学"的起源可以在 1690 年之前完成的著作中发现。托马修斯对折中主义的哲学忠诚源自他对道德认识论的个案研究，而不是来自任何独立的方法论探查。因为他对这一主题的首次讨论就存在于他对普芬道夫的自然法理论的解释语境之中，而且他一直认为这一理论是折中主义方法进入操作层面的最佳例证。相似地，他日渐增长的反亚里士多德主义主要源自他对现代伦理学的研究，这个事实在《教程》中被掩盖了，因为它排除了对他的前任老师、后来的莱比锡的同事瓦伦丁·阿尔贝蒂的论辩性参考。然而，从托马修斯随后在哈勒所做的讲座中可以明显看出，阿尔贝蒂反对普芬道夫的理由成了托马修斯的主要标靶，[122] 结果托马修斯除了想要呈现普芬道夫观点的全部含义和效力之外，还打算更为实际地推翻阿尔贝蒂的方法所支持和巩固的哲学和神学的教育学综合。❶ 他的早期和成熟著作之间的这种连续性有待下面进行

---

❶　在他的 1691 年的讲座中，"一个根据《神圣法学教程》的私人课程"（Ein Collegium Privatum über seine Institutiones Jurisprudentiae Divinae），他详细地解释了阿尔贝蒂的《基督教哲学》与《教程》论点的对立之处。他具有讽刺意味地第承认阿尔贝蒂一直都是他的标靶，现在他不在同一座城市教书了，所以无需继续保持沉默：请参见 C. Thomasius，"私人课程"，载《教程》（在"准备论文"中所标页数为 80）。他也坚持认为这并不足以导致普芬道夫的自然法教义取代阿尔贝蒂的；相反，如果要解决普芬道夫的伦理学所提出的新问题，对于哲学而言就需要一个全新的研究大纲。如果现在的基本问题是人在实际政治和现实条件下应当如何定义善的生活，那么作为《基督教哲学》基础的学术结构就应当自行消失以支持他自己在《实践哲学》中所说的课程：同前，页 75。

他一到哈勒就把这项任务作为了首要选择，积极开展起来：请参见 Paulsen，《从中世纪晚期到现代的德国中学和大学的课程史》（*Geschichte des gelehrten Unterrichts an den deutschen Schulen und Universitäten vom Ausgang des Mittelalters bis zur Gegenwart*，Leipzig，1921），卷 1，页 524–564；以及 A. Rausch，"克里斯琴·托马修斯对德国精神生活和德国成就的意义"（Christian Thomasius' Bedeutung für deutshces Geistesleben und deutsche Erziehung），载 M. Fleischmann，《克里斯琴·托马修斯：人生与人生作品》（*Christian Thomasius. Leben und Lebenswerk*，Halle，1931），页 249–281。

详细的研究。

我们已经指出，托马修斯首次提到折中主义是在他创作《教程》期间写给普芬道夫的一封信中，当时他问后者是否也同意折中主义的方法。遗憾的是我们只有普芬道夫 1688 年写的回复，因此无法确切断定托马修斯自身信守的程度。但是，他的实践无疑与普芬道夫在新学科的建立中为折中主义所保留的具体位置一致：

> （您）偏爱哲学中折中一派甚于其他，我恰好也处于这一派别之中。孤立地看，它并非最佳，除非在知识尚未从原则之中严格推导出来的领域。一旦实现了这一点，那么它就再也没有进一步的作用了，例如在几何学中，而且如果道德和自然哲学成了真正的知识，那么折中主义哲学本身也就终止了。❶

折中主义几乎没有在《教程》中发挥作用，除了在托马修斯对斯特姆的著作表达钦佩的地方，后者的论文最近已经在"折中主义哲学"的标题之下出版了。❷ 折中主义在托马修斯后面的两部著作中变得越来越重要，《宫廷哲学导论》试图为未来的廷臣 [123] 和政府大臣勾勒一份恰当的大学逻辑和伦理学课程，《理性理论引论》（*Einleitung zu der Vernunft – Lehre*）则是一部逻辑学教科书，其中托马修斯的认识论得到了全面的阐述。这两部著作都写于莱比锡，都特别打算延续《教程》中所开创的工

---

❶ Pufendorf，"普芬道夫的通信"，页 31，"普芬道夫致托马修斯"（1688 年 6 月 19 日）（同样见之于《普芬道夫通信集》，页 194）。对于相关的讨论，请参见本书第二章，页 78－79。

❷ 在这一语境中，斯特姆的著作被用作一个例证，以驳斥那些以不正当的改革为由攻击普芬道夫和他自己的人：请参见 Thomasius，"准备论文"，第 33 段，页 30。

作。❶ 1691 年，托马修斯推荐他的学生购买这三本著作，倘若他们想要全面地理解他拒绝阿尔贝蒂认识论的本质，以及他已经形成的与之相反的人类知识来源的独特解释的话。❷

《导论》和《引论》把博学（Gelahrtheit），或者说实学（practical learning），作为它们的主题，与博学相对的是学院的哲学研究。❸ 前者处于每个人都能控制的范围之内，因为我们每个人都具有一种获得知识的共同方法，那就是把意义强加于感觉材料之上，以及通过言语实现这些习惯意义的交流。❹ 但是，由于人们在实践中无法区分认识论原理与科学对象（objecta scientiae），从而使得他们获得知识的方法变得模糊不清了。没有看到《圣经》这样的智慧本源可以合理地用作提供两种不同的启示形式，即历史的和神秘的，这种失败已经导致了在把认识论原理适用于每种情形时缺乏一种自觉的识别力。❺

阿尔贝蒂尤其在这个方面走上了歧途，他把亚里士多德的至善（summum bonum）概念保留在了自己的基督教哲学之中：因为任何自觉的基督教哲学都无法在一切世俗的完美可能性丧失之后还能那样断言这种绝对者。❻ 如果要发现关于人与上帝和世界的关系的任何真理，那么一个必要前提即是对所涉逻辑的一种理解。这种意义上的逻辑真理由对适合于认识对象的认识论原理的一种清晰认识构成。这种对称的实现实际上界定了逻辑主题本身的正确功能，这正是这些书所专注的问题："因此，逻辑真理是

---

❶　请参见 C. Thomasius，《理性理论引论》（Halle，1699，第 2 版），"前言"，页 1（未标页码，原因在于这些著作的完成日期）。

❷　参 Thomasius，"私人课程"，载《教程》，页 84。

❸　F. M. Barnard 的论文有助于解释这种区别，"克里斯琴·托马修斯的'实践哲学'（The "Practical Philosophy" of Christian Thomasius），载 Journal of the History of Ideas，32，1971，页 224。

❹　参 Thomasius，《宫廷哲学导论》，页 80。

❺　同上注，页 61。

❻　同上注，页 63。

我们的思想与心灵之外的那种思想对象之间的对称或和谐"。❶

[124] 这种认识只有在人们意识到他们被赋予了两种互不相同而又相互独立的自然之光作为世俗和神圣智慧的认识论原理的情况下才能实现：通过源自日常生活的恰当实例遵循这些通向智慧的平行道路，这种能力更能令人信服地显示对真正博学的拥有。关键要点在于，理解上帝已经赋予了人两种不同的技术，或者说"光"，通过它们可以区分一个问题的正确方法。❷ 这两种光分别是人的理性和神的启示：一个可以使人获得指导其世俗生活之内的行为的充分真理，❸另一个可以赋予人超自然的洞见，在他堕落的条件所允许的范围内，这种洞见指向达至永生所必需的关于上帝的知识。❹ 因此，我们可以看到，托马修斯逻辑认识论的基础在于对从普芬道夫推论而来的神法和自然法各自来源的解释。

正是在这一点上托马修斯背离了他的任务，即把普芬道夫的论点延伸至其隐含但却从未完全言明的结论上，相反却引入了他自己的一种原创性的分析。他坚持认为，仅仅把世俗和宗教智慧借以实现的方法分离开来还是不充分的；此外，对于知性（Verstand）和觉悟（Offenbarung）在其恰当的主题上的运用而言，必须要认识到所有形式的知识都有一个历史，不管它的来源是什么，而且实际上，除非把知识自身视为一种历史的发展，否则任何对知识的解释都将无法完成：

> 再者，由于人间智慧（Welt – Weisheit）的职责涉及关于造物的论证，不容置疑的是，它不仅广及时事，而且在相当大的程度上还延伸到过去或遥远的事件，对于这些事件除非

---

❶ Thomasius，《宫廷哲学导论》，页104。

❷❸ 参 Thomasius，《理性理论导论》，页5。

❹ 同上注，页5–6。

至少预定某种历史关系，否则就无法假设一种理性形式。❶

　　但是，正如适用于世俗和神圣事务的认识论原理并不相同，因此历史的运用在各自领域也不相同。在道德神学的研究中，历史和逻辑完全屈从于神圣启示；例如在圣经中，神圣意志已经清晰地彰显出来，没有求教人类经验的余地。但是，在实践哲学领域，人类理性的历史在哲学中得以表现，［125］被赋予了一种与神圣实在法的记载同等重要的分量；人类试图解决其伦理困境的历史被提升到一种突出的位置，尽管那种遗传给当前争论的意义通过当代理解的运用被重新确定，但是对人类理性进步史的研究仍然是任何进一步的哲学尝试所必须迈出的第一步。❷

　　一个人要成为世间的智慧者（托马修斯将此宣布为他的教育目标），就必须把一种历史的知识与一种源于自觉（self‐knowl-edge）的哲学研究结合起来。❸ 因此，对于任何想要获得真正博学的人来说，都必须明白折中主义的哲学，这是一种同时建立于个人理性的当下运用和理性对其自身历史的审查基础之上的哲学。这种双重性就成了托马修斯为折中主义提供基本定义的核心要素：

　　　　我把折中主义哲学定义为，对任何一种意见或者任何一位导师通过话语郑重宣布的内容的独立性的一种坚守。这是一个从任何有学识的人的话语和著作中进行收集储存的问题，只要认识到真和善不是导师的声名所致，而是论证的分量使然，而且甚至可以接着添加个人自己的知识，由此借助自己的眼光而不是其他人的眼光加以审视。❹

---

❶❷　Thomasius，《理性理论导论》，页 7。
❸　同上注，"前言"，页 3（未标页码）。
❹　Thomasius，《宫廷哲学导论》，页 42。

因此，极具重要意义的是，托马修斯以一个纲领性的哲学史《论哲学家的流派》（*De Philosophorum Sectis*）作为了导论的开端，他在其中以一种传统的方式勾勒了哲学流派的历史，但却带着证明折中主义胜于经院主义的论辩目标。古代和文艺复兴之后的哲学家名单仍然在学派之中成对列出，互成镜像，各处于学识复兴的一边；但仍然存在一个新出现的类型。首先，现代哲学不再那么多地被视为一种持有不同学说的流派之间的冲突，而毋宁是一种方法论差异的问题。他根据怀疑论者、折中主义者、调和论者以及纯粹的哲学敌人这样的态度表现加以分类。❶ 但是，在这些超越了宗派主义的群体之中，只有折中主义值得尊敬：只有一位哲学家的追随者与他们的先驱和导师［126］保持某种思想上的距离，才能使相关主题得到进一步的发展；把一艘船或一座楼不断地置于脚手架之下总好过让它破败不堪而又无所改变。❷

但是，托马修斯所想到的折中主义胜于狭隘的宗派主义的主要实例或许植根于他与普芬道夫的思想关系之中，正是在普芬道夫的支持之下他才被允许脱离自己导师的学说。在1693年的一篇献呈的序言之中，托马修斯在回顾这一段经历时记录了普芬道夫自己对哲学史的一种思考，它厘清了他如何从其导师那里汲取了他关于折中主义和宗派主义之间历史关系的解释：

> 同时，我要颂扬您所具有的德性中的一种：当我在《神圣法学教程》中在几个结论上不同意您的看法时，这种自恃并没有减弱您对我的爱护；相反，此后我一直感受着您最受人尊敬的友谊的明证。您已经向我揭示了您对古代哲学家通病的免疫，他们一度是非常著名的哲学家（其中包括毕达哥

---

❶ Thomasius，《宫廷哲学导论》，页41。

❷ 对于这种映像，请参见《宫廷哲学导论》，页45。

拉斯、柏拉图、芝诺、伊壁鸠鲁、亚里士多德等人），他们不能传递他们自己用于门生身上的那种独立自主。而在折中主义哲学的力争之后，他们很快就再次把它转变成了宗派主义。❶

《论哲学家的流派》为读者所提供的哲学史显然是计划用作大学教科书的。这从内在的证据可以明显地看出来，例如缺少学术性的工具，对拉丁语简练的、警句式的使用，以及对每个学派特有的哲学学说的总结。但是，它在托马修斯早期的著作中赢得了额外的重要性，只要我们认识到，一门关于哲学史的课程以及一门关于逻辑的课程就提供了一种导论，它引导的正是托马修斯自己在哈勒构建起来的新课程大纲中的哲学的基本部分（意指伦理学、政治学和经济学）。在《宫廷哲学导论》的一开始，他就证明了伦理学和政治学对形而上学的优先性，根据在于，这些学科比德国大学传统上所教授的亚里士多德主义形而上学对未来的统治者和公务员具有大得多的即时用途：在生活的艺术中，甚至在法庭上，更为重要的是要拥有一种合理的知识理论［127］，以及一些从那种理论之中产生道德规范的实践。❷

对于哲学折中主义改革的优先事项应当置于何处的问题，托马修斯在作出上述评价时正在把自己的个人经验树立为原则。因为正是在这些领域之中，他和普芬道夫明确地反对大学中的新经院主义，只有通过吸收宫廷赞助为己所用，然后再接受一种塑造未来廷臣的教育任务才能打败它。然而，他具有一种自然的趋势，把自己的努力重新描述和重新安置为一种更大的思想现象的组成部分，这就发生在这些局部的分歧被以历史的术语改写为另

---

❶　J. Thomasius，《论文六十三》（Dissertationes *LXIII*），C. Thomasius 编，克里斯琴·托马修斯所作的致普芬道夫的献辞，页 3 - 4（未标页码）。

❷　参 Thomasius，《宫廷哲学导论》，"序言"，页 3。

一种更有活力的方法以取代一种已经陈腐的传统之前不久。❶ 这种趋势在《论哲学家的流派》讨论文艺复兴之后的哲学的部分中已经表现得十分明显了，托马修斯在那里竭力强调格劳修斯、霍布斯和普芬道夫在伦理学中已经带来的显著进步，以及这个领域仍然是哲学最为肥沃的领地的可能性。道德哲学实际上是由格劳修斯和普芬道夫的自然法传统与各种垂死形式的亚里士多德主义之间对正统性的角逐加以定义的。❷

托马修斯确信，对于控制大学教育正统性的这种争斗，其成功的解决方法只有通过他在《教程》中所尝试的那种自然法与道德神学的严格分离才能赢得。只有借助这种清晰的划界，格劳修斯和普芬道夫的伦理体系才能从一种经院主义的残存内容中解脱出来。❸ 对于怎样把这种课程大纲整合到一起，托马修斯在莱比锡时期就已经给出了清晰的指示。他在 1687 年的德语讲座上已经推荐了由西班牙耶稣会士巴尔塔萨·葛拉西安（Balthasar Gracian）撰写并用作学生教科书的关于世俗审慎的手册。而且，他也同样坚持认为所有人文学科的学生都应当受到逻辑学和修辞学方面的基本训练，以作为熟悉某种道德哲学、政治学和经济学的准备工作［128］。他们未来的职业很可能会涉及这些学科的知识。❹

---

❶ "令人同情的"谬误的这种哲学对应物或许是托马修斯作为思想家的最大弱点。正如 Barnard 所正确评述的，"托马修斯在构造推理论证中经常弄错较大的合理性"（Barnard，"实践哲学"，页 222）。这一点被 Dreitzel 进一步地推进，他争论说托马修斯大胆地采纳了折中思想的一些方面，以支持他要求独立运用主观理性（subjektive Vernunft）这一压倒一切的建议（Dreitzel，"发展及其特征"，页 327）。

❷ 参《宫廷哲学导论》，页 39。

❸ 参见：Thomasius，"私人课程"（Collegium Privatum），关于这一点文中有好几处。

❹ C. Thomasius，"法兰西人的仿制品（1687）"（Von Nachahmung der Franzosen），载《德国 18、19 世纪的思想作品》（Deutsche Literaturdenkmale des 18 und 19 Jahrhundert，Stuttgart，1894），卷 51，新版，第 1 版，A. Staur 编，页 22 - 24。这个主题在那里也得了完整的讨论，C. Thomasius，"当今学术的贫困"（Von der Mängeln der heutigen Academien），载《小德文作品》（Kleine Teutsche Schriften），其中有好几处，特别是页 211。

托马修斯很快就在哈勒推行了这个项目，他在那里有效地控制着法学院和哲学系的课程内容。神学实际上从这二者之中删去了，哲学课程现在开始于逻辑学和哲学史的引论，然后才前进到伦理学、政治学和经济学这些所谓的"基础"学科。❶ 法学学位现在也与之相似地开始于哲学史和自然法的引导性讲座，然后步入对罗马法、教会法和德国宪法的细致研究。这里，后者具有一种特殊的分量，它涉及对德国宪政史与法律同等程度的研究，这标志着对公认的学术实践的一种真正脱离，那种学术实践在罗马民法研究之外并不致力于对德国法律的单独思考。托马修斯的课程强调德国习惯法在罗马制度之外的独特发展，然而同时也强调它与以社会性为基础的现代自然法概念的一致性。这种方法迅即为德国法学院所广泛采用。❷

---

❶ 对于这些课程的详情，参见：Paulsen，《从中世纪晚期到现代德国的中学和大学的课程史》，卷1，页529－530。对托马修斯在哈勒著作的一般性研究，参见 W. Schrader，《腓特烈大学的历史之哈勒》（*Geschichte der Friedrichs-Universität zu Halle*，Berlin，1894），卷1，第2章和第5章。

❷ 对于这个问题，请参见 W. Bienert，《以克里斯琴·托马修斯的科学和信念为特征的基督教德国新时代的开端》（*Der Anbruch der christlichen deutschen Neuzeit darge-stellt an Wissenschaft und Glauben de Christian Thomasius*，Halle，1934），页383－385；E. Landsberg，《德国法律科学的历史》（*Geschichte der deutschen Rechtswissenschaft*，Munich and Leipzig，1898）第三部分（1），页79－100。托马修斯的最为重要的晚期著作构成了一个全面的尝试，划定一个不同于《查士丁尼法典》和潘德克顿学派的德国民法和刑法主体，而那些正是传统的法律人称之为德国习惯法的东西。他在这个方向上的首次努力结果是"罗马法民法与德国民法的历史划分"（Delineatio historiae iuris civilis Romani et Germanici），作为 F. Hotman 的《反特里波尼安》（*Antitribonianus*，Halle，1704）的附录得以出版。这由一个关于德国封建法的重要档案集加以补充：《托马修斯封建法选》（*Selecta Feudalia Thomasiana*，Halle，1708）。但是，他在这一方向上的最为实质性的论文是作为一系列关于《教程》和潘德克顿的评论出版的，这些评论旨在证明德国民法的独立发展：《教程和潘德克顿学派评注》（*Notae ad sin-gulos Institutionum et Pandectarum titulos*，Halle，1713）。他的一般立场的特征是，同等地强调对立法的历史接受与传播的研究的重要性，以及它的法条内容：请参见 C. Thomasius，"关于潘德克顿的公开讲座纲要"（Programmata de lectionibus publicis ad Pandectas），载 *Programmata Thomasiana et alia scripta similiora breviora coniunctim edita*（Halle and Leipzig，1724），页136。

在哈勒，把哲学史作为一种导论性课程纳入在内的做法很快就在那些大学之中产生了一批实现这种功能的导论性教科书，例如耶拿，那是托马修斯的著作首先受到推崇并且被竞相模仿的地方。[129] 这种类型的作品的典型代表当属伊弗雷姆·格哈德（Ephraim Gerhard）的《哲学史导论》（*Introductio praeliminaris in historiam philosophicam*）。对于哲学史的功用可以提出许多理由，其中包括，它能够使谈话妙语频出，可以把古代哲学从教父引用之中区分出来，从而更好地理解早期立法材料的来源，最后按照折中主义的观点，它提供了对哲学本身的一种更好的理解。这些不同的功用是各种社会和学术功能的写照，托马修斯相信哲学史有助于它们的实现。❶

4.4　托马修斯自然法理论中的危机及其修复

随着折中主义改革在理论原则和制度现实上的成功，或许有人认为托马修斯的思想发展就此完结了。然而，这种平衡只是暂时的。事实上，托马修斯在 1696 年之后的十年经历了一场持久的思想危机，期间他不仅在折中主义作为一种哲学方法上丧失了信心，而且也对人的理性本身的创造力丧失了信心。这场危机在根本上是由他在 1696 年的认识导致的，他意识到他事实上并没有充分地保护他的伦理体系免于唯意志论的批判，这种指控最为严重地指向普芬道夫，首先是由莱布尼茨提

---

❶　E. Gerhard，《哲学史导论》（*Introductio praeliminaris in philosophicam*，Jena，1705），第 7 页，第 7～14 段，第 20～22 段，第 28 段。托马修斯也在自己的许多后期作品中回到了哲学史，最终在最大的单部法学史中达到了顶峰：《自然法小通史》（1719）。

出的。❶

在《道德理论导论》（1692）中，托马修斯自信地重申了自己的观点：社会本能与理性计算的结合可以产生一种普遍分享的理性生活（*Vernünftige Liebe*），这种生活允许人们超越个人的纯粹自我中心主义的意志，悖论性地通过创造一种共同意志和社会联系实现他的灵魂安宁的个人目标。❷ 然而，在以《道德理论的实践》（*Ausübung der Sitten – Lehre*）（1696）为顶点的诸多著作中，托马修斯却坚持意志［130］具有其恶的本质。这种意志被视为完全是非理性生活（*Unvernünftige Liebe*）的奴隶，或者说非理性的激情，它助长对财富、荣誉或快乐（*Geldgeiz，Ehrgeiz，Wollust*）的自私欲望。人的选择和行动在任何情况下都会导致罪，因此只有神圣恩宠的介入才能把人从其道德无助之中解救出来。显然，这两种解释是极不相容的。在一种理论中理智力足以向人表明内心的平静是如何实现的，而在另一种理论中意志的破坏力却更大，而且能够颠覆知性（*Verstand*）为人提供善的所有最好的努力。❸

在《教程》中，托马修斯并没有受困于他的理性生活概念的潜在的不稳定性，这包含着一个大的假设：个人要想实现自己

---

❶　莱布尼茨是克里斯琴·托马修斯父亲的学生，似乎没有与这位老师的儿子有过正面交锋。他们有所接触的唯一直接证据出现在 A. Heinekamp 所记录的少量信件交流之中，"莱布尼茨与克里斯琴·托马修斯之间的通信"（Der Briefwechsel zwischen Leibniz und Christian Thomasius），载 *Studia Leibnitiana*，11，1979，页 92 – 97。然而，在 1694 年写给罗卡姆的修道院院长的信中，他公开批评托马修斯的理性之爱（Vernünftige Liebe）的概念：请参见 Leibniz，《未发表的作品》（*Textes inédits*），第 2 部分，页 86 – 87。也有必要指出，莱布尼茨被公认为对潜在的对手怀有戒心：例如，巴贝拉克就相信他非常"妒忌那些在学界出类拔萃者"（Meylan，《让·巴贝拉克（1674～1744），页 109）。

❷　参见：C. Thomasius，《道德理论导论》（*Einleitung zu der Sitten-Lehre*，Halle，1692），页 90 – 91。

❸　对于托马修斯作品中的《道德理论的产生》完整讨论可见之于 Bienert 的《基督教德国新时代的开端》，页 291 – 314。

的自私目的就必须理解把他自己的欲望没入一个关于全体善的通常同意的定义之中的不可抗拒的要求。但是，如果人最为强大的冲动是一种无法通过知性加以规制的爱，那么那种冲动就有充分的潜在优势去意欲其自身的目的而置理性的异议于不顾。❶ 因此，托马修斯就得出结论：意志不能被知性压过，意志的活动没有任何有效的内在限制；因为知性并没有能力去辨识意志的好坏倾向的差别。❷ 结果，人类虽然拥有关于好坏的可靠知识，但却不太可能被认为可以可靠地或规律地使用这种知识去规制他们的行为。在承认人类不足的程度时，我们务必要接受上帝的恩宠是自然之光的必要帮助。❸ 果真如此，那么令人悲观的结论必然是，在伦理学领域道德哲学只是把人带回对神学的依赖。❹ 伦理学作为哲学的一个部分只能向人表明人在什么方面区别于动物；正是圣经启示，在圣经启示阙如的地方正是上帝的恩宠，提供了行为的安全向导，不管是社会的，还是个人的。❺

　　把这种伦理悲观主义完全归之于虔敬主义的影响，这失之简单了。当然，托马修斯与杰出的虔敬主义者过往甚密，而且他和普芬道夫都赞同虔敬主义对普通信徒和善功效力的关注。[131]但是，很少有证据表明他对它的神秘主义的兴趣保持了很久。❻

---

　　❶ 参见 C. Thomasius, 'Dissertatio ad Petri Poireti libros de Eruditione solida, super-ficaria et falsa'（1694），载 *Programmata Thomasiana*, p. 314.

　　❷ 参见：C. Thomasius,《道德理论的实践》（Hildesheim, 1968）（1696 年版的重印版），页 540。

　　❸ 同上注，页 532。

　　❹ 同上注，页 520。

　　❺ 同上注，页 520－521。

　　❻ 对于这种神秘的倾向他也写过一部作品：《精神本质探寻》（*Versuch vom Wesen des Geistes*, Halle, 1699）。在虔敬主义者的领袖中，与托马修斯关系最为密切的是弗兰科（A. H. Francke），是他在哈勒的同事，他们共同具有改革德国高等和低等教育课程的实践追求。请参见 Bienert,《基督教德国新时代的开端》（*Der Anbruch der christlichen deutschen Neuzeit*），页 158－182。普芬道夫的虔敬主义誓词见之于 "普芬道夫的通信"，页 222，"普芬道夫致亚当·莱辛伯格"（1692 年 7 月 20 日）（《普芬道夫通信集》，页 344－345）。

在 1696 年之后的年份中，托马修斯确实分享着虔敬主义者的关注，强调世界的腐败和人的全部堕落本性；但是，他从未走得那么远，以致采纳虔敬主义者对有罪的世俗世界的拒绝，或者采纳他们的禁欲主义，追求和延伸对神圣心思的洞悉，直到排除对日常政治和社会存在状况的思考和参与。他的不满完全伦理的，根源于他对人过一种德性生活的自然能力的充分性的质疑。❶

这段危机时期结束的标志首先呈现为 1700 年的一篇论文，题目是"人性、意志自由与惩罚的施加"（*Natura hominis，libertas voluntatis，imputatio in poenam*）。这篇文章的论证完全是霍布斯式的，它坚持意志可以被迫既服从理性的命令，也服从政治规范，但却仅仅通过对惩罚的恐惧："似乎人类的一切自由意志最终都可以还原为基于恐惧的自由和判断，仅此是全部罪责的基础"。❷ 意志能够识别较大的罪恶和较小的罪恶，而且在任何情况下意志都把惩罚的威胁视为充分的条件，以阻止最后表现为相应行为的欲望对理性的任何内在的心理优势。❸

这种审慎的学说构成了托马修斯在《自然法与万民法的基础》（*Fundamenta Juris Naturae et Gentium*）（1705）中所给出的自然法理论的修正解释的基础。在这部著作中，托马修斯放弃了构建自然法形而上学解释的任何尝试，而且屈从于这种观点：一切自然法必须只能从人类心理中推导出来。社会性的地位被纯粹的幸福说（*eudaimonism*）取代了：人的一切行为都是由其对幸福的追求决定的。通过一种恐惧与希望的结合可以强制人去有德性地行为——恐惧是指惩罚将 [132] 带来不幸福，而希望是指

---

❶ 参见 C. Thomasius，《理性理论的产生》（*Ausübung der Vernunft-Lehre*，Halle，1691），页 494。

❷❸ C. Thomasius，"人性、意志自由与惩罚的施加"，载 *Observationes selectae ad rem litterariam spectante*，C. Thomasius，J. F. Buddeus 和 G. E. Stahl 编，卷 2 （Halle，1700），页 287。

通过政治德性的一般实践人们作为个人将会变得更幸福。❶

从表面上看，这种理论似乎是对莱布尼茨的著名批判的一种全面投降，在莱布尼茨看来整个现代自然法传统都把它的基础建立在了一位上级的权力之上——不管是上帝还是人——由上级的较大的权力通过对惩罚的恐惧强迫服从。但是，托马修斯希望通过分离他的早期理论在自然法与实在法之间所建立的联系从这种困境中摆脱出来。他在自然法和实在法对人施加的义务种类上作出了截然的区分：实在法或者 lex 以统治权（imperia）或者直接命令的形式加以表现，不服从它就会招致独自的惩罚。但与之相反，自然法只是为人提供劝告（consilia），或者建议，它们以心理学的形式表现为理解力所偏爱的事物，即理性之光，作用于感觉经验之上。Lex 适用外部义务，而自然法使用内部控制，如果人选择坚守它的话。因为人的意志常常选择忽视自然法的劝告，那么 lex 的外部制裁就是必要的了。托马修斯相信，这是在公正（justum）与正直（honestum）各自领域，以及正义与道德各自角色之间所作出的恰当区分。如果经院哲学家和普芬道夫看到了这种必然区分的效力，以及权力的分离，那么他们一定会避免唯意志论的陷阱，无论是人的还是神的。❷

尽管在《基础》和《教程》所提供的分析之间具有惊人的差异，但是也存在方法上的基本的连续性，即坚持在对认识论原

---

❶　对于《基础》的论证的完整阐释，参见施奈德斯的《自然法与爱的伦理》，页 239–290。托马修斯的伦理体系的顶点是对个人幸福与整个人类幸福达成一致的乐观期望。这种不稳定的平衡被他的一些追随者瓦解为功利主义的早期形式：参见赫鲁施卡（J. Hruschka）"最大幸福原则与功利理论的其他早期德国预示"，载《功利》，3（1991），页 175–176。

❷　参见：C. Thomasius，《自然法与万民法的基础》（Halle，1705），页 5。托马修斯对正直的定义成功地结合了虔敬主义者的内心安宁（Gemütsruhe）的理想和对完全世俗的个人功利善的计算。这一异乎寻常的概念对于托马修斯来说在他接连接触和反对亚里士多德主义和虔敬主义之前是不可接受的，正是它们把他的政治思想推到了一个更为激进的方向，消除了它的宗教预设。参见：Hammerstein，《正义与历史》，页 81。

理的细心研究上可以取得进步。法律向人的心灵显现自身的方式指示了那种法律的本质。因为如果自然法是一件人工制品，那么根据该事实（*ipso facto*），人类开始意识到它的方式必然指示着它的实体内容："自然法由一颗安息的心灵通过推理习得，而实在法［133］需要启示和宣告"。❶ 这也并非表示要回归到神圣的唯意志论：因为如果自然法只是建议德性而不是强制它，那么上帝的角色就更像一位导师而不是一位统治者："与命令相比，自然法和神法与建议联系更为紧密"。❷

逃离唯意志论陷阱包含着把自然法本身的意义降到一种良心原理（*principia honesti*）的高度，并且相应地提升对个别民族实在法（*principia justi*）研究的重要性。托马修斯争论说，自然法应当预示实在法的创制，因为知性（*Verstand*）的推动值得尊重。但是，他并没有像格劳修斯和普芬道夫已经做的那样，争辩自然法实际上一定影响或者已经影响了万民法的创制：这二者之间的根本统一已经被打破了，自然法理论的解释力受到了重要的限制和限定。自然法学与实在法世界的关联受到了不能恢复的削弱，为的是把这一传统从它的奠基者无法挣脱的唯意志论矛盾中一劳永逸地解救出来。法律和伦理学作为学科分离了。❸

如果真的存在两种人类经验所共有的法律，那么必然存在与之相伴随的两种相应的心理需求。托马修斯把这些置于人对内在满足和外在满足的同等要求之中。为了满足这两种要求，人必须在其道德行为中遵守三项原则，托马修斯把它们概括为公正原则（*justum*）、正直原则（*honestum*）和合宜原则（*decorum*）。正如

---

❶ C. Thomasius，《自然法与万民法的基础》，页108。

❷ 同上注，页109。

❸ 自然法与万民法之间的这种区分在 Vattel 那里得到了最为完整的发展，他的国际关系概念设想了一个与意志的万民法（相对的）必然的万民法。对于一个政治的外部正义如何添加到道德的内部正义的讨论，请参见 R. Koselleck，《批判与危机：启蒙与现代社会的病理》（*Critique and Crisis*：*Enlightenment and the Pathogenesis of Modern Society*，Oxford，New York and Hamburg，1988），第3章，页41–50。

我们所见的，托马修斯要求服从实在法以便人与人之间的外在和平得以维持；正直包含着自然法所提供的指引，足以产生内在的满足；合宜由一种承认构成，我们必须对他人做我们希望他们对我们所做的事情。因为不仅我们的外在行为需要服从自然法，从而作为我们外在幸福的一个最低条件，而且那些行为得到他人的同意和赞扬是我们内在安宁的一个必要条件。❶

[134] 在每种情况下正直、公正和合宜的格言都是来自耶稣基督金规则（golden rule）的推论："像你要求别人对待你一样对待别人"，而且由于这一过程德性就与幸福结合在了一起。❷ 对邻人作出有德性的行为是一个理性正确的行为过程，因为它同时促进了行为人的个人幸福，这是其他方法都无法促进的。❸ 一切伦理规范最终都来自对个人和社会层面的人之心理的细致研究，而不是来自形而上学的绝对事物和圣经证据。因此，托马修斯再度能够把自然法呈现为一种区别于神圣规定的纯粹人工制品。因为通过对它的认识论原理重新展开细致的研究，他已经获得了其先辈所没有抓住的东西，即它在人的实际道德生活中的范

---

❶ Thomasius，《基础》，页 100。

❷ 同上注，页 128。

❸ 因此，他的体系以 J. S. Mill 所成功描绘的那种功利主义形式达到顶点："在拿撒勒的耶稣的金规则中，我们读出了功用伦理的全部精神，投桃报李和爱邻如己构成了功利主义道德观的完美理想。作为尽快实现这一理想的手段，功用发布命令，首先，法律和社会安排应当使得每个人的幸福，或者每个人的（更为实际地称为）利益，尽可能地与整体的利益相一致；其次，教育和意见，它们对人的性格有着巨大的影响力，应当利用这种影响力在每个人的心中确立他自己的幸福与全体善之间的不可分解的联系；特别是在他自己的幸福与那种行为法典的实践之间，否定的或者肯定的，是由普遍幸福所规定的，以便不仅他不能设想他自己的与反对总体善的行为一致的幸福的可能性，而且一种促进总体善的直接动力在每个人那里都是一种习惯性的行为动机，而且与此相连的感情在每个人的情感体验中都占据着一个重大而又突出的位置"（J. S. Mill，《功利主义、自由与代议制政府》（*Utilitarianism*, *Liberty and Representative Government*, London, 1917），页 16）。对于托马修斯的自然法与功利主义之间关系的研究，参见 Hruschka，"最大幸福原则"（The greatest happiness principle），特别是页 174–175。

围和目标的一种清晰而又完全世俗的分类。

可以在两种意义上定义自然法，一种是广义，另一种是狭义：在较为广义上，它可以用来指关于伦理问题的哲学思考的全部领域，以人的理性为起点。在较为狭义上，它可以被定义为对若干原则的研究，这些原则应当巩固任何既定的实在法体系（*principia justi*）；而且在这个方面它区别于政治学研究，后者派生于合宜原则（*principia decori*），也区别于哲学家的伦理学追求，即正直原则（*principia honesti*）。❶ 当然，这些细分的每一个都严格地推自个人和公民的幸福所必需的三个核心特征。实在法原则涉及保持个人在社会中的外在安全所要求的行为［135］，从这些行为中可以描绘万民法中的实在法规定。正直原则涉及个人的独自沉思，这些沉思是个人实现内在满足所要求的，从这种活动最终产生了伦理学的思辨哲学研究。合宜原则意指个人想出和使用的策略，以便赢得他人对其行为和提议的同意和赞成，而且从这种社会实践中最终形成了政治活动和政治科学。

在这种分类法中，必须指出的是，不管自然法与实际的万民法之间具有怎样的联系，它在很大程度上都是理论的，而且已经不再是严格规范的了。❷ 托马修斯争论说，自然法应当预示实在法的创制，因为知性（*Verstand*）的推动值得尊重。但是，他并没有像格劳修斯和普芬道夫已经做的那样争辩自然法实际上一定影响或者已经影响了万民法的创制：自然法理论的解释力受到了重大的限制和限定，托马修斯决定为他在哈勒的学生写作单独的自然法史和德国民法史时已经隐含地承认了这一事实。一旦一个学科拥有了一个独立的历史，可以独立于其他学科得到理解，那么学科之间的联系就一定很细小了。但是，有更为实质性的理由

---

❶ Thomasius，《基础》，页108。

❷ 自然法变成了，用 Rüping 的话来说，实在法的一个纯粹的金色背景（goldene Hintergrund）（Rüping，《克里斯琴·托马修斯的自然法学说》［*Die Naturrechtslehre des Christian Thomasius*］，页45）。

可以解释为何托马修斯在其生涯后期关注历史编纂，这些正是我们现在要转向的问题。

4.5 托马修斯与"道德史"

正如我们所见，托马修斯对法律的历史编纂与他在哈勒的教学工作之间的关系一直有所意识，但他对法律和伦理史的重要性的感觉似乎只是拒绝虔敬主义的一种直接结果。因为除了在《基础》中所提出的修正的自然法理论之外，托马修斯还形成了他的早期论题：历史和哲学代表着两束光（*zwei Lumina*），通过它们心灵才能获得正确的教导和训练。在伯多禄·普瓦雷（Petrus Poiret）著作第二版的一个序言，以及他的版本的格劳修斯《论战争与和平法》中，托马修斯都透露，他对虔敬主义不再抱有幻想，这根源于两个方面的原因：对折中主义历史的一种彻底研究，这已经证明了神秘神学具有一种与道德哲学同等的宗派争议史［136］；对洛克论文的一种重新阅读，这既打消了他对人的理智在学术工作中的位置和权威的疑虑，也再次使他明白了各种形式的宗教迷恋的危险。❶ 托马修斯把这些个人经验装扮成一般的教训，这与他把自己描述为一种新型学者的通常的、自觉创新的做法一致，这种类型的学者不惧为作者在一个新的、正在形成文学体裁的时代寻找一种不同的角色。实际上，在某种层面上，

---

❶ 参见：Brucker 在《哲学批判的历史》中所给出的解释，卷5，页476，这种解释利用了托马修斯自己在格劳修斯的《论战争与和平法》德文版序言和伯多禄·普瓦雷（Petrus Poiret）著作第2版的序言中的说法。它揭示，托马修斯对洛克论文的钦佩主要集中在洛克对宗教迷恋的讨论上；在其他地方他也批判了洛克未能充分地区分知性（Verstand）与意志（Wille）的功能，并且他更赞赏克拉克的《逻辑学》，因为它更直截了当地阐述了亚里士多德主义和笛卡尔主义的逻辑错误。

他仍然在继续把自己职业生涯的许多余力奉献给思想史特定片段的写作，这受到了他自己早期的那些经历的刺激，反过来又会有效地保护学生不受学究们的偏见及其不可避免的宗派冲突所误。❶

托马修斯以一系列的简短而又教条的论文开启了这个规划，这些论文总结了法学学生在其学习过程中应当熟悉的主题。❷ 在这项工作中，他很多时候都在强调一种伦理学史的研究对于未来法科学生的重要性。对这类学生来说，历史作为一种确定错误和假学问起源和发展的手段极端重要。它与哲学一道是两只智慧之眼（*Oculi sapientiae*）中的一只，它们之间的共同作用可以使人区分真理与谬误。❸ 而且，对于法科学生来说，哲学史具有对宗教史的明显优势，因为它在范围上更为广泛，而且实际包含着教会史的主题内容：

> ［137］哲学史是独立于神圣启示的人类智慧和愚笨起
> 源和发展的历史。根据这个定义，由于它也揭示了自然哲学
> 和世俗审慎之中的错误，因此在某个方面宽于教会史；而
> 且，由于它教导国家假托宗教以骚动和不公所确立的假学说

---

❶　他不认为这是卑微的工作，因为"在一切学科中，历史是有待确立的基本原则的半个部分"（《1700～1705 年的课程通知》［*Vorlesungs-Ankündigungen aus den Jahren* 1700～1705，Halle，1710］，页 10）。对于托马修斯这样的德国作家试图把自传性说明融入新的写作风格之中的方式的分析，请参见 H. Jaumann，"作为历史批判的早期启蒙"，载 Neumeister，《早期启蒙》，页 159－162。

❷　C. Thomasius，《法科学生的最高谨慎：法学学习为睿智贤明者所作的准备》（*Höchstnothige Cautelen welche ein Studiosus Juris，den sich Erlernung der Recht-Gelahrheit auff eine kluge und geschicke Weise vorbereiten will zu beobachten hat*，Halle，1710）。一个拉丁文版本出版于同一年。Brucker 这样来评价《谨慎》："通过这种入门的小册子，他希望通过学科的历史和鲜明的特征使学生们远离共同的偏见，并且为他们避免危险的困境提供路径，他对有些人堕入这种困境感到悲伤"（Brucker，《哲学批判的历史》，卷5，页 477）。

❸　Thomasius，《谨慎》，页 57。

的起源，因此也是教会史的一个必要部分。❶

这种区别在托马修斯的题名谦虚、但却是规模宏大的"道德史"《自然法小通史》导论章节得到了重申，他在那里坚称自然法史应当与神圣法学分开思考。失于遵守这一标准已经导致了法律的不同渊源和类型的长期混乱，结果对自然法的精确研究直到近期都一直受到损害。❷ 这种混乱只是人类通常无法弄清人之理性与神之理性范围的一个方面，即关于自然之光与恩宠之光的天然界限。托马修斯认为在宗教改革时期已经浪费了解决这些问题的一个巨大的良机：如果梅兰西顿对神学领域和哲学领域的混淆没有导致亚里士多德主义哲学与道德神学的一种新的结合，那么路德对亚里士多德主义的憎恶也足以引发改革。从那之后只有格劳修斯和普芬道夫在正确地确立自然法和道德神学的主题上取得了成功。但是，甚至他们的著作也是不完备的，因为格劳修斯在其理论中保留了众多的经院主义元素，而普芬道夫在其攻击的重点上令人苦恼地拐弯抹角。

只有托马修斯自己清楚地设定了研究的边界，他的《教程》就致力于清楚阐明那二位隐含着的内容。他感到这么做已经在法学中令人满意地实现了自然之光与恩宠之光的平衡，因为这两束光的问题在本质上就是一个在人类智慧的不同组成部分之间设定边界线的问题：

> 再者，自然之光和超自然之光（*lumen naturalis et super-naturalis*）的那种区别同时也包含着神学和哲学，或者人类智慧，之间的简单而明晰的区别；或者甚至是神学与其他三

---

❶ C. Thomasius，《教会法学预先思考上的谨慎》（*Cautelae circa Praecognita Jurisprudentiae Ecclesasticae*，Halle，1712），页8。

❷ C. Thomasius，《自然法小通史》（*Paulo plenior Historia Juris Naturalis*），"序言"，页2-3。

种学科之间的区别。因为神性解释了超自然之光的学说，而另一方面严格定义的法学、医学和哲学则从自然之光那里获得它们的信念。❶

[138] 托马修斯回忆说，他首次尝试为自己的学生提供一部"道德史"是在1694年，那是一本记录道德哲学和神圣法学历史的主要发展线索的粗略笔记（charta）。结果这些简短的笔记在他的学生中间非常流行，因此他被强烈要求去扩充它们。由于其他工作的压力他未能完成这项任务，于是就把它委托给了他的学生雅各布斯·卢多威克斯（Jacobus Ludovicus，1671～1723）。后者就在1701年出版了一部原来纲要的详解版，托马修斯对此感觉满意，就把它用作自己在哈勒伦理学史定期讲座课程的基础。他自己只是在1707年重返这一主题，当时他被请求撰写一个格劳修斯《论战争与和平法》首个德语译本的导言。他感觉最为合适的导言应是一部从早期时代到格劳修斯自己著作的"道德史"，于是他就出版了他的《主线》（Primae Lineae）的一个修订版。他首次把知识理论和《理性理论引论》以及《宫廷哲学导论》所勾勒的折中主义解释与文艺复兴之后的自然法史连接起来。这项工作促使他在接下来的几年中更为详细地讲解普芬道夫以及他自己对自然法理论的发展。因此，《小通史》就是由这两部历史结合起来，再加上一些吸收了卢多威克斯所整理的材料的扩充内容构成的。❷

作为一部历史，它的杰出之处在于，它要成为一部在这一主题之上的完全世俗、独立的思想史的隐含要求，而不在于它与普芬道夫所开创而由巴贝拉克所详述的内容或原则的分歧。这个文本的主要分支与普芬道夫在其"起源"中所使用的相似：一个

---

❶ C. Thomasius，《自然法小通史》，页4。

❷ 同上注，页1–18。

部分集中关注下至基督降生的伦理理论，这记录了希腊人相对忽视的法学；一个章节采取了直到中世纪的叙述，这严重依赖巴贝拉克对教父道德理论的攻击；一个对德国宗教改革时期丢失机会的讨论；最后，以相当长的篇幅描写了格劳修斯和普芬道夫著作的本质和影响。

贯穿这一解释的是一种采自托马修斯自己道德理论的总体解释，它连接着他对每一伦理著述时期的评论，这在巴贝拉克那里是没有的。托马修斯断定，前后相继的哲学家未能分离世上法律的渊源和类型，这不是一个理智的失败［139］，而是意志的失败，正如他以一般形式证明的，在善恶本质问题上的分歧产生于人的矛盾的和自私的欲望对理智的遮蔽。他一再强调思想家既有的实现洞见的理智手段最终在近期获得了，但是他们却未能抓住这个机会。自然之光被宗派倾向模糊了，以致理智被繁难地用于支持传统的、方便的假定，而不是根据本身的条件探究问题。由于这个原因，在古希腊哲学家中只有斯多亚学派接近一种法学本源的知识，因为他们的社会性学说抑制人的自私意志，以一个合宜的概念或者一种义务感取代了它，如果人们自身的欲望要得到认可，他们就必须相互和谐一致。❶ 相反，教父道德学家要受到指摘，因为他们一直坚持一种神秘的柏拉图主义的形式，这种形式只会在两束光已经分离时用于混淆它们；类似地，宗教改革时期也失去了一个机会，那时相竞争的新教教派许可它们在《圣经》解释上的歧见去影响它们给予自然之光的范围。尽管格劳修斯的到来可以解释为一份天佑之福，普芬道夫在揭示他们的现代自然法理论摆脱经院主义正统上仍然犹疑不决（他自身的），这拖延了对理性与启示分离领域的完全接受，而且可以解释为一种明确追求理智指示的过程的失败。❷

---

❶ C. Thomasius，《自然法小通史》，页 18。

❷ 同上注，页 19 – 130，极大地扩充了《自然法历史的主线》（*Primae Lineae Historiae Juris Naturalis*）1694 年草稿的原创的但却是相似的论点。

　　然而，对于托马修斯而言，"道德史"一直是一项进步的事业，它已经带来了对一个问题的明确解决，这个问题曾延误了伦理学发展成为一种可与文艺复兴之后的自然哲学相媲美的科学。这现在已经在托马修斯自己那里实现了。它应当被详述为一部历史，由此赋予那种事业一种特定的非个人的标记（*cachet*），那是为它带来外在的可信性所必需的；但是，从卢多威克斯为他自己的描述所提供的有趣序言以及托马修斯对历史编纂的现代地位的其他讨论出发进行判断，有些更大的问题比这更处于危险之中。

　　卢多威克斯争论说，太多的历史都是由纯学究写成的，他们精于对战争和条约事实的枯燥乏味的背诵［140］，而牺牲了任何恰当的判断和解释——实际上，"缺乏判断的学究不比一把木头剑更有用处、真理或价值"。❶ 应当把更多的精力放在文学史（*Historia Litteraria*）上，卢多威克斯实际上用它指代现在被称为文化史的内容。因为这是人文学科中一切思想研究的共同要素：如果神学家要充分地完成他们的任务就必须考虑教会史；同样，法学家也需要知道他们所分析的立法的全部政治和思想背景。霍恩（Horn）和沃修斯（Vossius）已经在哲学史上取得了长足的进步，但对法律史的理解仍然驻足不前，卢多威克斯相信他可以在这个领域通过他的"道德史"作出贡献。❷

　　托马修斯自己在《谨慎》（*Cautelen*）中又把论证往前推进了一步，他表示哲学和历史的紧密联系直接地、必然地来自人类知识的本质。他现在继续把他的改良经验主义的认识论与他在《理论理论引论》中尝试提出的关于历史的评论更为紧密地联系起来。和以前一样，他论证，除非对物质存在细节的深思，我们无法形成一般概念，这些细节是通过感觉传递给心灵的。❸ 然

---

❶　J. F. Ludovicus，"序言"，《神圣的自然法与普遍的实在法的历史划分》（*Delineatio Historiae Juris divini naturalis et positivi universalis*，Halle，1701），页 1（未标页码）。

❷　同上注，页 1–2。

❸　Thomasius，《谨慎》，页 83。

而，在形成一般概念时，我们同等地依赖自己的感觉和他人所感知并提供的信息。鉴于任何人对世界的感知都是不一样的，我们在把自己的世界观作为最后的之前不得不从他人的角度去设想世界："相似地，我并不具有通过外在感觉的完整的理解，除非我可以以某种方式像他人已经感知和设想的那样去想象对象"。● 哲学关系到把理性运用到个人对世界的感知，而历史是关于个人外部世界的主要知识来源，并且因此对个人合理总结那一世界极为重要。由于这个原因，必须把历史和哲学视为相互依赖的追求对象：

> 在历史中人们遇到的不过是外在印象，而哲学的演绎推理却不依赖于外在印象。但是，外在印象与智慧的理论至为相关，[141] 这部分是因为它们可以对个人推理的不完善和不充分之处有所帮助，部分是因为它们可以实质性地促进个人生存的改善。❷

这种关系在任何地方都没有在法律思想的情形中表现得更为明显，那里依赖哲学论证和历史论证的一种结合，因为"法律思想在某种程度上是哲学和历史思想的一种形式"。❸ 对任何社会之中的道德规范发展的完整理解都要求对道德哲学史和实在法自身的发展，以及这一过程背后的相关教会和国家政治的熟悉掌握。没有这种因果性解释的相互贯通，人的理性是徒劳无益、引入歧途和有失偏颇的："如果不借助历史的帮助认识偏见的根源，那么就永远无法从偏见中挣脱出来"。❹ 对于托马修斯而言，如果要辨识和避免哲学的错误，那么历史的研究就不可或缺。要成为一位折中主义的哲学家就首先要求一种历史的基础，这样说并不过分。

● ❷ Thomasius，《谨慎》，页 84。
❸ 同上注，页 89。
❹ 同上注，页 93。

4.6　托马修斯的影响：从古德宁到海纳修斯

如果有人要寻找克里斯琴·托马修斯在伦理学领域中的影响，那么就必须把眼光投向制度层面，观察他去世后 30 年间的大学伦理学教师，而不要过分关注他自己这一领域的著作所指向的职业或者法庭文化。❶ 尤其是需要观察那些人，他们写作"道德史"，而且试图按照托马修斯的模式追求折中主义哲学。应当强调的是，这两个范畴并不必然重合，因为虽然"道德史"已经成为教育学的常识，在众多大学的课程大纲中都被接纳为哲学的一种绪论，但并非所有那些著作的作者都称自己为折中主义者。❷ 在托马修斯的门生中，只有布迪乌斯和海纳修斯兼具两种身份，这在很大程度上是因为他们抵制克里斯琴·沃尔夫的理性主义伦理学的系统含义［142］。虽然沃尔夫的体系为哲学史的研究留下了空间，并且在某些方面要求哲学史研究，但它最终是反折中主义的。制度化的"道德史"持续下去是有可能的，但这却不是产生它的方法论。没有比布鲁克的所谓折中主义历史更清晰地揭示这一点的了，它在其哲学任务的概念中更接近沃尔夫而不是托马修斯，但却在其历史编纂的框架内保留着托马修斯对智慧和愚笨（*Weisheit und Torheit*）的历史的解释。

或许很难谈论托马修斯的后继者。他的思想旨趣和贡献多样

---

❶　德国近期关于托马修斯影响的历史编纂或许过于集中于他在重商主义之前的历史角色，而没有充分重视他去世之后的 30 年中他在许多大学伦理学授课中的突出地位，例如 J. Brückner，《国家科学、重商主义与自然法》（*Staatswissenschaften，Ka-meralismus，und Naturrecht*，Munich，1977）。

❷　例如，作为 18 世纪德国大学典范的哥廷根新成立的法学院就从哈勒那里接纳了法律三年制课程，以哲学史课程作为开始。

而又分散，没有任何个人和群体可以说坚持了他的遗产中的哪怕是少数的原理。他论辩上的成功和教学上的勇气同时吸引着对他个人的关注，然而却也分散着对他贡献本质的注意。❶ 而且，他的挚友和最紧密的追随者古德宁（N. H. Gundling, 1671～1729）强调，托马修斯千方百计地赋予其门生以独立性，而不是让他们坚持千篇一律的方法："他不希望在帕纳塞斯山上孤独地统治着，而是给予每个门生按照他们自己的想法形成观点和写作自己想写的内容的自由"。❷ 近来的研究表明，托马修斯的后继者分别在三个领域继续着他的工作：法律和伦理的理论分离，实践哲学，以及刑事法改革。❸ 这里重点要放在那些在法律史和伦理学史中继续着他的工作的作者身上。

必须马上强调，正是由于古德宁对法律与伦理、公正与正直分离的再度肯定，这些研究才遵循着不同的路径：我们已经看到《基础》后期的托马修斯是怎样既在逻辑上又根据适合它们各自研究的方法区分实在法与自然法的；但是，正是古德宁确保了这仍然是托马修斯"学派"中的理论支点。他坚持认为，[143]托马修斯对公正、正直和合宜的三分法只能被理解为一种伦理理论中的相关的义务描述。另一方面，一个法律体系中义务来源必

---

❶ 尽管应当指出，在德国境内都普遍承认托马修斯在使大学系统摆脱经院主义束缚中的核心作用。请参见，例如 J. C. Spener，《德国公法或者神圣罗马德意志帝国完备的国家法学》（*Teutsches Jus Publicum oder des Heiligen Römisch-Teutschen Reichs vollständige Staats-Rechts-Lehre*，Frankfurt/Main and Leipzig，1724），标题 11，页 25；J. C. Dithmarus（ed.），Tacitus，*De Situ*，*Moribus et Populis Germaniae Libellus*，'Praefatio'（Frankfurt/Oder，1725）；C. M. Pffaf，*Oratio Inauguralis de Universitatibus Scholasticis emendandis et paedentismo literario ex iisdem eliminando*（Tübingen，1720）。

❷ N. H. Gundling，《克里斯琴·托马修斯光彩人生的谢幕》（*Effertur funus illustris viri Christiani Thomasii*，Halle，1728），页 5。古德宁是托马修斯在哈勒 1699 之后的同事（参见：《德国人传记大全》（*Allgemeine Deutsche Biographie*），卷 10，页 129 – 130）。

❸ H. Rüping，"托马修斯及其在布兰登堡州的学生"（Thomasius und seine Schlüler im brandenburgischer Staat），载 Thieme，《柏林—布兰登堡—普鲁士的人文主义和自然法》（*Humanismus und Naturrecht in Berlin – Brandenburg – Preussen*），页 82。

然是外在强制：任何实在法体系都无法在其他假设下运作，这是一个由法律史研究确认了的事实。❶

托马修斯在德国国家法研究方面的工作被古德宁和路德维希（J. P. von Ludewig, 1668 ~ 1743）有力地推进了。路德维希是托马修斯在哈勒的另一位同事。这二人都分享着托马修斯的信念：罗马法研究和德国习惯法的研究可以步调一致地展开。❷ 虽然他们二人都没有写作自然法的历史解释方面的著作，但是他们对历史和法律二者关系的理解与那些这么做的人是相同的。❸ 他们都清楚，除非作者知道历史与实践哲学（philosophica practica）之间所存在的紧密联系，否则实际上没有任何历史可以从事："判断力强的人知道如何去写作道德哲学和自然法，当然能够去写作历史，不管他是一位神学家，还是一名医生"。❹ 这二人都写作帝国史方面的著作，试图在查理曼大帝之前的时期追溯德国法的起源，一种政治共同体随着时间的发展过程，以及一方是庄园和地方另一方是中央权威这两方之间的权威冲突的形成过程。尽管

---

❶　古德宁的观点出现在他的《自然法学》（Jurisprudentia Naturalis, Halle, 1715）之中，并且在上注提到的论文第 82 ~ 83 页，以及 H. L. Schreiber 的《法律义务的概念》（Der Begriff der Rechtspflicht, Bonn, 1966）第 30 页以下，都有很好的总结。这种把"广义"和"狭义"的自然法区分简化为一种外在限制与内在义务感之间的对比，是康德与自然法传统相关联的结果，因为它直接从古德宁传给了他的学生阿亨瓦尔（G. Achenwall），而后者的教科书正是康德在其前批判时期的讲课中所使用的。请参见 C. A. Heumann 在下文中对托马修斯原创见解的发展的深入讨论。

❷　这二者都属于比托马修斯年轻的一代，但在他生涯的最后 20 年任职哈勒时，他们都是法学院的教授。对于他们作为托马修斯国家理论共同继承者的地位，J. S. Pütter 给出了一个当代的评价，《德国国家理论》（Literatur des Teutschen Staatsrechts, Frankfurt/Main, 1965），卷 1，新版，页 325。对这两位人物的出色的现代研究是由 Hammerstein 作出的，《正义与历史》，第 4 章和第 5 章。

❸　古德宁着手了一种"道德史"，但是仅仅出版了第一部分，它集中讨论的是古代和东方伦理学：N. H. Gundling,《道德哲学史·第一部分》（Historia Philosophiae Moralis. Pars Prima, Halle, 1706）。

❹　N. H. Gundling,《真正帝国史概况的详尽和完备的讨论》（Ausführlicher und vollständiger Discours über dessen Abriss einer rechten Reichs-Historie, Frankfurt/Main and Leipzig, 1732），前言，第 2 段，页 6。

他们对历史分期的理解通常受到朝代更迭而不是历史分析的引导，但是他们有时也试图通过某种方式把历史事件与社会结构和经济史联系起来，这种方式是加斯特斯·莫泽（Justus Möser）的奥斯纳布吕克史（Osnabrück history）的先导。❶ 这种寻找历史中的大方向和总动力而不是与之相对的［144］对个别事件的纯粹解释的新趋势可以归因于他们的折中主义的基础。❷

相似地，当1734年哥廷根大学成立时，折中主义是主要的思潮，因为那里的大学学监（*Kurator*）明希豪森（G. A. von Münchhausen）自己就是古德宁的学生，他保证了托马修斯传统的学者只要具有法学－历史兴趣就可以被任命到法学院和哲学系。❸ 在这些人物中，霍伊曼（C. A. Heumann，1681～1763），施玛斯（J. J. Schmauss，1690～1757），以及阿亨瓦尔（G. Achenwall，1719～1772）都值得进一步的评论。虽然哥廷根"哲学"史学派通常被认为已经显著地推进了历史解释学的研

---

❶ 对于这些作者的长期意义以及莫泽从他们那里受到的影响，参见：J. B. Knudsen，《加斯特斯·莫泽与德国启蒙》（*Justus Möser and the German Enlightenment*，Cambridge，1986），页101－102。

❷ 同一时期的另一位帝国历史学家 J. J. Schmauss 很好地总结了他们对自己任务的认识，《帝国史的简明概念》（*Kurzter Begriff der Reichshistorie*，Leipzig，1720），页20（英译同上注，页102）："战争与和平问题、宗教与世俗问题，以及世界上所有在历史中显现的事物，都有它们的运动、驱动和动力。任何把这些事物彼此隔离的人都是曲解叙事的真实原因；而一旦缺少了这些，历史就没有了灵魂和生命。"

❸ 关于哈勒对明希豪森的具体影响以及对哥廷根的一般影响，请参见 E. F. Rössler，《哥廷根大学的成立》（*Die Gründung der Universität Göttingen*，Göttingen，1855），页37－38和页119。对佐治亚—奥古斯塔的教学和科研改革的最好的近期描述可见之于 Oz-Salzberger，《理解启蒙》，特别是第10章；同样也可以参见：McClelland，《国家、社会与德国大学》，页35－57。托马修斯在哥廷根早期的改革的重要性见之于 K. Cramer，"哲学课：论哥廷根成立时的首位哲学和哲学理论基础"（Die Stunde der Philosophie. über Göttingens ersten Philosophen und die philosophische Theorielage der Gründungszeit），载《1737年哥廷根大学成立时的时代精神：为纪念佐治亚－奥古斯塔成立250周年的报告》（*Zur geistigen Situation der Zeit der Göttinger Universitätsgründung* 1737. *Eine Vortragsreihe aus Anlass des* 250 *jährigen Bestehens der Georgia Augusta*，Göttingen，1988），J. von Stackelberg 编，页101－143。

究，但是人们通常没有充分重视到这种尝试确定元历史运动的根源却发端于折中主义方法之中，这种方法正是哥廷根历史学家从哈勒那里拿来的。❶

在德国人解说哥廷根大学的早期发展中，霍伊曼并没有获得太多的报道；但是可以肯定的是，在整个学界中他所出版的作品与其他第一代教授所出版的那些作品具有同等的影响力。❷ 他的最为著名的工作是作为《哲学导报》（Acta Philosophorum）的作家和编辑，这是一种从折中主义的视角审视哲学史各个方面的期刊。这种工作影响着布鲁克，对此我们将联系他加以更为全面的考察。然而，霍伊曼要求我们注意的首要之处是他本人的贡献，[145] 他促进了托马修斯关于自然法"广义"和"狭义"理解之间区分的发展。正如前面指出的，托马修斯首先提出了公正与正直的理论区分，这暗示着学术研究的界线，而把这种界线加以形式化却是古德宁的功劳。然而，在古德宁的《自然法学》（Jurisprudentia Naturalis）（1711）最为重要的讨论中，他却极为明显地把自己的论点建立在霍伊曼的一篇文章的基础之上，这篇文章即在前一年发表于一种老式的具有莱比锡特征的期刊《学者导报》（Acta Eruditorum）之上。❸

---

❶ 对一位早期哥廷根教授对历史解释学的贡献的评估，参见：P. H. Reill，"历史与解释学：关于约翰·克里斯托弗·加特尔的思想"（History and hermeneutics：the thought of Johann Christoph Gatterer），载 Journal of Modern History，45，1973，页 24－51。

❷ 霍伊曼在 J. S. Pütter 早期的著作中很少受到关注，《从佐治亚—奥古斯塔大学到哥廷根大学的学术史探寻》（Versuch einer academischen Gelehrtengeschichte von der Georg - Augustus Universität zu Göttingen，Göttingen，1788），2 卷，只在第 28～34 页列举了他的著作目录。G. von Selle 的较近著作《佐治亚—奥古斯塔大学到哥廷根大学 1737～1937》（Die Georg - August Universität zu Göttingen 1737～1937，Göttingen，1937）也只是顺带提及他，页 57。

❸ 相关的讨论见之于 N. H. Gundling，《自然法学》（Jurisprudentia Naturalis，Halle，1711），页 6。材料来源是 C. A. Heumann，"论绝对的和假定的自然法之区分以及公正、正直和合宜之差别"（De distinctione iuris naturalis in absoluto et hypotheticum，item de discrimine iusti，honesti，aequi et decoris），载 Actorum Eruditorum quae Lipsiae publicantur，Supplementa（1710），卷 4，页 410－419。

在这篇文章中，霍伊曼已经开始细致证明接受下述观点的全部后果：在法学的术语体系中自然法不得不被视为一种含糊的、变动的范畴。他在一开始就承认，理想世界的要求应当区分于现实世界的要求，在现实世界中可以较为精确地确定这一世界存在所需的一组最低道德要求。通过遵守实在法的这些公布的规定一个人可以避免恶行，但是如果他能够遵守通过良心察觉到的自然法的命令，那么他的行为方式就更值得赞扬：

> 公正因此就是保存自然或者至少不破坏它所必行的：正直则是自然借以完美的。由此可以得出结论，追求公正的人没有犯罪，而且行为良好；而践行正直之行为方式的人表现更佳，而且应受赞扬。❶

但是，这等同于说，应当存在两种自然法，一种具有绝对的义务，另一种只具有假定的义务，这种义务超出了实在法效力的执行范围。在这后一种意义上，自然法只能通过赢得人心从而弥补其不完美的义务，如果它通过心灵修养的长期经历得到例示的话：

> 从到目前为止德性被研究的性质来看，也可以认为它依赖心灵修养，而且这需要时间，无法通过实在法的强制或武力获得，而是通过每个人的自身的努力获得，这要借助他人的榜样和朋友的激励才能实现。❷

但是，即使承认这一点，仍然不可能保持一种自然法的统一概念，因为人的行为既在公正上也在正直上都得到认可是很罕见

---

❶　C. A. Heumann，"论绝对的和假定的自然法之区分以及公正、正直和合宜之差别"，页414。

❷　同上注，页417。

的［146］。这又使人记起了下述观点，这里将其归之于格劳修斯，任何正义的观念都必须被理解为既具有外在的规范部分，也具有内在的良心基础，这二者相互补充，但却并不相同：

> 最后，这也称之为公正，如果我承诺了它就不能再抱怨（除非在个人遭受伤害的情况下），尽管它本身是神意所厌恶的。在这种意义上，例如，对敌人复仇是公正的，杀掉人质是公正的，等等，但这些却不是正直。法学家的下述论点与此相关："合法的事物并非都是正直的"。这后一种区分与格劳修斯所采用的相同，他把正义划分为内在方面和外在方面。❶

当然，这种立场完全瓦解了普芬道夫所提出的自然法与万民法之间的那种原始同化，而且也引起了对格劳修斯后怀疑主义结论的怀疑，那是现代自然法的起点，即在人类实在法的多样性背后可以发现基本的社会性，所有的实在法体系都可以被证明已经从中历史性地衍生出来。基于这些原因，当霍伊曼在他的《文学界观察》（*Conspectus Reipublicae Litterariae*）（1718）之中给出自己关于"道德史"的深思熟虑的观点时，他对他的前辈们采取的是一种比我们在这一流派的贡献者那里迄今所发现的更为慎重和更受限制的认可。格劳修斯享有论述发起者之名，但同时也受到仍然与经院主义联姻的批判。❷ 普芬道夫同样也被看低，不仅仅是因为他错置了上帝在事物格局中的位置（这一直是莱布尼茨批判的本质），而且也因为他草率地假定自然法可以从市民法中

---

❶　C. A. Heumann，"论绝对的和假定的自然法之区分以及公正、正直和合宜之差别"，页419。

❷　C. A. Heumann，《通过有为青年的文学史之路的文学界观察》（*Conspectus Reipublicae Litterariae sive Via ad Historiam Litterariam iuventuti studiosae operta*，Hanover，1753，第6版），第41段，页289。

推断出来（这相应地一直是维科的主要批判，尽管根据的是不同的前提）：

> 他没有完全摆脱市民法的偏见，而是通过假定神法的本质与人法的本质相同，通过没有充分注意自然的惩罚，而且排除对上帝的义务，以及没有坚持若干结论，他充分地表现出尚未到达这种神圣法律的最深邃处。❶

虽然托马修斯配享已经努力纠正这些突出难题之名，但他的解决方法为他的后继者提出了新的难题，这些难题威胁着要打碎整个自然法传统的内在一致性。［147］有些作者把托马修斯作为他们的向导，而其他的作者却宁愿回到普芬道夫："托马修斯之后，那些写作自然法的人有一部分追随他的足迹，而另一部分却紧跟普芬道夫的脚步"。❷ 因为现在什么是过去的那种自然法传统已经不再完全清晰：有些人遵循老式的"广义"的道德哲学概念，将人的理性作为检验标准；其他人则追求那些可以视为既定实在法体系基础的原则的"狭义"概念，这种方法实质上是历史的、非形而上学的，但在后来的实践者手中，例如瓦特尔（Wattel），却导致了自然法与万民法的一种合并，以便更有利于支持后者：因为一旦自然法被限制在对人性是什么而不是人性可能是什么的研究之上，那么这个学科很快就变成了一种单纯对国际关系实际是什么的研究了。

施玛斯继续了对自然法与实在法这种合并的批判。在他看来，人的意志和情感先于理性，是人性的定义性特征。自然法涉及对这些首要的驱动力的研究，而不是对一种完全抽象的人性定义的复杂三段论的推导。实在法是理性的产物，它本身就是人的

---

❶ C. A. Heumann，《文学界观察》，第 42 段，页 291。

❷ 同上注，第 43 段，页 293。

自然本性的一种发展，一种人与整个世界的关系得以建构的策略。一部道德法典的形成要求对人的某些行为的善恶进行判断，以及对某些驱动力和行为的重新定位。通过理性这种过程得以贯彻，通过对情感的审查人们发现何者对人是自然的。从而人们发现自然法实际上可以与道德相反。❶

这些观点都呈现在施玛斯的《自然法的历史》一文中，这是一本写于 1754 年的学生教科书。其中普芬道夫和年轻时期的托马修斯都受到了强烈的批判，因为他们混淆了实在法和自然法。按照施玛斯的看法，社会性原则只是根据万民实在法的历史记录作出的归纳，而不能用作自然法内容的推理来源：

> 现在托马修斯也在这个方面追随者他（普芬道夫），在他们之后迄今为止所写出的一切都是对他们二人的抄写，几乎所有的作者都没有作出进一步的反思，结果完全荒谬的自然法概念都被接受了。对于其他人而言，[148] 万民公法整个被错误地视为了自然法的一个部分。而且，在所有这一切中，真正的自然法，人天生具有的东西，已经彻底被遗忘了。❷

如果有人要寻找那样的哲学家，他们在人性中正确地确定了自然法的来源，而且这是一种不一定固定在那样的社会本能之中人性，那么值得注意的人物就是霍布斯，他更胜过格劳修斯，第一个与经院主义的道德理论决裂了，还有就是《基础》中所体现出来的成熟的托马修斯。❸

---

❶ J. J. Schmauss：《关于自然法真实概念的思考》（*Vorstellunge des wahren Begriffs von einem Recht der Natur*, Göttingen, 1748），页 12 – 13，页 15，页 25，页 29 – 30。

❷ J. J. Schmauss，"自然法的历史"，载《自然法的新体系》（*Neues Systema des Rechts der Natur*, Göttingen, 1754），第 27 段，页 275 – 276。

❸ 同上注，第 23 段，页 220 – 221；第 32 段，页 312 – 16。

戈特弗里德·阿亨瓦尔作为具有高度影响力的教科书的作者同样也很重要。这些教科书体现了法学与伦理学的这种关系，在18世纪中叶成了哥廷根大学主要的学生用书。在他的《自然法》这部1781年之前就已经出了七版的著作中，他定义法律义务的术语与托马修斯在其后期著作中所使用的术语完全相同：

> 法律义务由对人的强制的恐惧引起，或者借助它人约束其同类，可以称之为外在义务（在公共的人力讨论中）；然而，对上帝的惩罚的恐惧所产生的，或者据以联系人与上帝的，称之为内在（义务）（在良心的私人的、神圣的界域内）。❶

只要阿亨瓦尔、施玛斯和费德控制着哥廷根的法学院和哲学系，那么那里的教学就只会偶尔使用沃尔夫的教科书。

在托马修斯的所有门生中，海纳修斯对北部德国的新教大学的思想生活影响最巨，这在很大程度上是由于他写作了一部有影响力的自然法理论的教科书（后来被苏格兰法学家乔治·特恩布尔翻译成了英语），并把它的公理性方法适用到了德国法和罗马法之中。❷海纳修斯在奥得河的法兰克福、弗拉纳克和哈勒都是一位成功的法学教授和哲学教授。他的教科书被认为极具分量，这是因为他似乎在这些教科书中搭起了一座连接自然法原则与罗马法和德国习惯法的细致解释和组织的桥梁，对此托马修斯已经讨论过但却从未贯彻到底。他的"公理性方法"（axiomatic method）试图把来自自然法的一般法律原则适用到 [149] 对罗马和德意志法律文本进化史中的解释类型的确定之上。这些著作广受称

---

❶ G. Achenwall，《自然法》（*Ius Naturae*, Göttingen, 1757, 第6版），卷1，页30。

❷ 对于他的职业生涯和著述，请参见 Haakonssen，《自然法与道德哲学》，页87-95。主要文本由 Turnbull 编辑，并定名为《自然法与万民法的要素》（*Elementa Iuris Naturae et Gentium*, Halle, 1738）。

赞，这既是因为它们的形式连贯性，也是因为它们对日耳曼和罗马法律宣告的制度背景的历史敏感度。❶ 在托马修斯的所有追随者中，正是海纳修斯因为这些原因掩饰了其他人的粗陋片面的诉求。❷

　　但是，海纳修斯这么做实际上是在使用折中主义的方法，而不是发明一种他自己的独特方法。他的公理性方法不是演绎性的，而是基于普芬道夫自然法理论的核心原则以及对法律实践相关历史的深刻理解。它符合他在《哲学史手册》（1743）中为自己设置的模式。他在那部著作中说明折中主义的方法是哲学中所遵循的唯一理性的方法，其中发现真理不是依靠某一部文本或某一堆文本，不管是古代的还是现代的，而且依赖审慎的选择和调和。❸ 在一种真实的意义上，海纳修斯的成就是对托马修斯的"实践哲学"的方法和适用的最终成果和证明。实际上，在他1741年去世的时候，有一个提议为这种地位提供了某种象征：在腓特烈二世登基之后由他继任克里斯琴·沃尔夫调回哈勒所腾出的马堡教席。

---

　　❶　这种尊重的标志在于下述事实：他的文集重印了3次，他在罗马法上的主要著作出了20版。托马修斯在其哈勒职业生涯的后期出版了许多关于德国民法和刑法的材料，前提是它应当历史地源于习惯法而不是《查士丁尼法典》和潘德克顿学派。但是，他从未像海纳修斯将要做的那样，实际地证明罗马法或者德国法派生于自然法的基本原则。

　　❷　对于他的文本在苏格兰学界的广泛使用，以及爱德华·吉本（Edward Gibbon）所给予的颂扬，请参见 Haakonssen，《自然法与道德哲学》，页87–88。

　　❸　J. G. Heineccius，《哲学史手册》（*Anleitung zur Historie der Weltweisheit*，Berlin，1743），标题4，"中世纪和新时期的哲学"（De Philosophia Medii Aevi et Nova），第72段，页272。

第五章　自然法理论及其在克里斯琴·沃尔夫时代的历史编纂

5.1　布迪乌斯与托马修斯之后的哈勒大学

[150] 托马修斯的影响通过哈勒和耶拿的下一代虔敬主义神学家波及更广，如果说是更不直接的话，后者必定把托马修斯的伦理学接受为他们教育的一个附属部分。而且，更为重要的是，他们同样也采取了托马修斯把道德哲学和道德神学作为具有不同历史和方法的知识学科从而进行基本范畴区分的做法。正是布迪乌斯（J. F. Buddeus, 1667～1729）的工作在很大程度上发展了托马修斯在这个特殊方向上的著作。对于布迪乌斯而言，现代自然法传统是有用的，

这从本质上来说是因为它已经提供了道德哲学和道德神学之间的一种明晰的区分。在他看来，教义学（*Glaubenslehre*）与伦理学（*Sittenlehre*）是两个截然不同的研究主题：道德哲学以理性为基础，而道德神学则把启示作为其权威来源。对基督徒具有决定性意义的是道德神学，因此在制定个体基督徒对上帝及邻人应承担的正确行为类型这一任务中，道德哲学只能作为一名婢女。在布迪乌斯的眼中，沃尔夫的罪过恰恰在于他颠倒了这种尊卑关系。❶

[151] 布迪乌斯的"道德史"既是他最先写出的部分之一，也是他流传最广的作品之一。❷ 作者的姿态是作为托马修斯在哈勒的晚辈同事，这可以通过他对托马修斯在其《教程》之中所勾勒的那种自然法传统的忠诚得到反映。它的很多内容都用在了围绕着格劳修斯和普芬道夫的贡献的有关争议文献的细致复述之上，这种陈述当然是这些历史的主要教育目标。作者在写作这部作品时满怀坚定的信念：托马修斯的著作恰当地厘清了自然法、实在法、道德哲学和道德神学，实际上已经解决了目前伦理学中的争议领域：

---

❶ 布迪乌斯在《道德神学教程》（*Institutiones theologiae moralis*，Leipzig，1711）中提出了他的道德神学概念。关于布迪乌斯在哈勒虔敬主义中的地位的简介，见之于 F. E. Stoeffler，《德国 18 世纪的虔敬主义》（*German Pietism during the Eighteenth Century*，Leiden，1973），页 53－54，更为详细的说明见之于 A. F. Stolzenburg，《布迪乌斯与普法夫的神学》（*Die Theologie des Jo. Franc. Buddeus und des Chr. Matth. Pfaff*，Berlin，1926），页 234－245。同样也可参见：F. Nüssel，《和解与结盟：布迪乌斯教义的基础》（*Bund und Versöhnung. Zur Begründung der Dogmatik bei Johann Franz Buddeus*，Göttingen，1996）。对于普鲁士虔敬主义的一个有用的最新综述，请参见 Ward，《新教福音的觉醒》（*Protestant Evangelical Awakening*），页 54－92。

❷ 它首先作为"自然法的历史"（Historia Juris Naturalis）发表于 P. H. Vitrarius 编著的《自然法与万民法教程》（*Institutiones Naturae et Gentium*，Leiden，1692），然后经过增补重印在布迪乌斯的《自然法与万民法选录》（*Selecta Juris et Gentium*，Halle，1704）中，该著作于 1717 年得到重印。它又得到进一步的传播，成为 Thos. Johnson 编订的《普芬道夫论义务》（剑桥 1737 年出版）一书的序言。

因此，他界定了普芬道夫在社会所提供的保护及其限度上的原则，并且小心地说明了可以从中推导出来的内容。然而，他强烈地否定了不能从中推导出来的内容属于自然法。他抨击了那些人，那些人推论出不属于自然法的内容直接受到许可，与此相应，他不仅证明了人对上帝及自己的义务来自一个不同的源头，而且还对实在的普遍法作出了比以往更为精确的研究。还有，他还说明了，特别是在婚姻问题上自然法是不充分的，人们必须回溯到神圣的实在法。❶

实际上，这部作品标志着在这一体裁之中的高度自信。布迪乌斯之后没有任何人能够证明普芬道夫留下的难题都已经被托马修斯明确地解决了。通过不考虑托马修斯后期著作的方法，布迪乌斯避免了这种可能性，即是说那些著作并没有太多地解决剩下的困难，而只是处理了学科本身及其历史的问题。

布迪乌斯对于我们的重要性不在于他自己的见地或解释的原创性，而在于他关于普及性哲学史的一般著作对我们的持久影响，这些著作首先把"道德史"纳入一个更为宽广的语境之中。布鲁克在实质上完整地接受了这一框架，并且在《哲学批判的历史》中很快就承认了自己受益良多：

> 最为杰出的人非常清楚，对于哲学来说没有什么东西比它的历史对它帮助更大的了。布迪乌斯在它上面花费了不少的时间和精力，[152] 我们说他对这个学科在德国的培育作出了重要的贡献，如果考虑现代的话，这不会有大的问题。❷

---

❶ 《自然法与万民法选录》，第41段，页52-53。

❷ J. J. Brucker，《哲学批判的历史》，卷4，页528-529。布迪乌斯的博学广识和他的虔敬主义神学使他成了许多牧师儿子的特别具有吸引力的导师，他们要追求学术和牧师双重职业。J. M. Gesner 是一个非常好的例子，他是布迪乌斯在耶拿的一个学生，后来主持哥廷根古典学的复兴；参见：La Vopa，《恩宠、天赋和价值》（*Grace，Talent and Merit*），页209。

布迪乌斯两次出版了他的哲学通史，一次是作为哈勒学生的系列教科书的前言，那时他还是那里的道德哲学的教授；另一次是作为一部独立的、在主体上进行了扩充的著作，实际上直到他去世之后才得以出版。❶ 他对哲学史的叙述分为六大章，以对各种哲学反思形式的一种解释为开端，对此他列举了怀疑主义、教条主义、宗派主义和折中主义——他显然喜爱后者胜于其他。古代哲学被分为希伯来哲学和异教哲学，后者又被细分为希腊哲学和蛮族哲学，由此接下来的三章就分别处理从亚当到现代卡巴拉主义的犹太思想、希腊哲学以及未用希腊语写就的古代作品。著作对中世纪经院主义哲学作出了一个简短的总结，然后以对近期哲学（*philosophia recentior*）的一种说明作结，其中使用的范畴来自每一哲学流派回应经院主义遗产时所形成的对立意见：一些被视为是在复活希腊各学派，不管是柏拉图主义、亚里士多德主义、伊壁鸠鲁主义还是斯多亚主义，而其他的则被标以革新派（*novatores*），对此培根和笛卡尔被视为最具贡献者。但是，布迪乌斯的意见似乎是说，至少在德国，笛卡尔唯理主义的结论是对经院主义的局部复兴，而不是对它的完整替代：

> 由于笛卡尔已经把改进物理学置于自己的肩上，普芬道夫在伦理学说（或者毋宁说自然法）上做了同样的工作，

---

❶ 在折中主义哲学这一共同的标题之下，他首先出版了《实践哲学的要素》（*Elementa philosophiae practicae*，1679）；《工具哲学的要素》（*Elementa philosophiae instrumentalis*，1703），其中哲学史充作了序言；《理论哲学的要素》（*Elementa philosophiae theoreticae*，1703）。这些著作在 1727 年之前共计达到 25 卷。《详解哲学史纲要》（*Compendium historiae philosophiae observationibus illustratum*，1731），这是他去世后由他的女婿 J. G. Walch 编订的。J. G. Walch 通过对布迪乌斯 1703 年之后的整个著述范围的研究丰富了原版的内容。由于这是一种更为完整的解释，这里所要讨论的就是这后一著作。对于这些著作的广泛流传，参见：M. Wundt，《启蒙后期的德国形而上学学派》（*Die deutsche Schulmetaphysik im Zeitalter der Aufklärung*，Tübingen，1945），页 66。对于布迪乌斯在折中主义中的地位，参见：Albrecht 在《折中主义》中的出色解释，页 434 – 450。

[153] 莱布尼茨则决定在形而上学上一展身手（这甚至令经院主义者都极为满意）。❶

　　然而，在关于近期哲学的较长篇幅的第六章中最后几节，布迪乌斯总结了与格劳修斯、霍布斯和普芬道夫相关的争议，并且明确指出在伦理学领域至少经院主义得到了克服。❷

　　在哈勒时期的著作中，布迪乌斯渴望强调对这种历史的证明是教导折中主义方法的预备内容：

> 我极为相信它对于年轻心灵做好准备来说是适当的，而且对那种历史的认识似乎就是为这些奥秘准备的。它们很容易得到训练，而且历史话题由于自身的乐趣会受到欢迎，结果心灵就逐渐被导向更为严肃的问题。❸

　　哲学史研究可以有效地揭示之前学派的缺陷，同时筛选出值得继续留在当前哲学反思之中的内容。❹ 一个哲学体系的历史常常表明，创始者在视野上是折中主义的，而他的追随者们却变成了决心要把思想自由宣布为非法的严格教条主义者。❺ 有抱负的折中主义的学生应当把对抽象形式的现象思考与他对从哲学史阅读中所获得的相关学说的运用结合起来：

> 最终，这样的人才配享折中主义者的名称和头衔，他通过审查事物本身为自己准确地设计原则。从而让他根据自己

---

❶ Buddeus，《纲要》，页492。
❷ Buddeus，《工具哲学的要素》（Halle，1714，第4版），"Lectori Benevolo"（未标页码）。
❸ Buddeus，《纲要》，页534。
❹ 同上注，33－35段，页508－527。
❺ 同上注，页534－535。

原则和标准挑选他在其他人的著作中读到的所有论点，为他自己选出那些适合其原则的论点，拒绝那些无法与之调和的论点。❶

当然，对折中主义当前作用的这种看法与克里斯琴·托马修斯所发展出的非常相似。但是，由于布迪乌斯是把折中主义系统适用到哲学史写作之中的首位作者，他的著作中包含着需要引起注意的原创性的方法论要点。对于布迪乌斯来说，哲学史并非一种毫无争议的"进步"史：它的各个片段代表着一种需要加以分离和评估的真理与谬误的混合。这反过来又要求历史学家要比之前更为敏锐地组织和解释自己的材料［154］。布迪乌斯并不旨在提供一个纯粹的学说汇集，而是要把在那些范畴和标签之内恢复和解释整个思想体系视为己任，参与者们或许不熟悉这些范畴和标签，但他们却是 18 世纪的作者和读者所了然的修辞。这种处理文本的方法既是真正历史的，因为它试图发现哲学史的永恒关系，也是反历史的，因为它想要把过去的思想家重新描述为 18 世纪争论的参与者。这种方法最近已由马里奥·隆戈（Mario Longo）作出了很好的概括：

> 各体系的历史重建以及对它们真理与谬误之间平衡关系的详细审查构成了历史研究的两种活动，二者既是相互独立的，也是同等必要的。唯如此哲学史才能实现布迪乌斯为其研究设定的两个目标，表明它本身即是神学家和哲学家都不可或缺的工具，他们都可以从中找到更为深入地研究各自立场的理由，为有用的对抗提供一个机会。❷

---

❶ Buddeus,《纲要》，页 537。

❷ M. Longo，"虔敬主义与折中主义之间的哲学叙事"（Le storie della filosofia tra eclettismo e pietismo）载于 *Storia delle storie generali della filosofia*（Brescia，1979），G. Santinello 编，卷 2，页 383 – 384。

这种方法中的张力是明显的，实际上它将会在康德的第一批判末尾的简短哲学史中得到完整的发掘。但是，重要的是要理解布迪乌斯为何觉得有必要去使用这种方法，而同时又对它的明显矛盾之处视而不见。正如我们所看到的，布迪乌斯相信在通常情况下哲学仍是神学的婢女。而且在他的后期阶段，当时他正忙于教会史和道德神学问题的研究，他在哲学史上的兴趣似乎已经从定义折中主义的重要性转向了对这种历史的研究能够揭示当代哲学和宗教思想在特定阶段的联系上。❶ 这种兴趣和重点的变化在《纲要》（Compendium）的扩充和增补中一览无遗，那是他 20 年前所创作的原创性哲学史。而且，这在任何地方都没有比对斯宾诺莎和"斯宾诺莎主义"的研究中表现得更为明显了，那里存在对布迪乌斯批判斯宾诺莎的伦理理论和圣经批判、而不仅仅是他的核心哲学体系的其他著作的频繁引证。❷

[155] 正如人们希望从布迪乌斯那里所获得的，无神论的历史是对宗教思想史的逻辑的和对比的叙事。实际上，布迪乌斯已经在一部写于两部哲学史之间的著作《无神论与迷信的论题》（Theses de atheismo et superstitione）（1717）之中明确呈现了这些对比。他在这部作品中争论说，无神论观念自希腊时期以降已经呈现出连贯的形态，或者是一种怀疑论类型的，明确否认神祇的存在，或者是一种教条论类型的，否认上帝的某些属性，例如自然。这两类又可以进一步细分为四种类型，对应于希腊哲学的四个主要派别：前两个是怀疑论的形式，伊壁鸠鲁主义和"斯宾诺莎主义"（他用这个术语指称埃利亚学派，据信斯宾诺莎更新了

---

❶ M. Longo，"虔敬主义与折中主义之间的哲学叙事"，页 394。

❷ 他与斯宾诺莎的交锋本身即提供了一个进入他的历史方法的方便窗口：通过把"斯宾诺莎主义"（Spinozism）确定为一种早在古希腊就有的合并质料与上帝的例子，布迪乌斯成功地降低了斯宾诺莎的原创性，并且弱化了那些观念和传统，对它们的研究或许仍旧会产生异端的结果。请参见 M. Mulsow，"古德宁与布迪乌斯：相互竞争的哲学史模型"（Gundling versus Buddeus：competing models for the history of philosophy），载于 Kelley，《历史与学科》，页 103－125。

其中的泛神论和一元论）；以及亚里士多德主义和斯多亚主义，这是两种无神论的教条主义。所有这些形式的无神论都沿着一条清晰的、可追踪的路线发展到当下，但是在文艺复兴之后的世界中最具影响也因此最为危险的却是"斯宾诺莎主义"。对这种成功的解释不单纯在于斯宾诺莎以物质实体对上帝特性所做的论证，而是在于他试图以时尚的、严格的道德几何学（more geometrico）去证明这些："但是，斯宾诺莎是第一个以极大的热情把这种不虔敬归纳为一种系统的形式，并把几何学的方法适用于它的人，然而他收获的却是一个不幸的结果"。❶

布迪乌斯在讨论现代无神论时，他实质上所关注的不是那些直率地否认上帝的人，而是那些虽然时常谈论上帝（不管是否真诚），实际上却把他降为他们哲学中的一种纯粹人造角色的人。对于布迪乌斯来说，一边宣称对神性的真诚信念，一边却否认神圣本质与物质实体的任何区别，这纯属无稽之谈："实际上这相当于是说只存在一种本质，至少具有一个不同的方面：然后（这个）先适用于上帝，再适用于世界"。❷ 事实上，他对这种本体论混乱的担心可以解释他早期对莱布尼茨在《神义论》中关于上帝属性讨论的保留，而且，当他意识到沃尔夫采纳了莱布尼茨本体论原则的神学和伦理学含义时，这些保留就急剧地强化了。

[156] 布迪乌斯在其创作生涯早期就表达了对莱布尼茨形而上学的疑虑。在 1710 年《神义论》出版之后，他就写了一篇题为"论恶的本源"（On the Origin of Evil）的论文，其中他争论说莱布尼茨未能提供恶在世界上存在的充分解释，而这恰恰是那

---

❶　J. F. Buddeus，《无神论与迷信的论题》（Theses de atheismo et superstitione，Jena，1717），页 165。对于布迪乌斯关于无神论著作的全面讨论，包括他反对贝尔的论点，请参见 S. Masi，"折中主义与布迪乌斯的哲学"（Eclettismo e storia della filosofia in Johann Franz Budde），载于 Memorie della Accademia delle Scienze di Torino，卷 5，1，1977，页 181 – 189。

❷　同上注，页 176。

位哲学家相信最为可能的形式。莱布尼茨以一封短信就打发了这个批判，信中他把布迪乌斯的批判与普芬道夫和托马修斯的唯意志论联系在一起，并且不打算去研究任何未能从对实体的形而上学分析出发的道德的基础：

> 他也是在为一种关于行为之道德的观点辩护（他直接规定了它而没有任何形式的论证，几乎不能作为一个基础），它不依赖事物的本质，却依赖立法者自身的意志。显然，这无法与我的观点一致。❶

莱布尼茨足以看穿关键问题的一贯能力使得他可以在这种鲜明的对比之中提出伦理形而上学的哲学家所面临着的两个选择。但是，不能说莱布尼茨比唯意志论者更能凌驾于批判之上，因为在布迪乌斯的"斯宾诺莎主义"的非难中实际上存在更多的真理成分，不管他当时对斯宾诺莎的理解是多么不准确。❷ 如果"斯宾诺莎主义"被理解为一种上帝与世界的本体论混合，那么就很难理解自愿的行为，不管是公正的还是不公正的，对人是如何可能的。因为一切行为的成功与失败，善与恶，都是一个形而上学问题，而不是一个道德问题：恶被变成了不自愿的了，一个"可共存的"（compossible）世界的必要限制的产物。上帝作为这个世界的创造者要对恶负责，而不是人要负责。布迪乌斯正在证

---

❶ G. W. Leibniz，致布迪乌斯的未署日期的信件，载 *Bibliotheca - Historico - Philologico - Theologica*（Bremen，1725），卷8，页77-78。

❷ 或许应当强调，当布迪乌斯在17世纪晚期和18世纪早期阅读斯宾诺莎时，他最容易获得的文本是《神学政治论》，这是斯宾诺莎宗教观点中彻底理性主义表现得最为明显的地方。为这个体系奠定了形而上学基础的《伦理学》却鲜为人知。斯宾诺莎的事业在德国却没有得到帮助，他的两位主要的支持者康拉德·迪贝尔（Conrad Dippel）和约翰·艾德尔曼（Johann Edelmann）留下的只是晦涩的解释和不体面的人生。对于斯宾诺莎在18世纪德国中的总体影响，参见：贝克（L. W. Beck）的《早期德国哲学：康德及其先驱》（*Early German Philosophy: Kant and his Predecessors*，Harvard，1969），页352-360。

明一个简单的论点：一旦你拒绝意志，神的或者人的，是善恶的源头，或者一个较小的观点，意志是法律和规范的源头，据此善恶可以作为历史的惯例得到确认，那么你就会被迫回到某种决定论，据此善恶的根源或者在人或者在神，[157] 由此人至少不能被认为负有责任。在《神义论》中，莱布尼茨通过论证恶与善都是构成上帝的理解的部分而不是他创造的本质，避免了使上帝成为恶的源头的非难："恶毋宁源于处于分离状态的形式自身，即源于上帝没有通过他的一种意志行为所制造的观念"。❶ 但是，他无法找到任何论据从而摆脱剥夺了人的一切道德责任的非难。在《单子论》中，他声称"造物从上帝的影响中获得他们的完美，但是……他们的不完美归咎于他们自身的本质，这种本质无法臻至无限"。❷ 因此，人类缺乏道德行为的自由，直到他们在来世与神重新统一，这就像单子把渴望完美作为它们的目标。莱布尼茨实际上在这种世俗存在中排除了道德责任。

布迪乌斯在克里斯琴·沃尔夫的著作中察觉到了相似的伦理含义，并把它们作为了小册子论战的一部分贡献。这场论战形成时沃尔夫已经是 18 世纪 20 年代的哈勒的权威教授，却在虔敬主义教授乔吉姆·朗格（Joachim Lange，1670～1744）的煽动之下受到了"斯宾诺莎主义"无神论的指控从而被驱逐了。对这次争论的历史编纂仍然倾向于遵循沃尔夫的得胜的辩护者所规定的路线，这些人包括哈特曼（Hartmann）、路德维奇（Ludovici）和戈特谢德（Gottsched），他们把沃尔夫的对手打扮成哲学的俾格米人（pygmies），艳羡他日渐增长的声望，却害怕他们自身关

---

❶ G. W. Leibniz，《神义论》，Farrer 编，第 3 章，第 335 段，页 326–327。

❷ G. W. Leibniz，《单子论》（1714），《哲学著作选》，Parkinson 编，第 42 段，页 185。

于沃尔夫的系统唯理主义效力的观点的含义。❶ 虽然这可能是充满谩骂的朗格的一种准确的评价，但是沃尔夫的辩护者对布迪乌斯的评价却是片面的和误解的。事实上，布迪乌斯的《关于沃尔夫哲学的思考》（Bedencken über die Wolffianische Philosophie）体现了对下述问题的第一次详细的证明：沃尔夫在何种程度上根据莱布尼茨主义者和经院主义者的材料创立一个自然法体系，以一种较之普芬道夫传统的作家远为极端的方式摈弃了上帝的角色。布迪乌斯的《思考》一文代表着一种进入某种自然法体系的出色切入点 [158]，这个体系最终破坏了老式的新教 - 经院主义的综合，同时却假装从中汲取影响。

这场发生在哈勒的争论的直接原因是沃尔夫 1721 年对学生发表的校长演说，题为"关于中国实践哲学的演讲"（Oratio de Sinarum philosophica practica）。在演讲中他使用了中国的伦理信念的例子，以重申格劳修斯的观点，即使上帝不存在自然法仍然持存。因为中国人既没有自然宗教也没有启示宗教，但他们仍然能够树立可以据此过有德性的生活的原则，这些原则纯然源自他们自身的理性："除非中国人非常好地理解什么适合人心，否则就不能提供任何关于人的行为的教义，也无法对德性的运用和行为具有任何观点"。❷ 沃尔夫从这个例子得出了明确的推论：人

---

❶　K. G. Ludovici，《沃尔夫哲学全史的详细提纲》（Ausführlicher Entwurff einer vollständigen Historie der Wolffischen Philosophie，Leipzig，1735）；G. V. Hartmann，《莱布尼茨—沃尔夫哲学史指要》（Anleitung zur Historie der Leibnizisch – Wolffischen Philosophie，Frankfurt and Leipzig，1737）；J. C. Gottsched，《沃尔夫先生的历史赞歌》（Historische Lobschrift des. . . Herrn Christians. . . Freyherrn von Wolff，Halle，1755）。有一些严重依赖这些解释的讨论，例如 E. Zeller，"沃尔夫从哈勒的驱逐：虔敬主义与哲学的斗争"（Wolffs Vertreibung aus Halle. Der Kampf des Pietismus mit der Philosophie），载 Preussische Jahrbücher，卷 10，1862，页 42–72；Schrader，《腓特烈大学的历史之哈勒》，卷 1，页 168–181；Beck，《早期德国哲学》，页 256–275。

❷　C. Wolff，《关于中国实践哲学的演讲》，载 Meletemata Mathematico – Philosophica quibus accedunt Dissertationes，Lateinische Schriften（Hildesheim and New York，1974），卷 35，重印为哈勒版，1755，页 57。对于这些问题的研究，参见 M. Albrecht，"德行与中国人：克里斯琴·沃尔夫对宗教与道德关系问题的回答"（Die Tugend und die Chinesen. Antworten von Christian Wolff auf die Frage nach dem Verhältnis zwischen Religion und Moral），载 Nuovi studi sul pensiero di Christian Wolff（Hildesheim，Zürich and New York，1992），S. Carboncini 和 L. C. Madouna 编，页 239–262。

的理性是自然法的充分基础，因为在逻辑上不需要再进一步地推进论证。根据布迪乌斯的判断，在上帝介入自然法起源这一问题上的唯理主义者的这种跳跃只是某种无神论方法的一个方面，这种方法的顶点就是否认上帝拥有任何人所未有的属性：

> 如果我们从上帝的存在问题上更进一步，问作者对上帝具有何种概念，我们得到的答案是："上帝是表征一切全称命题的实体，同时它们也表征着他"……正如作者也把人的灵魂描述为一种"表征一个全称命题的实体"，这就像莱布尼茨先生把某种程度的表征与单子自身联系在一起，仿佛是在与某种不完整的事物联系在一起，因此可以得出结论说上帝仅仅通过某种程度的完美区别于人的灵魂。❶

布迪乌斯继续争辩说，通过从莱布尼茨的形而上学那里接过两项主要理论（单子理论和前定和谐的理论）并且重新使用它们，沃尔夫已经复活了某种形式的无神论，它通过使灵魂的运动从属于身体的运动否认了自由意志，这令人想起了斯特拉图（Strato）：

> [159] 同时，可以正确地说，莱布尼茨－沃尔夫哲学得以前进的核心论题是，整个世界都是这类单子的一种连结，这些单子由它们不同程度的表征彼此区分，其中确定为最高程度表征的称之为上帝。而且，易变事物的每次相继都可以称为一个世界，其中由于因果联系每种事物都必然发生：同样的情况也在人的灵魂和身体中发生，那里第一因源自灵魂的前定和谐。❷

---

❶ J. F. Buddeus，"对沃尔夫哲学及克里斯琴·沃尔夫的注释的思考"（Bedencken über die Wolffianische Philosophie mit Anmerckungen erläutert von Christian Wolffen），载《与朗格和布迪乌斯的小争论》（*Kleine Kontroversschriften mit Joachim Lange und Johann Franz Budde*，Hildesheim and New York，1980），J. Ecole 编，重印为 Frankfurt/Main 版，1724，页 38－39。

❷ J. F. Buddeus，"对沃尔夫哲学及克里斯琴·沃尔夫的注释的思考"，页 103－104。

对莱布尼茨－沃尔夫形而上学的这种犀利的总结，抓住了沃尔夫自然法系统解释根基处所固有的众多难题，下面应对此详加说明。❶

5.2　沃尔夫自然法理论的结构

莱布尼茨在其关于实体的形而上学定义中，就像在他的体系的许多方面一样，试图在后笛卡尔的学说与早期的信条之间实现某种调和。他的单子论代表着他至少要在形而上学层面克服笛卡尔二元论难题的首次尝试。实体在存在的世界中与身体结合，但它们本身不是质料的。对实体的任何充分的解释必须考虑感知和行动，必须包含一种超越惰性的引力概念：

> 我认识到，对一种广延的质量的思考本身是不够的，必须运用引力的概念，这种概念完全是可以理智理解的，尽管

---

❶ 对沃尔夫自然法理论的最新的细致研究，参见：Schneewind 的简短但令人信服的解释，《自律的发明》（*Invention of Autonomy*），页 431 – 44，还有以下三种研究：E. Stipperger，《克里斯琴·沃尔夫（1679～1754）的制度与自由：德国启蒙盛期的基本法思想》（*Freiheit und Institution bei Christian Wolff*〔1679～1754〕. *Zum Grundrechtsdenken in der deutschen HochAufklärung*，Frankfurt/Main，1984）；B. Winiger，《克里斯琴·沃尔夫的理性义务论：沃尔夫的系统的和神学的自然法中的超越、逻辑和道德真理的意义与功能》（*Das rationale Pflichtenrecht Christian Wolffs Bedeutung and Fuction der tran zendentalen*，*logischen und moralischen Wahrheit im sgstematischen und theistischen Naturrecht Wolffs*，Berlin，1992）；C. Schwaiger，《克里斯琴·托马修斯思想中的幸福问题：对其核心伦理概念的来源、概念和发展史研究》（*Das Problem des Glücks im Denken Christian Wolffs. Eine quellen-begriffs-und entwicklungsgeschichtliche Studie zu Schlüsselbegriffen seiner Ethik*，Stuttgart and Bad Cannstatt，1995）。

它属于形而上学的范围。❶

单子被断定服从经院主义的无本质（Inesse）的原则，根据这种原则某一特定主词的谓词的全部内容都存在于主词的概念之中［160］；它们是自我包含的，因此它们"没有任何东西得以进出的窗口"。❷ 每个单子都已经包含着它自身未来发展的潜在演化：

> 上帝看到亚历山大的单个概念，同时在它之中也看到能够真正陈述的所有谓词的基础和原因——例如他是大流士的征服者……甚至已经到了这种程度，先天地而不是通过经验就知道他是自然死亡还是中毒身亡。❸

宇宙是有序的，而不是混乱的原子论式的，因为上帝已经给了单子以方向。在单子受到吸引的上帝的至善至美那里，"形而上学的顶点与伦理学的顶点统一于一处"。❹ 我们已经在前面的第三章中看到了莱布尼茨是如何以柏拉图术语的形式把正义定义为"智慧者的仁爱"的。但是，如果我们移到这个核心概念的背后，我们就会明白爱（caritas）不过是我们在其他人那里看出的完美的习惯之爱，它们本身是对我们所有人都渴望和趋向的上帝的至善至美的暗淡反映："由于上帝的幸福是一切完美的汇聚，

---

❶　Leibniz，"新体系与对新体系的解释（1695～1696）"（New System and Explanation of the New System［1695～1696］），Parkinson 编，《哲学著作选》，页116。有很好的证据表明，他写作这篇作品是为了回应一篇博士论文"实体是什么？"（Quid sit substantia?），它是由托马修斯在1693年指导的：参见 G. Utermölen，《莱布尼茨对克里斯琴·托马修斯"实体是什么？"问题的回答》（Leibniz' Antwort auf Christian Thomasius' Frage "Quid sit substantia?"），载 *Studia Leibnitiana*，11，1979，页82–91。

❷　Leibniz，《单子论》，第7段，页179。

❸　Leibniz，"关于形而上学的讨论（1686）"，同上注，页19。

❹　莱布尼茨："关于笛卡尔原则的思考"，收录于莱姆克编《哲学论文和书信》，卷2，第676页。

快乐是完美的感觉，那么就可以得出结论，受造心灵的真正幸福在于它对上帝幸福的感知"。❶ 这一原则在单子理论中的形而上学的对应物是实体积极力争完美的自然倾向，实现这一点的那种能力在某种意义上是它的自然本性的一个定义。这种对完美的力争从一种无疑是新柏拉图主义的视角上看就是受造物努力争取与其创造者上帝的再统一，"作为我们的主人和终极因，他必然构成着我们意志的整个目的，单独就能构成我们的幸福"。❷

前定和谐的学说在这个体系中用作一种解释，以面对杰出的二元论者的反对意见。莱布尼茨的唯理主义要求在他的体系中对因果作出某种解释，但是由于单子的自明的独立性，使得它们每个都是自己的最低种，这似乎又是难以证明的。因此，莱布尼茨必须证明，确立一种预定程序的和谐是上帝目标中的部分内容，这种和谐本身提供了对原因与结果"相伴"的解释［161］。单子表现了它们自身的独特特征，但在一种完美的和谐中却具有因果互动的外观：

> 假设有两个完全一致的钟或表。这种一致可能产生于三种方式。首先是一种自然的影响力……第二种方法（辅助的方法）或许是让一位灵巧的工匠不断地监管，把它们总是调准确。第三种方法是从一开始就把这两个钟制造得精巧而准确，可以保证它们随后一致。❸

对于莱布尼茨而言，形而上学、神学和伦理学紧密相连，甚至互相依赖。新柏拉图主义是这些明显独立的因素得以调和的手段。在莱布尼茨的理论中，前定和谐的学说和一般的单子论都不能被认为导向了一种"斯宾诺莎主义"的无神论，因为在各个方面都会碰到"上帝期待看到的巧计……仿佛在他的大堂之外，

---

❶ Leibniz，"致汉斯的信"（1707），同上注，页966。
❷ Leibniz，《单子论》，第90段，页194。
❸ Leibniz，"新体系"，同上注，页131。

上帝总是准备着调准它们"。❶ 但是，如果这种新柏拉图主义的框架被移除了，对上帝的关注焦点变化了，那么这些非难就会立刻重新出现并具有效力。

沃尔夫的解释缺少的恰恰是这种新柏拉图主义的维度。沃尔夫所带来的是一个关于实体的更受限制的定义，力争实现的仅仅是自我完美，而不是在向着与上帝再统一之中塑造自身的特征。这非常接近于亚里士多德的潜能的目的论；实际上，可以说在各个阶段上他的本体论对莱布尼茨理论的吸收与对亚里士多德主义和经院主义传统的吸收同样多。这种关联可以宽泛地归咎于下述事实：这些传统在沃尔夫的严格推理的整体框架之中更易同化，他试图据此从一些基本的逻辑原则创造一种系统哲学。但是，可以把它更为直接和特别地归咎于他的早期阅读和一种失败的结果，甚至在一个漫长的通信过程中，他都未能与莱布尼茨的本体论形而上学完全交锋。

沃尔夫对莱布尼茨实体学说中这个方面的放弃相应地导致了对自然神学与实践哲学之间联系的某种切割，这就像早先托马修斯自己在一个不同的语境中提出的一样剧烈。如果单子对完美的追求不是被视为一种向着更高完美秩序（神性）的一种运动，而是被视为完善种类的一种形式，[162]那么单子与上帝之间的联系就断裂了：一旦人的任务被视为自我完善，那么很快就会得出人的理性被树立为一种走向那种完善的性质和特征的充分引导。在人的本性中存在的是有待发现的成就的手段，这是不证自明的。

在 1703 年首次出版的学位论文《普遍实践哲学的科学方法研究》（*Philosophia Practica Universalis methodo scientifica pertractata*）之中，沃尔夫就已经试图证明私人善、公共善和上帝荣耀在手段与目的的公式之下都是相关的，这种立场无疑与莱布尼茨的形而

---

❶　Leibniz，"新体系"，页131。

上学相容。❶ 但是，在与莱布尼茨的通信中，从沃尔夫的论文被送至莱布尼茨处评审开始，这个公式就被一种部分与整体的关系取代了，这时每个造物对完美的追求被看作了一个自我实现的问题：

> 上帝不仅把他的所有行为都指向他自身之内的自我完美的顶点，在他之外以某一造物自身的方式指向它们的完美，而且他还希望人类把自己的行为指向这一目的。❷

但是，个人对完美的这种追求增加了一般的完美，而且并没有伤害整体的发展。❸ 莱布尼茨点评说，沃尔夫似乎没有完全理解他的前定和谐理论的含义；但是，通信表明沃尔夫在这个发展阶段是从数学研究而不是形而上学中看到了德国哲学改革的更大希望：

> 没有比数学研究和健全的哲学研究在我们德国境内繁荣起来更让我梦寐以求的了。毫无疑问，就我自己而言，我不会错过我认为对促进公共善有利的任何东西，只要它在我的能力范围之内。❹

莱布尼茨的体系更多的是一套为着这一目标的观念，而不是一种已经完结的自足模式，仅仅需要予以尊重和一种更为流行的解释。

---

❶ 这是一部有自觉抱负的作品，它试图把数学方法扩展到伦理学领域，这样就可以从一小组清晰的、无例外的公理产生一种演绎的科学。根据沃尔夫哲学的首席历史学家，把笛卡尔的方法扩展到伦理学领域正是沃尔夫的意图，这是一个笛卡尔本人没有系统地尝试的哲学研究领域："这鼓舞着他在笛卡尔止步的领域继续扩展哲学科学的地盘"（Ludovici，《沃尔夫主义哲学的历史》，第 2 段，页 2）。

❷ C. I. Gerhardt 编，《莱布尼茨与沃尔夫通信集》（*Briefwechsel zwischen Leibniz und Wolff*，Halle，1860），页 26 - 27。

❸ 同上注，页 37 - 38。

❹ 同上注，页 23 - 24。莱布尼茨的意见在第 32 页。

[163] 沃尔夫关于形而上学的首批重要系统著作出版于 18 世纪第二个十年，当他在后来的一个自传体回忆录中回顾这段时期时，他强烈地强调他在这个阶段对莱布尼茨形而上学的使用是微弱的：

> 那时很少考虑到莱布尼茨的哲学，我只知道他的实体概念、真理观念以及它应当怎样认识，一如在《逻辑学序言》中所采用的。❶

事实上，他在形而上学方面更多地受惠于托马斯·阿奎那：

> 说我把莱布尼茨的哲学安排在了一个特殊的体系之中，这并不完全正确，因为在我的形而上学思考中只有极少的观念采自于莱布尼茨：更多的讨论来自于圣·托马斯而不是莱布尼茨。❷

在他的学生时期及其以后，沃尔夫就已经倚重卢多维科·卡尔伯（Ludovico Carbo）所拟出的《神学大全》纲要，对此他在很多地方都予以承认。❸ 他的当代辩护者也清楚地知道这一点。

---

❶ C. Wolff，《生活自传》（*Eigene Lebensbeschreibung*，Leipzig，1841），H. Wuttke 编，页 142。

❷ C. Wolff，'Monitum ad commentationem luculentam de differentia nexus rerum sapientis et fatalis necessitatis'，载 J. Ecole 编，*Opuscula Metaphysica*（Hildesheim and New York，1983），重印为 Halle 版，1724，第 18 段，页 34。

❸ 例如，沃尔夫的《生活传记》第 117 页；沃尔夫的"Monitum"第 9 段第 5 页。对于他在经院主义逻辑知识上倚重卡尔伯的完整讨论，请参见 M. Casula，"沃尔夫 – 托马斯 – 卡尔伯在拉丁形而上学中的内在联系：克里斯琴·沃尔夫接受托马斯的起源史"（Die Beziehungen Wolff-Thomas-Carbo in der Metaphysica Latina Zur Quellengeschichte der Thomas-Rezeption bei Christian Wolff），载 *Studia Leibnitiana*，11，1979，页 98–123。关于布雷斯劳、耶拿和莱比锡的教育对沃尔夫的影响的详细评价，见之于 H. J. de Vleeschauwer，"沃尔夫数学方法的产生"（La genèse de la méthode mathématique de Wolf），载 *Revue Belge de Philologie et d'Histoire*，11，1932，页 651–677。

作为所谓"莱布尼茨－沃尔夫哲学"的最有资历的历史学家哈特曼就相信，沃尔夫关于知性（Verstand）的官能活动以及心理学、自然神学和伦理学的教义具有重要的经院主义渊源。而且，整个沃尔夫本体论都来自这一哲学流派。❶

这些本体论原则对沃尔夫解释人类伦理学所起的效果在他的自然法学说中可以直接地看到。沃尔夫的出发点是，[164] 伦理学原则以形而上学的那些原则为先决条件："伦理学可以直接与形而上学相连"。❷ 因此，在伦理学中必须在道德的语境中适用和坚持的，正是完美的原则："因此，完美的概念是我的实践哲学的源头"。❸ 如果我们以莱布尼茨的风格承认一切实体都是主动的、有目的的力量，变化必然与存在紧密相连，那么就必然得出结论认为所有人类行为都基于人的外部和内部条件追求着完美的目标，或者它的反面，不完美的目标："人的自由行为促进着人的内在和外在条件的完美或不完美"。❹ 人因此就具有了自由意志的力量，根据他自身理性的指引遵循着他所选择的完美或

---

❶ Hartmann，《指要》，页431–432。对于本体论他写道，"整个本体论几乎都是经院主义的，除了他对那些经院主义尚未明晰的概念的澄清，以及用新内容对本体论的扩充"（第431页）。对于沃尔夫在其《首要哲学或者本体论》（1736）中对经院主义哲学的使用的完整讨论，见之于 F. Ruello，"克里斯琴·沃尔夫与经院主义"，载《传统》，19，1963，页411–425。但是，没有对沃尔夫伦理学中经院主义内容的研究。在研究沃尔夫受惠于莱布尼茨的过程中，C. A. Corr 只是评论说，"我猜想那宽泛地称之为'学院哲学'的内容的意义，尽管很难确定和追溯，至少具有同等的分量"（C. A. Corr，"克里斯琴·沃尔夫与莱布尼茨"，载 *Journal of the History of Ideas*，36，1975，页261）。

❷ C. Wolff，《关于德文出版论文的详细报道》，H. W. Arndt 编，《德文作品》，第9卷（Hildesheim and New York，1973），重印为 Frankfurt/Main 版，1733，第6段，页11。

❸ C. Wolff，《道德哲学或者伦理学科学方法研究》，W. Lenders 编，共5卷（Hildesheim and New York，1973）（重印为 Halle 版，1753，卷5，序言［未标页码］）。

❹ C. Wolff，《人的理性思想及其幸福的提升》（*Vernünfftige Gedancken von der Menschen Thun und Lassen zu Beförderung ihrer Glückseligkeit*，Hildesheim and New York，1976），"德国伦理学"，《德文作品》，卷4，重印为 Frankfurt/Main 版，第4版，1733，第2段，页5。

不完美。❶ 行为的善恶并非因为上帝的命定，而是因为它们在辅助个人的完美或不完美上所固有的善或恶。❷ 因此，自然法不是由一位上级的任意意志构成，而是由独力的人之理性自动作出道德区分行为的能力构成。❸ 理性的演绎思考能力完全准许自然法的进入，而且我们相信我们即使在作恶时也是在根据自然法的命令追求着完美。在这些情况下，理性的清晰表现被感觉、想象或情感弄乱了，我们被导向了错误和不完美；但是，理性根据它所判断的自然法内容对完美的追求却在逻辑上无法驳斥。❹

沃尔夫承认，他在道德的内质和目标（*moralitas intrinseca et objectiva*）上分享着经院主义的信念，这源于人的理性的根源（*fons*）。［165］这一经院主义原则也被施尔采尔（Scherzer）和阿尔贝蒂（Alberti）这样的新经院主义神学家作为共同情感（*sententia communis*）加以辩护，他们坚持存在一种善行的内质（*intrinseca honestas actionum*）。沃尔夫欣然与这些前辈为伍：

> 长期以来人们都知道行为之为善恶的原因存在于人之自然与本质：不仅经院主义者以道德目标的名义为此真理辩护，而且我们的神学家同样为它热情奋斗。❺

---

❶ Wolff，《道德哲学》，第 2 章，第 1 段，页 1。

❷ C. Wolff，《对上帝的理性思想的评注》（*Anmerckungen über die Vernünfftigen Gedancken von GOTT*，Hildesheim and New York，1971），"德国形而上学"，《德文作品》，卷 3，C. A. Corr 编，重印为 Frankfurt/Main 版，1740，第 134 段，页 219–220；《普遍实践哲学的科学方法研究》（Hildesheim and New York），卷 1，《拉丁语作品》，卷 10，（重印为 Frankfurt/Main 版，1737），第 174–178 段，页 140–143。

❸ 同上注，第 135 段，页 117–118。

❹ Wolff，《理性的思想》（*Vernünfftige Gedancken*），第 6～7 段和第 183 段，页 7–8 和页 212。沃尔夫明确地遵从经院主义的教义，人只在"善的概念下"（sub specie boni）行为，沃尔夫理论中的这一点在 Copleston 对沃尔夫的讨论中得到了恰当的承认。参见：F. Copleston，《哲学史》，卷 6，《沃尔夫到康德》（London，1960），页 110–120。

❺ Wolff，《详细报道》，第 137 段，页 392。

沃尔夫显然把自然法义务及其来源上的时下辩论类同于中世纪实在论者与唯名论者之间的争吵了。与上面勾勒的"实在论者"的立场对立，他列出了"唯名论者"的立场，他把它与普芬道夫唯意志论传统的论点联系了起来，即善恶在其作为法律颁布以先不能存在：

> 无疑，同样的学说从一开始就在我们中间教导，直到逐渐出现一些人，他们接受普芬道夫的意见：在法律创制之前无所谓行为的善恶，只有通过法律才变得如此。❶

尽管沃尔夫自己没有写过"道德史"，但是从他在这里对他同时代的人的描述中，以及他自己的强烈经院主义者定位中，可以明显发现它的主要的保守轮廓是什么。当布迪乌斯猛烈地批评他在校长演讲中复活了格劳修斯的不可能的无神论假定（hypothesis impossibilis athei）时，沃尔夫机敏地还击说，他只是强调了不完全依赖于一个高级立法者的本然正直的行为（actiones per se honestae）的存在。这是一个具有无懈可击的谱系的学说，他只是简单地加以重申："只要论点好用就足够了"。❷

但是，沃尔夫对格劳修斯假定的无神论的重新利用并不像他假装的那般传统和无害。在他宣称自然法的义务"如果没有上帝也同样发生"的语境中，他所做的仅仅是否定源于无神论者反对上帝存在的社会后果。这是真实的。❸ 但是，广义地说，很难发现上帝究竟在沃尔夫的自然法理论中扮演什么角色。他强调，虽然上帝是自然法本源，但在把理性能力植入人的内心之后他所介

---

❶ Wolff，《详细报道》，页 392–393。

❷ Buddeus，"思考"（Bedencken），页 36（注释）。

❸ Wolff，《理性的思想》，第 20 段，页 17。

入的范围很小。❶ 问题不在于，正如在普芬道夫的理论中那样，
[166] 不管上帝是否实际地保留立法权，人现在都在自己为自
己定义法律；而在于上帝是否能够至少在逻辑上作出这些推动。
因为如果人的目标是追求自身的完美，而且他作为主动的理性实
体拥有确定那一目标的手段，那么上帝怎么能干涉人的自我评价
呢？上帝赐予人理性的动机原本是希望更大的完美。按照这一原
则他已经选择了所有可能结果中最好的一个。一切存在都从上帝
理智的观念中衍生出来，而且上帝心灵中的任何观念都必须既是
可能的，也是没有矛盾的。同一个上帝创造了可以独立推理以形
成自然法的人，他必然基于其本质而成为一切现实和可能事物的
基础。因此，必须假定自然法具有不变的本质。在创造的最初行
为之外，这个体系只为上帝留下了极少的空间：这是沃尔夫脱离
莱布尼茨形而上学的直接结果，后者使上帝与人之间的关系在形
而上学和伦理学的每个层次都密切相连；在一个以自我完善而不
是与上帝和至善至美的再统一为基础的体系中，上帝在第一假设
之外都是多余的。沃尔夫因此使得伦理学的范围变得狭窄，成了
仅仅通过人的理性的一致的基础原则统治人与人之间关系的艺
术；他在莱布尼茨的与上帝和谐的理论之中没有看到人的行为与
人的目的论目标之间的任何联系——这是在一个过程的尽头实现
的东西，在这个过程中人逐渐愈发清晰地表征宇宙的真理，那正
包含于每一实体之中。❷

　　如果人的目标是自我完善，而且他的理性可以为他提供实现
这一目标的手段，那么沃尔夫的相互促进的基本伦理学说很快就

---

❶　Wolff，《实践哲学》，卷1，第3章，"论上帝，自然法的作者，奖赏或惩罚"
（De Deo，Legis Naturae Autore，Praemiis & Poenis），页 214－253。

❷　本部分内容受惠于 A. Bissinger 的论点，"沃尔夫主义伦理学的形而上学基
础"（Zur Metaphzsischen Begründung der Wolffschen Ethik），载 W. Schneiders 编，《克里
斯琴·沃尔夫 1679～1754：对其哲学及其影响的解释》（*Christian Wolff* 1679～
1754. *Interpretation zu sener Philosophie und deren Wirkung*，Hamburg，1983），页 148－
160。

出现了。个人的完善无法通过个人自私的努力实现，因此帮助别人的完善从而希望在需要的时候获得他们的帮助就是完全理性的："自然这样把每个人托付给自己，据此它同时也把所有其他的人托付给他。"❶ 因此就存在自然法的次级原则，它可以清楚地表述为紧随着首要原则："应当做趋向世界的完美者，而不做扰乱它者"。❷ ［167］ 因此，通过对每个人都能获得的理性真理的单纯使用，沃尔夫可以宣布一个非社会的社会性学说，它不必依赖人类所共有的任何天生的社会性的信念。自我完善和世界的完美这对孪生目标并不冲突。

相似地，沃尔夫的兼具完美和不完美两种道德义务的论点以一个预设为基础：理性指出，为了实现完美人不得不追求两种平行的实践法典，其一为自然法，它们的义务是完美的，可以为每个人的良心所获得；其二为统治社会中人与人之间具体关系的市民法，相比较而言它的义务是不完美的，因为它最终建立于一种自愿约定的观念之上。那些从沃尔夫那里获得灵感的教科书作者很快就围绕着这一区分组织起了自己的著作：例如，早在1726年，蒂密西（L. P. Thümmig, 1697 ~ 1728）就在他的《沃尔夫主义哲学教程》（*Institutiones Philosophiae Wolffianae*）中区分了自然法（*ius naturae*）和公民哲学（*philosophia civilis*），前者是道德哲学的理论，后者是这种理论作为万民法的适用。❸ 沃尔夫自己在他的首部拉丁语伦理学著作《普遍实践哲学》（*Philosophia Practica Universalis*）中接纳了这些区分，并且承认法律义务的不同性质依赖于义务的不同来源：自然法根源于人的理性，而一切实在

---

❶ Wolff，《实践哲学》，卷1，第223段，页178。相互促进的学说在《实践哲学》中得到了详细的阐述，220 – 223 段，页174 – 178。

❷ Wolff，《详细报道》（*Ausführliche Nachrichten*），第137段，页394。

❸ L. P. Thümmig，《沃尔夫主义哲学教程》，2 卷 （Frankfurt/Main and Leipzig，1725 ~ 1726）。

法，不论是人类的还是神圣的，都根源于意志的行为。❶ 但是，他已经在他的系列德语伦理学著作中陈述了这一点的本质："如果自然、上帝和人同时以义务约束我们，那么这唯一的标准既是自然法，也是神法，还是人法"。❷

　　这些学说不仅很快就导致了国际法从自然法任何清晰的衍生物中区分出来（一个停顿将由瓦特尔首先开启），而且似乎也表明了与托马修斯后期著作的友好关系的实质恢复。对完美和不完美义务存在的系统证明，在其意义上甚至比托马修斯对公正与正直领域的分离更为根本，因为它有力地否定了上帝在这二者的产生上的地位。［168］托马修斯至少在神圣正义与自然法之间留下了某些联系，但是在沃尔夫理论中自然法与市民法都只是人的反思和行动的产物。在托马修斯的理论中，启示和自然神学，它的研究，在形而上学上都是不同的；而在沃尔夫的理论中没有为那些无法由理性证实的启示真理留下空间。

　　在他们严谨的政治理论中，这两位思想家都遵循一种相似的契约论路径。有一种共同的信念认为，一切形式的政治组织都产生于政治意志的独立行为，而不是自然地源于传统的亚里士多德主义解释中的社会或经济原因。契约被视为表达政治意志的恰当工具，这是因为它们既满足了个人的自私利益，也满足了社会的一般利益。一旦契约订立了，而且人们放弃了他们的自然自由，那么在公民社会中就只有在极少数的情况下才存在抵抗权。❸

---

　　❶　Wolff，《实践哲学》，卷1，第135段，页117："自然法即是在人和事物的自然和本质中承认健全理性者"；以及第149段，页124："实在的神法即是其义务根源于上帝的意志者；实在的人法即是其义务根源于一个人或许多人的意志者。"

　　❷　Wolff，《理性的思想》，第18段，页15－16。

　　❸　对于托马修斯的契约理论观点，请参见 K. Luig，"克里斯琴·托马修斯"，载 M. Stolleis 编，《17、18 世纪的国家思想家：帝国政治家、政治学、自然法》（Sta-atsdenker im 17 und 18 Jahrhundert. Reichspublizistik，Politik，Naturrecht，Frankfurt/Main，1977），页228－247。沃尔夫对同一问题的陈述在 M. Thomann 那里得到了很好的总结，"克里斯琴·沃尔夫"，载《17、18 世纪的国家思想家：帝国政治家、政治学、自然法》，页248－271。

　　因此，可以相当公平地说，在这两位作者的统治理论中很少有内容会冒犯到同时代的开明专制主义的解释者和支持者。那里存在一种对所有形式的混合政府的共同不信任，这些政府要求在同等性质但却不相同的机构之间分享决策权。[1] 相反，我们看到的是一种对契约的集中关注，这种契约由君主制政府为其臣民供给福利的义务所支配。尽管托马修斯早期探索了普芬道夫的双重契约中更为激进的含义，但他被迫不断地回到开明统治者的行政权上以实现他的目的——不管是合宜的价值的促进，宽容的扩大，还是（似是而非地）教会和政府之间领域的恰当边界的确立，对此他相信他的教士对手们已经越界了。沃尔夫也像托马修斯一样，热衷于承认广泛的监管权力，这针对那些必然是政府职权范围的共同福利领域，即使这些领域在理论上很少 ［169］。一个高度官僚制的国家结构的概念就是这些关注的最终结果。

　　在托马修斯的情形中，这使得他成为 18 世纪后期经济学者的重要影响因素。[2] 但是对于沃尔夫而言，当这些信条添加到早已作为他的自然法理论基础的对义务和职责的强调之上时，结果却有助于把他的教科书相对无争议地纳入到南部德国和奥地利较为开明的天主教大学之中。他们的形而上学有着强烈的经院主义正统的气息，他们的政治结论同样显得无可争议，特别是它与帝

---

[1] 近期关于开明专制的学术研究往往强调，主流的自然法思想家通常是它的支持者，因为他们的理论在政府建立和文明状态确立之后只为公民留下了极少的政治自由。例如，Klippel 就发现，沃尔夫的国家概念包含着承认国王任意限制或扩大臣民自由的权力，以及一种在原初契约之下确立一种主人权力的权利（D. Klippel，"德国 18 世纪的政治理论"（Politische Theorie im Deutschland des 18. Jahrhunderts），载 *Aufklärung*，2，1988，页 66 – 68）。

[2] 参见：F. M. Barnard，"克里斯琴·托马修斯：启蒙与官僚政治"（Christian Thomasius: Enlightenment and bureaucracy），载 *American Political Science Review*，59，1965，特别是页 437 – 438。

国内部统治所发展出的传统历史和法律方法保持一致。❶ 沃尔夫因其"关于中国实践哲学的演讲"在天主教圈内获得了特殊的支持，这吸引着耶稣会士，正是他们开启了对中国道德哲学的同情性研究。而且，当他在"放逐"马堡期间的一次讲座中重回中国主题时，他使用了中国皇帝的例子，以证明开明专制主义与可以接受的君主政体模式的一致：没有利用任何的继受模式或者启示，中国人选定了君主制度作为共同体的最佳代表。他们在这一点上受惠于他们对儒家哲学的研究，这使得他们成为真正的"哲学王"，这种君主概念具有暧昧的开明和柏拉图主义的联系，在天主教和新教欧洲都广为接受。❷ 莱布尼茨早已在对现代开明君主的潜在智慧和爱的乐观信念与中国的历史例证之间建立了一种联系［170］，而这里沃尔夫正要以此为基础构建一种模式，

---

❶ 参见：N. Hammerstein，"玛利亚·特蕾莎与约瑟夫二世时代的奥地利大学和科学改革的特征"（Besonderheiten der Österreichischen- Unviversität und Wissenschaftsreform zur Zeit Maria Theresias und Josephs II），载 R. G. Plaschka 和 G. Klingenstein 编，《启蒙欧洲中的奥地利》（Österreich im Europa der Aufklärung，Vienna，1985），卷 2，页 806 – 808。沃尔夫的观念可以轻易地融入天主教当局的内心，这点在马尔蒂尼（Karl Anton von Martini，1726 ~ 1800）的职业生涯中得到了例证，他是玛利亚·特蕾莎和约瑟夫二世时期维也纳的权威自然法教授（1754 ~ 1787），未来的利奥波德二世（Leopold II）的导师，范·斯威腾（Van Swieten）和索南菲尔兹（Sonnenfels）在政府的教育改革研究委员会中的同僚，继续使用拷问的反对者。他的主要著作《论自然法的原理》（De Lege Naturali Positiones，Vienna，1767 ~ 1772）是一份直白的沃尔夫主义文本。

❷ C. Wolff，"论哲学统治和哲学王"（De Rege Philosophante et Philosopho regnante），载 Horae Subsecivae Marburgensis，卷 2，《拉丁文作品》，卷 34，J. Ecole 编，（Hildesheim and New York，1983），重印为 Frankfurt/Main and Leipzig 版，1732，页 580。沃尔夫对中国的兴趣的起源和年代的整个问题都在 D. F. Lach 那里得到了思考，"沃尔夫的中国情结"（The sinophilism of Christian Wolff），载 Journal of the History of Ideas，14，1953，页 561 – 574。沃尔夫对中国个案研究的使用提供了一个与重农主义者弗朗索瓦·魁奈（Quesnay François）使用它的有趣对比，后者把它作为一个稳定的农业君主政体的范例，是法国君主追求更为理性和在财政上更具效率的行政控制值得效仿的对象。

这种模式有助于沃尔夫的目标，远甚于托马修斯的。❶

然而，在两种真实的意义上，沃尔夫的事业仍然完全不同于托马修斯的。沃尔夫把意志与理性分离开来，作为人性的不同范畴，而且他从一个当中推出自然法，而从另一个当中推出实在法。这完全不同于托马修斯所坚持的主张：意志与理性不可避免地结合在一起，彼此相互作用，甚至当理性似乎处于支配地位时也是如此。这种对比是施玛斯经常评论的对象，他直接从托马修斯的《基础》中接受了自然法的定位：

> 而且，对初学者很有必要指出托马修斯经常记载的内容：在人性中理智力和意志力必须被视为灵魂的两种最为重要的力量，而且不是完全不同的部分。相反，它们具有密切的关系，然而这种关系的方式却是，对于真正的人类行为来说，意志实际上处于主观状态，而理智在很大程度上只是在调整自己以适应它，这就像一个仆人对待自己的主人一样，但是理智通常对意志仍然具有重大的影响。❷

但是，在这种基本的原则性差异的背后同时还隐藏着对哲学史的一种完全不同的理解和使用。正如我们所看到的，托马修斯可以被确定是在摆脱新教和新经院主义的束缚，正如沃尔夫可以被视为是在当它表现得无可救药的时候去支持和复活它。这无疑是布鲁克这样的哲学史家选择比较他们地位的背景。沃尔夫及其追随者浪费了与过去最终决裂的良机，这着实令人深感遗憾："这整个争论，普芬道夫拿起它反对经院主义，托马修斯继续推

---

❶ 参见：P. Riley，"《中国近事》中的莱布尼茨政治和道德哲学 1699～1999"（Leibiniz political and moral philosophy in the *Novissima Sinica* 1699～1999），载 *Journal of History of Ideas*，60，1999，页 217－239。

❷ Schmauss，《关于自然法真实概念的思考》（*Vorstellung des wahren Begriffs*），页 17－18。

进它并取得巨大胜利，莱布尼茨和沃尔夫使它再次结束，必然涉及一场语词之争吗?"❶

5.3　布鲁克的历史编纂的综合

虽然沃尔夫的道德体系在最终的结论上似乎与托马修斯相似，[171] 但无论是在论证方式上还是在权威运用上都与之显著不同。沃尔夫主义的历史学在德国哲学共同体中的成功及其与虔敬主义者的论战持续地强调了这一事实，这正如路德维奇和哈特曼所书写的。这些著作被布鲁克广泛地用于对一切现代德国发展的讨论，结果他对现代道德哲学的解释呈现为一种综合图景，它由托马修斯和沃尔夫传统的影响绘制而成。虽然"道德史"作为一种体裁是在康德的批判哲学的影响下消失不见的，但它的轮廓早已被沃尔夫所代表的经院主义伦理学的、持久有效的强大干预弄得模糊不清了。布鲁克对自然法理论的解释是一个试图调和托马修斯和沃尔夫的贡献的综合体系。但是，这是以危及一种折中观尚存的任何连贯性为代价的。❷

《哲学批判的历史》划分了三个大的时期：从世界开端到基

---

❶　Brucker，《哲学批判的历史》，卷 5，第 3 期，第 2 部分，第 1 书，标题 9，第 72 段，页 517。

❷　雅各布·布鲁克 (Jakob Brucker) 属于比沃尔夫年轻的一代。他是在耶拿大学的布迪乌斯的指导下接受教育的，后者对他的思想形成具有决定性的作用。他一生中在考夫博伊伦和奥格斯堡拥有许多鲜为人知的教职，要不然他就致力于哲学史研究了。对他生平的研究见于 K. Alt，《雅各布·布鲁克：18 世纪的一名教员》(*Jakob Brucker ein Schulmeister des 18. Jahrhunderts*，Kaufbeueren，1926)。《哲学批判的历史》在他有生之年出版过两次，首次是在 1742～1744 年，扩充版出版于 1766～1767 年；最新的研究请参见 Schmidt-Biggemann 和 T. Stammen 编，《雅各布·布鲁克 (1696～1770)：欧洲启蒙时期的哲学家和历史学家》(*Jacob Brucker* (1696～1770). *Philosoph und Historiker der europäischen Aufklärung*，Berlin，1998)。

督降生，从罗马帝国到文艺复兴，从文艺复兴再到现代。这些时期每个又分为两个阶段，因此共有六个分支：作为希腊文化组成部分的古代哲学和爱琴海之外的古代哲学；中世纪的阿拉伯哲学和中世纪经院主义；文艺复兴对希腊学派的复兴和享有折中主义之名的全新哲学。布鲁克把他的任务定位于提供一种个人哲学（*historia personarum*）和一种教义哲学（*historia doctrinarum*）之上。因此，他收集与这些范畴有关的各种来源的信息，在判断其真实性后把材料组织在一个特定的哲学流派的框架之内，他假定这个流派一定有创立者、追随者以及集大成者，后者设立保持历史可信性的框架。通常在这六个分支中的进一步细分是根据年代学或地理学作出的，但是在关于现代哲学的最后章节中这些区分变成了概念性的，［172］布鲁克相信被讨论的哲学已经脱离了公认的流派模式。❶ 对布鲁克著作的整体方向和内容具有决定性影响的是布迪乌斯、霍伊曼和沃尔夫，每个影响都需要详细评价。

刚才所描述的方法，及其对事实精确性的强调，神话与真正学说的分离，对遗失体系的再造，都直接利用了霍伊曼《哲学史导论》中所包含的可取之处，这部著作早在 1718 年就尝试把哲学史确立为一种不同于文学史的科学学科。这种方法对布鲁克的后期著作影响显著，因为它决定性地降低了对希腊哲学的教父判断的信任。❷

布鲁克的折中主义及其对哲学史与宗教史联系的关注都受惠于布迪乌斯。在他那里，哲学史发生的根据与布迪乌斯所使用的

---

❶ 对于布鲁克的方法的细致讨论见之于 M. Longo 的“哲学的‘批判’叙事和首要启示：雅各布·布鲁克”（Storia "critica" della filosofia e primo illuminismo. Jakob Brucker），载 Santinello，《哲学的一般叙事》，卷 2，页 527－634。对于布鲁克作为一位折中主义的历史学家见之于 Albrecht 的公正评价，《折中主义》，页 545－550。

❷ 同上注，页 528。霍伊曼的作品发表于《哲学导报》，这是由他主编并执笔大部分内容的期刊。它的卷册 1715～1727 年之间在哈勒出版。

完全相同：作为锐化心灵批判能力的一种手段，作为一种把心灵从偏见之中解脱出来的技术，以及作为一种高级哲学部门必需的导论。最为重要的是，读者能够辨识异端邪说，并且找到挫败无神论的工具：如果可以确认伟大哲学家的错误，那么人的理性的限度就可以较为容易地界定，随之神学和哲学的领域也就可以友善地分离。虽然托马修斯倾向于认为这种分离更有利于哲学，但布迪乌斯和布鲁克似乎都认为处于支配地位是神学的职责所在。❶

　　一种新的严格的历史方法与一种路德教的辩护目标（反对无神论和天主教），这二者的紧张结合导致了布鲁克在折中主义的处理中产生了某种不连贯。一方面，他希望证明宗教的真理必须依赖高于理性的层面：

> 　　不能说通过这种方式我们从最神圣的信仰中获得了多么大的确定性，也不能说当人类智慧从那高贵的方法退却时对它的多重苦恼的厌恶多么频繁地压倒了我们。❷

　　[173] 实际上，智慧的神圣根源是前面几卷的核心主题，并且决定着对东方哲学、柏拉图主义以及中世纪经院主义的解释。❸ 但是，另一方面，布鲁克所提供的真实的哲学史打破了表面上已经设置其上的教义学限制。虽然直到 17 世纪的哲学史都被视为智慧与愚笨的一种平衡混合——按照托马修斯的术语是 *Weisheit und Torheit*——但对近代哲学的解释却是一种从幼年到成熟的发展过程，直至获得永恒的智慧。尽管在布鲁诺（Bruno）、康帕内拉（Campanella）、培根、笛卡尔、莱布尼茨和克里斯琴·托马修斯这些人之间无论在方法上还是在学说上都存在明显

---

❶　Brucker，《哲学批判的历史》，卷 1，页 8。
❷　同上注，卷 5，序言（未标页码）。
❸　特别是《哲学批判的历史》第 1–3 卷。

的区别，布鲁克还是希望把他们都刻画成折中主义者，因为他们都享有着横贯整个哲学领域的思想自由，并且有选择地挑选着那些有助于他们自己事业的哲学史时期。❶

在布鲁克关于现代哲学的解释中，莱布尼茨和沃尔夫都被当作英雄享有着突出的重要性，因为在他看来他们已经成功地调和了他们系统之中的信仰和理性的要求。然而，关于他们的著作以及笛卡尔对他们影响的描述，布鲁克几乎原封不动地照搬了沃尔夫主义者路德维奇和哈特曼的党派历史，这二人在基调上都完全是唯理主义者。给人的印象是，唯理主义已经取得胜利，尽管布鲁克要求相反的一面。虽然斯宾诺莎受到与布迪乌斯所使用的术语相同的谴责，但对斯宾诺莎主义的指控并没有延续到沃尔夫学派。❷ 沃尔夫的著作代表着德国哲学最近的和最实质的部分：甚至在第二卷还添加了一个内容丰富的尾部（mantissa），或者附录，从而把沃尔夫后期的系列拉丁语著作索引进来，这些著作在布鲁克的《哲学批判的历史》第一版时尚未完全出版。值得注意的是，布鲁克同时代的人也不确定他在写作《哲学批判的历史》过程中奉为至上的究竟是唯理主义还是路德主义：毫无疑问，当狄德罗在《百科全书》（Encyclopédie）中广泛掠夺布鲁克时，他就能够忽略关于宗教的讨论，而直接集中到对逻辑上根本不同的世俗哲学的解释［174］。正如雅克·普鲁斯特（Jacques Proust）所写到的，布鲁克的材料似乎使人忘记了他组织和驾驭它的能力：

> 布鲁克的唯理主义不是聪明护教士的世俗面具，而是他思想中的基本选择……可以发现，与其前辈相较，布鲁克已

---

❶ 对沃尔夫学派自然法传统和学者的讨论集中在《哲学批判的历史》卷5，第3期，第2部分。

❷ 对于布鲁克反对布迪乌斯针对沃尔夫"斯宾诺莎主义"无神论的指责，请参见布鲁克的《哲学批判的历史》，卷6，页899。

经青出于蓝而胜于蓝。尽管如此，他仍然处于他不能涉险的限度之内；正是在他的著作中，唯理主义被推向了它的最后结果；那里，一种在每个方面都与自然宗教一致的启示宗教的信念被全部信念的缺席取代了，这就是无神论。❶

这些优先考虑的事项所导致的一个进一步的结果是，迄今为止我们所理解的"道德史"变成了一个更附属于整体解释的部分。虽然布迪乌斯的《纲要》仍然代表着折中主义在此前哲学的一百多年时间内的主要成就，但在布鲁克的教科书中折中主义已经扩展到足以调适与它几乎不相容的莱布尼茨－沃尔夫哲学了。结果就是，模糊了原本与折中主义相连的伦理学史轮廓，而且消除了折中主义在哲学上的出众之处。欧洲哲学的主导传统被认为是以笛卡尔、莱布尼茨和沃尔夫为轴心的，像霍布斯和普芬道夫这样的角色正日趋边缘化。霍布斯被描写为一种没有大陆视野的纯粹英国现象，而普芬道夫对自然法的贡献与他作为托马修斯导师的角色相比却显得不那么重要，后者受到推崇在很大程度上是由于他反经院主义的辩论，而不是由于他的实体自然法理论。"道德史"中每个人物都得到了切实的讨论，但他们分布在一个人物肖像的画廊之中，近期获得它们要求同等的价值和意义。正是对莱布尼茨和沃尔夫在所有哲学领域之中的这种清晰而且具有主导性的联系的确立，带来了康德在以沃尔夫为代表的系统的教条主义和以休谟所代表的系统怀疑主义之间得出同样简单的区分的合理语境。在1781年之前，司空见惯的情况是，把18世纪的德国哲学史视为，由莱布尼茨和沃尔夫主导着各个部门，只赋予自然法传统的成员以较小的作用。对于康德哲学的历史学家来说，把自然法作品的不同线索重新统一到这种方便简单的模

---

❶ J. Proust，《狄德罗与百科全书》（*Diderot et l'Encyclopédie*，Paris，1967），页246。

式之中，而不用预先证明它在当代的陈旧过时，这是相对容易的。因此，从某种意义上说，[175] 正是布鲁克本人在道德哲学的历史编纂中实际地埋葬了折中主义，这发生在康德的革命再次改变哲学对过去的看法之前。

5.4　沃尔夫自然法理论的实际影响

我们已经剖析了那些方面，由此沃尔夫的著作代表着在一个严格演绎的框架内对经院主义和莱布尼茨自然法原则的有力重塑。但是，对于他的概念在欧洲范围内的迅速散播和接受却要求一种更深入的研究，那标志着早期启蒙的思想框架的完结，其中18 世纪中叶统治者、官僚和大学教师关于公民与国家之间恰当关系的不断变化的假定起着重要作用。

历史学家们在一段时期内已经意识到，沃尔夫的教科书由于与现存的相应经院主义文本具有系统的相似性因而可以相对容易地进入南部天主教德国。❶ 但是，正如它们在德国大学之外实际影响的重要性，沃尔夫对公民与国家之间恰当关系的解释也容易适应开明专制的政治文化。赫尔穆特与克里普尔都已经证明了，沃尔夫关于个人最能在共同体之内实现完美的信念是如何转变为一种官僚的服务伦理的，这种伦理预示了康德要求公共异议服从一种较大的公共善的某些要素。而且，个人在国家或共同体内自我完善的学说被用于为亚里士多德主义的在城邦之内臻至完美的潜能概念赋予活力；但是这里的不同之处在于，那种完美可以通过国家公

---

❶ 参见，例如 T. C. W. Blanning，"天主教德国的启蒙"（The Enlightenment in Catholic Germany），载 R. S. Porter 和 M. Teich 编，《民族背景中的启蒙》（The Enlightenment in National Context，Cambridge，1981），页 121。

务员和官僚的指导和干预达到，而他们推行着一种义务的概念。❶

这里折中主义也并非不相关，因为它所培养起来的对哲学过去的较大的批判性认识，有助于鼓励对作为一种独立学科的"实践哲学"的较为清晰的理解。最为重要的是，沃尔夫著作中理性与自然的清晰而又连贯的关系为哲学奠定了基础［176］，据此它可以成功地要求自己成为大学体系中的关键知识学科，这在康德的鼓舞之下即将实现。理性预设了一种独特的、涵涉一切的解释工具的地位，这种工具只能被哲学家自己在自然法研究和自然宗教中恰当使用。神学院（由于其宗教联系）和法学（由于其国家公职联系）都无法保持真正的不偏不倚。因此，沃尔夫在德国学术结构中的影响有助于促进以法学为代价的哲学地位的提升，而且暗示着以一种抽象哲学分析的回归取代自然法的历史解释。这些发展都预示着康德在其《系科之争》（*Der Streit der Facultäten*）（1789）中所正式形成的立场。❷

然而，在德国学术生活的正式结构之外，试图传播沃尔夫著作的尝试却并没有获得相似的成功。❸ 例如，萨缪尔·福尔梅

---

❶　参见：E. Hellmuth，《自然法哲学与官僚制的世界视野》（*Naturrechtsphilosophie und Bürokratischer Welthorizont*，Göttingen，1985），多处提到；Klippel，"自由的真实概念"（The true concept of liberty）；D. Klippel，"从统治者的启蒙到启蒙的统治"（Von der Aufklärung der Herrscher zur Herrschaft der Aufklärung），载 *Zeitschrift für Historische Forschung*，17，1990，页 193 – 210。

❷　参见：Schmidt-Biggermann，"新的知识结构"，载 Ridder-Symoens，《现代欧洲早期的大学》，页 527 – 529。

❸　对于沃尔夫的教科书在德国学界和法律界的影响，请参见 M. Thomann 的三篇论文："克里斯琴·沃尔夫的自然法的影响"（Influence du *Ius Naturae* de Christian Wolff），载《克里斯琴·沃尔夫的自然法》（*Christian Wolff. Ius Naturae*，Hildesheim and New York，1968 ~ 1972），共 8 卷，M. Thomann 编，页 5 – 81；"克里斯琴·沃尔夫"（Christian Wolff），载 Stolleis，《17、18 世纪的国家思想家》，页 248 – 271；"克里斯琴·沃尔夫的法哲学在 18 世纪政治和法律实践中的意义"（Die Bedeutung der Rechtsphilosophie Christian Wolffs in der juristischen und politischen Praxis des 18. Jahrhunderts），载 Thieme，《柏林—布兰登堡—普鲁士的人文主义和自然法：一个会议报道》，页 121 – 133。

（Samuel Formey，1711～1797）的《自然法与万民法的原则》
（*Principes du Droit de la Nature et des Gens*）（1758）就是未能造成
任何重大影响的典型，尽管作者自信关于沃尔夫的译本会与巴贝
拉克早期的格劳修斯和普芬道夫版本（这个以柏林为活动中心的
胡格诺教徒希望自己的著作可以与之媲美）同样迅速地受到欢
迎。❶ 一位当代的评论者表示，沃尔夫著作的普及之所以失败，
不仅仅是由于他的著作即便是摘要形式也极其冗长，而且也是由
于其让后笛卡尔时代的法国感到完全陌生的新经院主义的体系：
"很少有人有必要的精力和勇气去阅读几大卷根据几何学方法写
成的著作"。❷ 显然，任何想要在德国之外成功普及沃尔夫的人
都不得不放弃形而上学的内容［177］，并且以一种法国道德和
政治哲学所习惯的明快而易懂的散文风格写作。对于这两个方
面，瓦特尔在其《万民法或者自然法的原则》（*Le Droit des Gens*,
ou des Principes de la Loi Naturelle）中都做得极其成功。❸

伊美尔·德·瓦特尔（Emer de Vattel，1714～1767）与若干
法国哲学家同代，但他却是新教纳沙泰尔的公民，一位效命于萨克
森选帝侯的职业外交家，他的极为不同的背景使得他比大多数讲法
语的作者更能容纳新教自然法著作（由巴贝拉克调和）以及沃尔夫

---

❶ 参见：C. Wolff，《自然法与万民法的原则》，J. H. S. Formey 编，Amsterdam，
1758，序言。努力把沃尔夫的思想传播到法国的失败记录于 S. Carboncini 的 "克里斯
琴·沃尔夫在法国：法国启蒙与德国启蒙之关联"（Christian Wolff in Frankreich. Zum
Verhältnis von französischer und deutshcer Aufklärung）之中，载 W. Schneiders 编，《作为
使命的启蒙/启蒙的使命》（*Aufklärung als Mission / La mission des lumières*，Marburg，
1993），页 114 – 128。

❷ C. Wolff，《沃尔夫的战斗》（*La Belle Wolfienne*，The Hague，1741），J. Des
Champs 编，"警戒"，页 3。

❸ E. de Vattel，《万民法，或者自然法的原则适用于国家和主权的事务和行为》
（*Le Droit des Gens*，*ou Principes de la Loi Naturelle*，*appliqués à la Conduite et aux Affaires
des Nations et des Souverains*，Washington，1916），A. de Lapradelle 编，C. G. Fenwick
译，1758 年版。

的大部头的自然法和公法著作。❶他明确、公开的目的是使沃尔夫的著作能够为更多的读者所理解，但是巴贝拉克更为自由的观点与沃尔夫对国家权威的全面拥护之间的张力往往清晰可见。❷

在《万民法或者自然法的原则》的序言中，瓦特尔表达了对自然法学派的做法不满，因为他们倾向于把万民法建立于对基于同意的规则和习俗的研究之上，并且斥责这种做法不科学。❸在他看来，尽管霍布斯学说荒诞，但霍布斯却是"我所知道的第一个给予我们一种有关万民法尽管不甚完美却截然不同的观念的人"。❹因为霍布斯是第一个看到自然法并不相同地适用于个人和城邦的人，第一个论证存在一种关于国家的独立的自然法的人。但是，巴贝拉克比霍布斯更进一步，他发觉这两组法律背后的原则非常相似，但是适用上的差异掩盖了这一点。❺然而，巴贝拉克并没有发掘其观点的全部潜力：

> 他只是在称赞布迪乌斯的方法，说，"这位作者在每条自然法之后指出了它的内容在国家相互关系中的适用，只要所讨论的问题需要或者允许，对此他做得很好"。❻

[178] 按照瓦特尔所言，正是沃尔夫首次在其最终的系统论著《万民法的科学方法研究》（*Jus Gentium methoda scientifica*

---

❶ 对瓦特尔著作的最有用的近期讨论有 E. Jouannet 的《瓦特尔与经典国际法学说的产生》（*Emer de Vattelet l'émergence doctrinale du droit international classique*, Paris, 1998），以及 F. S. Ruddy 的《启蒙时期的国际法：瓦特尔的〈万民法〉的背景》（*International Law in the Enlightenment: the Background of Emmerich de Vattel's 'Le Droit des Gens'*, Dobbs Ferry N. Y., 1975），以及 F. G. Whelan 的（更为简洁的）"瓦特尔的国家学说"（Vattel's doctrine of the State），载 *History of Political Thought*, 9, 1988, 页 59－80。

❷ Vattel，《万民法》，序言，7a。他似乎采取了一种类似于巴贝拉克式的抵抗权概念（请参见 Whelan，"瓦特尔的国家学说"，页 69），但另一方面他又把沃尔夫的自我完善的学说适用到国家目的之上（页 84）。

❸❹ 瓦特尔：《万民法》，序言，5a。

❺❻ 同上注，6a。

pertractatum）（1749）之中给予了这一主题重要思考。在这部论著中，沃尔夫不仅认为万民法和具体形式的自然法可以从共同原则中产生出来，而且他已经着手处理了这一问题，并且适当顾及了它们适用上的差别。❶ 国家作为道德人格被视为"自然的"权利和义务的承担者，这里"自然的"意指它们作为国家的自然本质，而不是指那个术语的"自然的"，它适用于对人作为个体而言被认为是基本的权利和义务：

> 他看到，只有凭借这些原则才能清楚地表明，关于个人的自然法规诫，由于那种法律的性质，当它开始适用于国家或政治社会时，应当得到变更和修改，这样才能形成自然的、必然的万民法。因此，他得出结论说万民法应当作为一个不同的体系加以处理，这正是他已经成功完成的任务。❷

然后，瓦特尔援引了《万民法的科学方法研究》序言中的一大段，在那里沃尔夫解释说通过万民法他理解了两个相连的概念：首先，国家必须被视为"在自然状态下生活在一起的许多人"。因此，在自然中适用于人的一切义务和职责都必须也适用于主权国家的公民："在这个意义上万民法显然与自然法相连"。这种所有国家都共有的法律由此被沃尔夫称作自然的万民法。其次，国家作为团体的道德人格，是政治联合行为中所产生的权利和义务的承担者，而国家正是由这些行为构成的。因此，"这些道德人格的自然与本质必然在许多方面与构成它们的实际部件或者说人的自然和本质不同"。进而，万民法需要在自然法之外单

---

❶　对于沃尔夫的原文参见：沃尔夫的《万民法，科学方法研究》（*Jus Gentium, methodo scientifica pertractatum, Lateinische Schriften*, Hildesheim, 1972），《拉丁文作品》，卷25，重印为 Halle 版，1749。

❷　Vattel，《万民法》，序言，7a。

独思考，尽管可以认为这二者仍然不可避免地相互连接。❶ 瓦特尔判断认为，沃尔夫已经在其《万民法的科学方法研究》中实现了这一困难的和双重的任务，并且已经着手为这二者之间的相互关系提供一个容易理解的总结。

然而，这种成功并非无须进一步的思考，瓦特尔发现自己卷入的远非一项简单的编辑工作［179］。沃尔夫在必然的自然法（被认为对所有个人都是共同的）与自愿的万民法（是主权国家的自然本质所具有的）之间所作出的最初区分因为引入一个进一步的概念而得到注解——一个巨型世界国家（ civitas maxima ）——所有主权国家都属于它，它是所有国家都接受的普遍规则的来源。沃尔夫的体系要求，正如每个公民权的成员都要把某些权利交给一个公共的权威机关，与之相似，所有国家也必须服从。然而，瓦特尔发现自己很难接受这种类比，它在德意志帝国的政治假定之外似乎很难流通："这没有让我感到满意，我发现这种共和国的虚构既不合理，也不能很好地作为基础推导出既具有普遍性质又为主权国家必然接受的万民法的规则"。❷

沃尔夫的理论使用了巨型世界国家的概念以便支撑和连接自愿的万民法与必然的万民法之间的区分，它反映了一种古老的世界观，其中神圣罗马帝国仍然是政治讨论中的活跃部分。在一个主权国家已经非常明确地独立起来的时代，这是非常不合理的，即使作为一个抽象的模型亦是如此。个人与单个国家在脆弱性（ imbecillitas ）上的类比不能作为对国际关系规范解释的稳固基础。因为在一个国家利益和力量均势的时代，战争已经转向了国家外围，在国家之间，而不是在国家内部，相互依赖的义务必然是一个虚构。宗教内战的结束已经导致了主权权威的统一层面的形成，正如科泽勒克（Koselleck）所言，这类权威每个都体现了

---

❶ 所有来自沃尔夫的引文都出现在 Vattel 的《万民法》之中。

❷ 同上注，9a。

"一个独立的内部空间的定界，这种空间的道德完整性已经由霍布斯证明只存在于它作为一个国家的属性之中"。矛盾的是，它把这种"道德上不可侵犯的内部"的产生用于"实现一种国家间的、超个人的任务的外部演变"。❶ 这在理论领域和实践领域都是真实的：因为瓦特尔对沃尔夫准则的修正接受了国家自然自由的形式。国家将会发现，追求一种把共同善作为其目标的对外政策符合它们的自身利益：

> ［180］当适用于国家之间的事务时，一切修改，一切限定，简言之，对自然法的严格性所作出的一切变动，这正是产生自愿的万民法之处……都可以从国家的自然自由中推导出来；从对它们共同福祉的思考中；从它们的互惠义务中；从对内部和外部、完美和不完美的权利区分中。❷

因此，在国家的自由上又添加了一种新的区分的适用，这种区分首先出现在沃尔夫的《万民法的科学方法研究》中的自然法之下的完美和不完美的义务之间。正如我们在本章已经看到的，沃尔夫的自然法理论已经用这种区分去表达个人应当据以追求完美的两种途径：一种是完美的，因为它命令对良心的服从；另一种要求服从公民契约，因此与之相比是不完美的。这些在瓦特尔的理论中以一种不同的外观表现为自愿的万民法和必然的万民法。根据他的观点，在完美的良心义务和国家的内在权利与不完美的个人义务和国家的外在权利之间存在一种有效的类比：

> 必然的万民法和自愿的万民法因此都由自然所确立，但是各自按照自身的方式：前者是一种要求国家和主权者在它

---

❶ Koselleck，《批判与危机》（*Critique and Crisis*），页43。

❷ Vattel，《万民法》，序言，10a。

们的所有行为中都要尊重和服从的神法，后者则是共同善和福祉强制它们在自身的相互交往中都要接受的行为规则。❶

　　必然的法律是有约束力的，但最终是不能强制执行的，只依赖国家的良心（例如，最为明显的例子就是信守条约和协议）；而自愿的法律由于它的契约性质，只要契约的条款得到双方的赞成就有约束力。因此，瓦特尔著作的大多内容都是在证明怎样区分必然的万民法和自愿的万民法；实际上，除了理论前提之外，对战争法、条约法和管理商业的法律义务的详细探讨都非常多地利用了沃尔夫的《万民法的科学方法研究》。❷

　　正如人们所预期的，瓦特尔以最为仁爱的术语定义了调整一个国家国际权利和义务的必然法；而自愿法在其整个卑鄙的自利追求中仅仅趋向于反映当前的国家实践。［181］在涉及商业、优先权、自卫、调停以及紧急权和无害通过权时尤其如此。❸ 但是，尝试去区分什么是可以证明为正当的与什么是可允许的最为著名的例子或许是瓦特尔对战争法的研究。

　　必然的万民法只属于国家对自身防卫和对现有权利的保持。换言之，必然法体现了传统的正义战争学说：

　　　　战争不可能对双方都是正义的。一方主张一种权利，另一方质疑这种主张的正义性……当两个人为一个命题是否为真争论时，不可能两种相反的意见都同时正确。❹

---

❶ Vattel，《万民法》，序言，11a。
❷ 沃尔夫的前九章整个至少构成瓦特尔著作的四书中每一书的一个部分。参见：H. Wheaton，《万民法在欧洲和美国中的历史》（*History of the Law of Nations in Europe and America*，New York，1842），页185。
❸ 参见：Ruddy，《国际法》，页97－119。
❹ Vattel，《万民法》，第3书，第39段，页247。

然而，这些规定并没有考虑当前的情况，而且在其关于自愿的战争法理论中瓦特尔转变了论证的基础，提出了三个解决争议的规则：首先，必须以所使用的战争手段的合法性而不是以原因的正义性评判国家——因为如果国家是伦理上独立的实体，那么在它们所支持的原因之间进行裁决在逻辑上就是不可能的。如果这一与正义原因等值的原则得到接受，那么，其次，战争中可允许的一切行为必须对双方都许可。最后，他强调自愿法是一种便宜和一种对必要性的认可，它并没有使得一个国家豁免必然的万民法所命令的完美的义务：

> 对较大的恶的避免并没有授予原因不正义者任何得以证成其行为和抚慰其良心的真实权利，而仅仅使得其行为在人看来合法并豁免其惩罚。❶

显然，这种必然和自愿的万民法之间的区分实际上只是对现行实践的一种认可，这种实践由据信自我实施的良心制裁伪装起来。整个瓦特尔的著作都是这样：他试图重铸沃尔夫的理论基础的努力，在主权国家如何受到限制以服从一种共同的国际法问题上失败了。瓦特尔建议的内容其实是，必须允许主权者的良心从政治事实而不是道德法则中确定其方向，而且允许对国家利益的计算压倒对计算的排除，这更可能减少国际冲突的发生。

[182] 对经验政治现实的不断让步，以及论著的系统化理想和作者的明晰风格，这些都保证了《万民法或者自然法原则》拥有广泛的读者群体。从 1758 年到 1863 年，这部著作出版了 20 个法文版，在 1759 年到 1834 年之间有 10 种英译本，直到 1872 年在美国有 18 个译本和重印本。同一时期格劳秀斯的著作也不

---

❶ Vattel，《万民法》，第 3 书，第 192 段，页 305。

过只有一个再版和译本。❶ 瓦特尔借助日常的政治范例向职业外交家讲述了他们期待知道的内容。甚至在梵蒂冈国务卿孔萨尔维主教（Cardinal Consalvi）在维也纳会议的外交意见书中，瓦特尔也受到丰富而激赏的援引——或许最高的称赞不仅仅针对他的明晰和易懂，而且也在于他的体系有助于培养系统的国家至上主义。❷ 可以为各方所援引，这种能力是他的过渡性位置的标示，从国际关系解释的一种演绎传统过渡到 19 世纪变得可以接受的更为实证主义和经验性的方法。

随着瓦特尔的论著开始取代格劳修斯和普芬道夫的那些作品，并成为这一领域的一种权威来源，把他与格劳修斯和普芬道夫联系起来并且接受他对自己与后两者之间关系的评价就变成了习惯做法：

> 因为格劳修斯、普芬道夫、瓦特尔以及其他人（他们都是遗憾的安慰者）在证明军事侵略的正当性时都仍然受到忠诚的引证，尽管他们在哲学上或者外交上明确表达的法典并不具有而且也不能具有丁点的法律效力，因为国家就其本身而论不从属于一种共同的外在限制。❸

康德在《论永久和平》中的这种判断生动地阐明了 1795 年之前自然法学派对国际关系的整个解读被吸收到瓦特尔事业之中的程度。现在格劳修斯和普芬道夫不再是以他们自己决定的条件得到理解，他们被按照其过去主要的追随者的观点加以不正确地归类。这里我们就找到了一个对 19 世纪误置对象的主要解释，它把现代早期的自然法理论仅仅当作现代国际法研究的祖先了，这种解释一直

---

❶　Vattel，《万民法》，A. de Lapradelle 的"导言"，页 56 – 59。

❷　请参见 J. M. Robinson，《孔萨尔维枢机主教：1757 ～ 1824》（*Cardinal Consalvi*：1757 ～ 1824，London，1987），页 102。

❸　Kant，《康德政治著作选》（*Kant's Political Writings*，Cambridge，1991，第 2 版），H. Reiss 编，H. B. Nisbet 译，页 103。

持续到本世纪。近至 1946 年，在一篇有影响力的文章中法学家劳特派特（Lauterpacht）都还以洋洋自得的语句写道：

> ［183］事实上，格劳修斯学说的最具决定性的特征之一是同样统治国家行为和个人行为的法律和道德规则的紧密类比……这种国家与个人之间的类比被证明是国际进步军械库中的有用武器……瓦特尔 1758 年的著述显然对国家和个人之间的这种想象的类比作出有力而又清晰的表达。❶

在法学界中围绕着现代早期自然法理论的争论因下述原因萎缩了，它到达瓦特尔那里时，正值对格劳修斯事业的真正本质的历史理解已经开始凋谢之际。那种理解现在仍然处于有待重新发现的过程之中。

5.5 克鲁修斯与对沃尔夫的最后虔敬主义者批判

我们前面已经看到，沃尔夫是如何因为折中主义哲学的原因没有成功地把对过去的独立选择和对当下的反思结合进一个统一的、和谐的体系之中，这是一个他自信已经成功实现了的目标，从而把它看作是低于系统哲学的。❷ 尽管存在布鲁克的尝试，他试图把沃尔夫的自然法理论与折中主义结合在一起，但是，对那

---

❶ H. Lauterpacht，"国际法中的格劳修斯传统"（The Grotian tradition in international law），载 *British Yearbook of International Law*，23，1946，页 27。

❷ 请参见 Wolff，《关于上帝的理性思想、世界和人的精神，以及所有根本之物》（*Vernünftige Gedanckenvon GOTT, der Welt und der Seele des Menschen, auch allen Dingen überhaupt*，Hildesheim and New York，1983），重印为 Frankfurt/Main，1740，页 411。

些最反对沃尔夫体系的人应当如何解释折中主义，为这一问题上的争论设定条件的却是沃尔夫的两个系列教科书的富丽堂皇的大厦。甚至一位托马修斯式的虔敬主义者，如克里斯琴·奥古斯特·克鲁修斯（Christian August Crusius，1715～1775），在提出对莱布尼茨－沃尔夫哲学的最为有效的批判时，也没有详细地论及折中主义或者"道德史"。折中主义已经被一种新的正统取代了，这种正统宣称要把它的对手归入其宽广的、系统的和理论的外延之中，而且通过它的对现行大学课程、官僚主义设想和政府优先事项的同等诉求和相互对称从侧面包围其对手。一旦折中主义在大学的正统教科书传统中获得了最高地位，特别是当那种大学的吸引力延伸到天主教欧洲，在折中主义已经根深蒂固的北部德国的新教地区之外也进展顺利时，沃尔夫主义所要求的就不再仅仅是可以用来释放压力的折中主义的小孔了。

克鲁修斯是那些评论者中最为敏锐的一位，他们横跨一种虔敬主义的背景和对莱布尼茨唯理主义的现代沃尔夫主义修正。实际上，他作为一位过渡性人物的关键角色对康德并非没有影响[184]，因为他一直是康德的主要参照点之一，或者说就此而言也是对施陶林（C. F. Stäudlin），一位康德哲学角度的杰出哲学史家。因此，简要地讨论克鲁修斯批判沃尔夫的结构，把它作为折中主义式微，以及虔敬主义者与唯理主义者的自然法理论的方法重新整合的一个标志，这个过程当然有待康德自己来完成，这是有益的。❶

---

❶　克鲁修斯仍然没有得到他应得的研究，尽管康德对他的研究已经得到广泛的讨论：对克鲁修斯的著作的最好的近期分析是由 Schneewind 提供的，《自律的发明》，页 445－456，L. W. Beck 那里也有一个有用的探讨，"从莱布尼茨到康德"（From Leibniz to Kant），载 R. C. Solomon 和 K. M. Higgis 编，《劳特里奇哲学史：德国观念论时代》（*Routledge History of Philosophy*：*the Age of German Idealism*，London，1993），页 15－19。同样参见 M. Benden，《克里斯琴·奥古斯特·克鲁修斯：作为行为原则的意志和知性》（*Christian August Crusius. Wille und Verstand als Prinzipien des Handelns*，Bonn，1972），以及 S. Carboncini，"克里斯琴·奥古斯特·克鲁修斯与莱布尼茨—沃尔夫哲学"（Christian August Crusius und die Leibniz－Wolffsche Philosopie），载 *Studia Leibnitiana Supplementa*，26，1989，页 110－125。

尽管在其职业生涯中克鲁修斯既是神学教授也是哲学教授，但他的信条首先是要保卫路德教会，他在 1750 年之后完全把自己献给了这项事业。因此，他的哲学工作主要停留在早期的两部著作之上，它们试图以一种关于人类理性范围的非常弱化的概念去创造一种沃尔夫认识论的替代物，这两部著作分别是《理性生活指津》（Anweisung, vernünftig zu Leben）（1744）和《必然理性真理概要》（Entwurf der nothwendigen Vernunft – Wahrheiten）（1745）。在这些著作中，他保护意志的自由，使其不受他所认为的破坏性的决定论所害，在他看来这种决定论正是沃尔夫关于人类必然运用自身理性去追求完美的观念引入的。他把人与其他造物（他认为它们只按照决定论的原则活动）区分开来，并且表示人的理性在其活动领域中最好被描述为充分的而不是必要的。❶ 据此，理性可以与意志自由协同活动，同时这也为重新引入上帝之爱作为人类道德行为的标准而不是对理性完美的追求打开了大门。上帝已经赋予了帮助我们成就德性的良心，因此我们的最高义务是服从并尊崇上帝的命令。这就攻击了沃尔夫对理性的解释，带来了一个令人安慰的传统路德教会的结论，其中对独力的人类理性的外延充满着虔敬主义者的悲观。

沃尔夫的数学方法仅仅提供了一组生造的概念，不能带来任何真正的清晰性。正是经验把我们导向最为可能的知识形式，[185] 应当存在理性思考的结论与经验结论之间的划分，我们应当依靠我们对上帝赋予的内在真理的觉悟，以此决定争论的问题。像托马修斯一样，克鲁修斯相信意志高于知性，并且因此应当成为哲学审查的主要焦点，然而这一点却被莱布尼茨和沃尔夫忽视了，他们对完美的追求依赖于被意志引入理智之中的那种败

---

❶ C. A. Crusius，《理性生活指津》（Anweisung, vernünftig zu Leben, Leipzig, 1744），页 175。

坏和错误。❶ 他们夸耀为由个人道德行为所产生的一种完美德性和永恒谬误的内容事实上在人性中业已决定，这就排除了自由意志的可能性，并且他们对正当行为的原则如何实际地得之于意志然后概括出来这一极端重要的问题存而不答。❷ 与以前的沃尔夫的虔敬主义者的批判不同，例如布迪乌斯和朗格，他们满足于对整个体系的粗疏攻击，克鲁修斯详细地分析它的细节，并且从它的内部出发，对它的令人胆怯的形而上学词汇泰然自若。❸

从虔敬主义者和托马修斯观念的未被整合的遗产中，克鲁修斯完成了一个显著的调和，由此，爱上帝意志的虔敬主义者的义务作为至善至美的标准与来自普芬道夫和托马修斯理论关于人与上帝之间关系的解释的自由意志观念结合起来。结果就产生了一种道德认识论，它把上帝与人类重新统合起来，他们以自由意志运用着理智。通过这种方式，普芬道夫与托马修斯的传统再次被置于与正统神学相衔接的位置，而莱布尼茨和沃尔夫现在被弄得似乎成了与正在形成的哲学趋势相异的古怪的决定论者。因此，康德能够在克鲁修斯那里发现很多意气相投之处，他把后者称为"神学道德家"之一，这些道德家正确地坚持了可以从自由意志的活动中获得客观的道德标准，他们的不足之处仅仅在于相信是上帝的意志而不是人的意志才能提供道德真理的标准。❹

---

❶　克鲁修斯对意志与知性关系的解释在他的论著 *De corruptelis intellectus a voluntate pendentibus*（Leipzig，1704）和 *De appetitibus insitis voluntatis humanae*（Leipzig，1742）中得到发展。

❷　这种解释受惠于对 S. Carboncini 所提供的珍贵的、被遗忘的文本的分析，《超验的真理和理想：克里斯琴·沃尔夫通过笛卡尔式的怀疑对挑战的回应》（*Tranzendentale Wahrheit und Traum. Christian Wolffs Antwort auf die Herausforderung durch den Cartesianischen Zweifel*，Stuttgart and Bad Cannstatt，1991），页 195–217。

❸　克鲁修斯形成他的对莱布尼茨和沃尔夫批判的首部作品是 *Dissertatio philosophica de usu et limitibus principii rationis determinantis，vulgo sufficientis*（Leipzig，1743）。

❹　参见：I. Kant，《实践理性批判》（*Critique of Practical Reason*，New York，1993），L. W. Beck 译，页 41。

因此，可以说克鲁修斯在很多方面都是一位令人感兴趣的过渡性人物。他仍然受惠于虔敬主义，[186] 没有赞同布迪乌斯和朗格的粗糙的反沃尔夫主义；在对人类知性败坏的解释上他追随托马修斯，然而同时也试图创造一种"哲学百科全书"以囊括沃尔夫哲学的实质元素；他看起来接受免于偏见、审慎选择权威、独立判断和拒斥宗派主义的折中主义原则，然而同时却不再把自己与早期折中主义者的优先事项和学科中心联系起来。相反，他写作系统的逻辑学和形而上学著作，设法系统地驳斥沃尔夫的错误，使同类事物相互匹配。❶

在这种努力中，折中主义不可能真正有所助益，因为它对人能够独力实现什么的高估，现在反而对新出现的正统观点有利，这种观点认为沃尔夫的体系代表着一种过于精细的唯理主义形式。扎根于托马修斯－虔敬主义背景的沃尔夫的对手们不能再使用代表人类知性的高要求去作为他们的部分理由：剩下的与其说是折中主义的实质毋宁说是修辞。因此可以公平地说，在康德之前的时代，折中主义在两个方面开始遭遇了彻底的衰落：沃尔夫主义者轻视它的方法论前提，而正是沃尔夫的哲学词汇在支配着道德哲学的一切制度讨论，不管对它采取的立场是什么。对他们而言，剩下的托马修斯主义者和虔敬主义者，如克鲁修斯，没有在折中主义与唯意志论者的自然法理论中产生共鸣，折中主义对于他们试图捍卫意志自由的尝试没有帮助。这些因素或许可以解释康德的相对超然的风格，他可以把它打发到哲学史的档案深处了。

---

❶ S. Carboncini，"托马修斯－虔敬主义传统及其通过克鲁修斯的延续"（Die thomasianisch-pietistische Tradition und ihre Fortsetzung durch Christian August Crusius），载 Schneiders，《克里斯琴·托马修斯 1655～1728》（*Christian Thomasius* 1655～1728），页 287–304。克鲁修斯对折中主义论题的赞赏在他的论著 *Dissertatio philosophica de usu* 中得到了体现，页 2（未标页码），它在语言上使人想起了托马修斯的《宫廷哲学导论》。

第六章　结论：“道德史”在德国的终结

6.1　折中主义与大众哲学

[187] 尽管在 18 世纪中期之前，折中主义和（在较小的程度上）自然法学这两者的直接和间接影响显然都在德国大学中逐渐消失，但是在 18 世纪末期，在批判哲学的影响之下前者的快速阻塞和后者的突然变化仍然是哲学史上有点令人困惑的现象。因为近来仔细研究非康德哲学替代物的尝试，它们在 18 世纪 60 年代和 70 年代已经开始落地生根了，业已表明折中主义在缠绕着莱布尼茨－沃尔夫正统学说的批判之中仍然发挥着作用。这再也没有比在所谓大众哲学家（*Popularphilosophen*）的著作中更为明显的了，

尤其是艾萨克·艾思林（Isaak Iselin，1728~1782），梅瑟·门德尔松（Moses Mendelssohn，1729~1786），克里斯琴·加夫（Christian Garve，1742~1799），克里斯托弗·迈纳斯（Christoph Meiners，1747~1810）和费德（J. G. H. Feder，1740~1821）这些人的著作。❶

正如范德赞德（Van der Zande）所指出的，大众哲学所依赖的并非仅仅是沃尔夫的唯理主义、洛克和苏格兰常识哲学的大杂烩。实际上它把"人和公民的伦理－文化构造"这一远大理想视为自己的目标，这使人想起了托马修斯教育理想的某些方面。❷ 这些作者希望把哲学带出大学之外，拓宽它的疆界以囊括修辞学、美学和文学的主题。[188] 这么做就可以避免不结合重要问题的封闭的、循环的经院主义争论，而这些问题正是哲学在形成德国公共领域时所应作出的贡献。正是由于这个原因，西塞罗再次成了一个标志性人物，尤其是在克里斯琴·加夫的著作中，他对《论义务》进行了大篇幅的批判性评注。❸ 在这部著作以及其他著作中，他把西塞罗的伦理学刻画为实践思想和公民构造的一种原型，他相信这种原型是所有"大众"哲学家都应当

---

❶ 对于沃尔夫与康德之间的"大众"哲学的整体现象的近期评论，参见：J. Van der Zande，"西塞罗的形象：沃尔夫与康德之间的德国哲学"（In the image of Cicero：German philosophy between Kant and Wolff），载 *Journal of the History of Ideas*，56，1995，页419－442。同样参见：D. Bachmann-Medick，《行为的美感秩序：18世纪大众哲学中道德哲学与美学》（*Die Östhetische Ordnung des Handelns. Moralphilosophie und Ästhetik in der Popularphilosophie des 18. Jahrhunderts*，Stuttgart，1989），这是一个一般性的研究，以及 F. Beiser，《理性的命运：从康德到费希特的德国哲学》（*The Fate of Reason：German Philosophy from Kant to Fichte*，Cambridge，1987），第6章，这是对他们与康德争论及其衍生物的一个清晰而有效的解释。

❷ Van der Zande，"西塞罗的形象"，页421。

❸ 参见：范德赞德的分析，"经验的显微镜：克里斯琴·加夫对西塞罗《论义务》的翻译（1783）"（The microscope of experience：Christian Garve's translation of Cicero's *De Officiis*［1783］），载 *Journal of the History of Ideas*，59，1998，页75－94。对于加夫在英格兰和苏格兰思想传播中的作用的完整解释，请参见 Oz-Salzberger，《理解启蒙》，第8章，页190－216。

追求的。

这个框架为折中主义保留了一席之地，这既是由“大众哲学”之中对经院主义的辩论性关注创造的，也是由对折中传统的审视带来的。这在加夫对西塞罗文本的解读中得到了证实，他把它描述为对德性生活的一种永久相关的指导，为受过教育的非专家提供了一种实践哲学的完整解释，而且允许读者在得出自己的结论之前评价那些相互竞争的伦理观念。❶ 这一点在作者的另一篇文章《关于思想艺术的若干观察》（*Einige Beobachtungen über die Kunst zu Denken*）（1796）之中表达得更为清楚，他在那里使用了漫步哲学家的形象以表明观察法——尤其是适用于历史现象时——可以在哲学中像严格的体系一样取代成功。❷ 以证明为基础，由清楚明晰的语言加以表达的理性判断是人类生活的一个特征，它是所有人都能理解的，而不是只有少数专业的大学精英才能保有。

因此，许多“大众”哲学家明确地把自己看作折中主义者，这不是因为他们分享着 18 世纪作家的具体目标或者旨趣，而是因为折中主义似乎是一个他们得以把自己版本的苏格拉底式的怀疑藏于其中的现成外壳，它允许有不同程度的可能知识，而同时又为怀疑主义留下空间。按照加夫、迈纳斯和费德的观点，这里展现着真正的思想自由。❸

根据这种解释应当可以看出，康德与其对手之间争论的基础比费德和加夫对第一批判的声名狼藉的评论所引发的波澜更为深远——这个评论把这部著作驳斥为一种贝克莱观念论的复兴。对

---

❶ Van der Zande，《经验的显微镜》，页81。

❷ C. Garve，“关于思想艺术的若干观察”，载 *Versuche über verschiedene Gegenstände aus der Moral*，*der Litteratur und dem gesellschaftlichen Leben*，共5卷（Breslau，1792 ~ 1802），页247 – 430。

❸ 对于大众哲学家对折中方法优势的完整说明，参见：C. Meiners，《哲学的修正》（*Revision der Philosophie*，Göttingen and Gotha，1772），页60 – 90。

于大众哲学家来说［189］，康德哲学就是一个诅咒，这是因为它的基础的严格性，因为它有意的修辞晦涩，因为它厌恶依赖举例的哲学论证，还因为它明确地把哲学重新定位于大学传统系科分类的格局之中。与此同时在大众哲学家看来，康德及其追随者鄙视他们所认为的其对手的业余性，认为这些人只会围绕着繁重的形而上学问题优雅地原地打转，并且企图在恰当地澄清哲学的原则和基础之前就把它通俗化。加夫和迈纳斯这样的作家对折中主义的支持只会进一步降低它对康德的诉求，并且把它贬黜到纯文学（*belles lettres*）领域。正如我们将要看到的，这伴随着哲学在大学之中的恰当位置的新观念：几乎不可能是对托马修斯所设想的真实但又从属的地位的一种回归，而是为哲学在国立大学的中空内核之中筹划某种新型结构性公共角色的一次坚定尝试。这不是对公共宣传和公众参与的一种厌恶，康德的事业仍然间或被作此解，而是一项指向内部革命的雄心勃勃的谋划。

6.2 康德、策特里茨与《系科之争》

历史学家的注意力最近集中到了康德关于哲学公共思想地位概念的转变方式之上，这发生在 18 世纪 90 年代，受到了沃纳尔法令（Wöllner decrees）和腓特烈二世去世之后启蒙宣传的范围所受限制的影响。❶ 然而，许多将要在《系科之争》中出现的观念早已在 18 世纪 70 年代浮现，那段时期他与普鲁士前任

---

❶ 参见：S. Lestition 的高质量研究，"康德与普鲁士启蒙的结束"（Kant and the end of the Enlightenment in Prussia），载 *Journal of Modern History*，65，1993，页 57 – 112；同样参见：J. C. Laursen，《古代人、蒙田、休谟和康德的怀疑论政治学》（*The Politics of Skepticism in the Ancients，Montaigne，Hume and Kant*，Leiden，New York and Cologne，1992），第 9 章。

的、较为开明的教育部长策特里茨男爵（Baron Karl Abraham von Zedlitz，1731～1793）合作密切。尤其重要的是，他对哲学在大学系科结构之中可能发挥潜在作用的强烈意识直接来自于1769年随着腓特烈《论教育的信》发布所开始的行动。❶

[190]这部作品标志着从初等教育改革的转移（那是18世纪60年代的焦点），它作为一个行动计划呈至教会事务部（它控制着高等教育），国王抱怨说，虽然许多私立高校和四大顶尖大学，哈勒、奥得河的法兰克福、柯尼斯堡和杜伊斯堡，都拥有能干的教师，但他们却并没有鼓励独立思想：

> 可以责备他们的唯一事情是，他们给学生的大脑填满了信息，却没有训练他们自己去思考；他们没有及早地形成他们的判断，而且他们忽视了逐步向他们灌输雄心抱负或者高贵和德性的原则。❷

但是，他也强调这并不意味着他想要教士去传授这些原则。

启动这些改革的机遇发生于1771年，当时所有大学都首次处于策特里茨的直接控制之下，结果这就在普鲁士首次产生了一个统一有效的教育部。腓特烈和策特里茨所向往的是一个“均势”（Gleichgewicht）的政策，这被范霍恩·迈尔顿（Van Horn Melton）定义为“一种生产力平衡”，或者每个阶级、团体和职

---

❶　在1763年之后的普鲁士重建过程中，在很多方面都处于保守和后退的这段时期内有着为数不多的行政改革，其中恩斯特·冯·明希豪森（Ernst von Münchhausen）与卡尔·冯·策特里茨（Karl von Zedlitz）的工作或许最为著名，他们于1764年与1788年之间掌管着司法部和教会事务部。这些部门的复杂分支及其责任分配允许对教育的改革议程进行集中的管理，这对大学及中学都有着重要影响。

❷　引自：W. Hubatsch，《普鲁士的腓特烈大帝：专制主义与行政》（*Frederick the Great of Prussia：Absolutism and Administration*，London，1975），页209。

业组织在国家范围内的团结，由此把国家效能和经济产量最大化。❶ 在教育领域这意味着每个人都应当得到与其社会背景相适合的教育，每个人都应受初等的义务教育，但大学教育应当留给那些具有财产和职业背景的人。这种观点在策特里茨1787年发表于《柏林月刊》（*Berlinische Manatsschrift*）上的一篇文章中得到了清楚的阐述：

> 给一位未来的裁缝、细木工或店主提供与一位学校校长或教会官员同样的教育，这是疯狂的想法。[191]农民的教育必须不同于未来的工匠，而工匠又不同于未来的学者，或者预定了高级职务的青年。❷

在实践中，这意味着大学入学考试只应当对政府认为适合接受高等教育的那些人开放。实现这一点的方法就是设立省级高校（*Ober - Schulkollegien*）作为过滤器，同时引入会考制度（*Abitur*）作为大学录取的必需资格。接着，策特里茨的工作方向是确保授课和教科书都切实指向专业目标，在任何可能的地方清洗虔敬主义者的影响（它是对专业形成的一种干扰），并且支持哥廷根世俗思想的灵活性以作为一种效仿的典范。这些举措被以特殊的活力输送回了哈勒，策特里茨正是那里的校友。这是普鲁士大学无法绕过的首要系列改革，因为梅兰西顿的基础课程和院系改革已经把亚里士多德主义和新教信条统一起来，成为四大院系支配性的思想框架。因此，这是一个比托马修斯所鼓舞的任何努

---

❶ J. Van Horn Melton，《专制主义与普鲁士和奥地利18世纪义务教育的起源》（*Absolutism and the Eighteenth Century Origins of Compulsory Schooling in Prussia and Austria*，Cambridge，1988），页119。

❷ 引自：同上注，页182 - 183，脚注4。这强化了腓特烈在《论教育的信》（1769）中所表达的观点，他在那里争论说教育政策可以视为加强社会平衡的一种极为重要的机制，它使得中产阶级不再希望取得贵族地位，贵族不再试图买尽农民的土地或者分享中产阶级的职业，而农民不再需要迁往城市。

力都更为彻底的改革。

策特里茨特别适合促成这些改革，因为他与政府关系融洽，也与启蒙圈子过从甚密。他 1731 年出生于西里西亚的布里格，在哈勒接受的法律训练，并且很快就成了家乡的著名法官。然后他移居柏林，随后获得了几次迅速的升迁。在米勒·阿诺德（Miller Arnold）事件中他作出了自己的独立行为，作为司法部长他是唯一一位勇敢面对腓特烈的司法权威，他非常正确地指出，虽然国王有权改变刑罚但却无法自己决定某个违法行为是否是犯罪。而且，他拒绝副署腓特烈的监禁该案七名主要法官的命令。但他并未因此遭受刑罚，直至腓特烈去世后仍然在职。

但是，策特里茨的影响也超出了政府的范围。他的秘书约翰·比斯特（Johann Biester, 1749~1816）是《柏林月刊》的主编，这使得策特里茨实际控制着柏林启蒙意见的主要出口[192]，同时这也是传播他自己政策和观念的一个平台。他改革大学课程的思想非常有名，这种改革旨在把低等的作为预备教育的哲学系提升为对其他三个院系的监督地位，从而提供实践思维艺术的训练以鼓励学生独立思考，这符合腓特烈的建议，而且同时也允许学生明确表达指导性原则，借助这些原则去组织他们从职业教师那里获得的混杂信息。他在 18 世纪 70 年代的许多工作都针对东普鲁士和波兰普鲁士，在那里第一次瓜分之后（First Partition），教育整合是一个优先考虑的事项，对此腓特烈（异常地）提供了相当大的财政支持。在康德那里，他发现了一位自愿而又有用的同盟者，他与之共享并倡导着许多相同的改革举措，特别是那些涉及系科关系的措施。❶

有时仍然会把康德当作不关心政治的哲学教授的典型：一个

---

❶　对于策特里茨职业的细节，参见：P. Manke，《卡尔·亚伯拉罕·冯·策特里茨与莱珀（1731~1793）：一个效命于普鲁士腓特烈二世与威廉二世的西里西亚贵族》（*Karl Abraham von Zedlitz*（1731 ~ 1793）. *Ein schlesischer Adliger in Diensten Friedrichs II und Friedrich Wilhelms II von Preussen*，Berlin，1995）。

有规律而又遁世研究的人，几乎不出门旅行，缺乏与理论的政治信条相对应的任何实际的献身，他的著作只应作为一系列深刻的形而上学或伦理学的沉思加以阅读，这些沉思仅仅受到他对同时代同等伟大人物的阅读而影响或干扰，这些人中著名的有休谟、卢梭、门德尔松和赫尔德。无疑他自己的行为助长了这种印象，他从不失时机地提到自己的健康不佳和他对和平、宁静和独处的绝对要求。他的学生们在解释批判哲学的酝酿时，说它脱胎于十年的哲学归隐和对早期著作的筛选，这同样也强化了那种印象。而且，现代哲学史家延续了它，他们态度坚决地把这些权威著作置于与产生它们的大学背景相对分离的语境下加以阅读。这种解释不仅否认了康德也像所有教授一样是国家的一名文职人员和雇员这一简单事实，而且也忽略了他影响和支持腓特烈的普鲁士的教育政策的具体细节。实际上，他对策特里茨及其关于公共理性的正确地位的部门概念的忠诚是他的后期主要著作《系科之争》的基础。这部著作代表着对腓特烈高等教育政策的一种雄辩的纪念和具体的体现，而且也是对威廉二世（Frederick William II）及其教育部长沃尔纳的教权保守主义的一种非难。

[193] 康德的职业前程从一开始就受着政治的支配：从一位收入惨淡的私人家庭教师到阿尔贝图通大学（Albertus University）的一个有经济保障的教席，这既依靠赞助，也依靠那些现在在布鲁塞尔和斯特拉斯堡工作的人所称的推荐（pistonnage）。1758 年当俄国人占领东普鲁士时，他试图把这种不可预见性变成自己的优势，他写信给腓特烈大帝和女沙皇伊丽莎白申请逻辑学教席。令人悲伤的是，根据大学评议会的建议，俄国在柯尼斯堡的统治者任命了一个更年长的人，这反映了占领军在小事情上所特有的保守主义。康德最终在 1770 年获得了逻辑学和形而上学教席，在此之后不久他就首先受到了新近任职的策特里茨的关注。

在康德生平的传统解释中，18 世纪 70 年代代表着他隐退和沉思从而为批判哲学作好准备的时期。但是，实际上他也忙于其他的计划，这些计划对第一批判本身有着意想不到的影响。他在十年期间坚持着他完整的授课时间，他最受欢迎的课程是他在每个学期都讲授的人类学和自然地理学。这种受欢迎程度现在很难恢复了，因为它们在他的生命终期才得以出版，当时他得依赖学生们笨拙的编辑工作。但是，这些正是策特里茨想要推广的那种鲜活的、实践的教育课程，他敦促康德在自然地理学上再做点工作，这将补足策特里茨在柏林正在筹建的新地图学研究院。❶ 1778 年康德还在策特里茨的请求下做了关于矿物学的系列讲座，因为腓特烈大帝确信可以在远波美拉尼亚找到金子，这突然成了教授们竞相讲授矿业和地理学的热点。这个系列讲座把哲学与政治学结合起来，尽管其中也可能存在一种康德对晶体结构有机生长的描述与他对心理概念形成的解释之间的联系，这就像在第一批判中所呈现的，毫无疑问这些是他在同一时期完成的，并且最后献给了策特里茨。

　　因此，我们不应错误地认为康德在柯尼斯堡相对隔离的位置切断了他与普鲁士其他地方思想发展的联系［194］。他不仅通信网络广泛，而且还慎重地把自己的学生放到能够有力地传播其学说的位置。在这个方面再没有比马库斯·赫尔兹（Marcus Herz，1747～1803）更为重要的了，他在移居柏林自己开拓医学职业之前于 1755 年到 1770 年期间追随过康德。他定期地开办康德哲学系列讲座以补贴家用，主要涉及前批判时期的逻辑，有时也诱人地提及批判哲学的新形而上学的形成，后者是康德自己向他传授的。据赫尔兹在 1778 年 11 月的一封信中所载，这些讲座吸引了柏林知识精英的关注，其中就包括策特里茨本人:

---

❶　这里值得顺便指出的是，"自然地理学"已经为康德早期困难岁月提供过一个保护区；因为在俄国人占领期间它们在占地驻军之中获得了极大的成功，特别是关于防御原则的讲座。

> 我的听众与日俱增……他们都具有上等的身份或职业。有医学教授、牧师、律师、政府官员，等等，其中值得我们尊敬的部长（策特里茨）就是最突出的一位；他总是第一个到最后一个走，迄今他没有缺过一次课。❶

很可能正是因为这些讲座，使得策特里茨确信康德应当更为紧密地参与他改革普鲁士教育的大计。在 1778 年的一系列信件中，他试图拉拢康德离开东普鲁士，并且劝说他接受哈勒的更有声誉和更高级的哲学教席，这是那时策特里茨改革努力的主要关注，也是他需要内部盟友之处。但是，高薪引诱、内廷参事的头衔，甚至在柯尼斯堡无甚前途的事实都未能动摇康德。这位部长对康德能力的敬重在他于他们通信中所使用的广泛论点中显露出来；他甚至在某处以下述话语强烈要求康德记住他作为一位文职人员应当承担的职责：

> 我希望你不要忘记你在你所能肩负的一个机遇之中尽自己最大的能力发挥作用的职责，请想一想哈勒的 1 000 ~ 1 200 名学生拥有提升他们的教育的权利吧，我不想因你而担失察之责。❷

［195］最后策特里茨改变了自己的策略，写了一封较不正式的短信给康德，建议他增加对那些没有一般反思机会的其他学

---

❶ 《康德全集》（*Kants gesammelte Schriften*，Berlin，1900 ~），皇家普鲁士科学院编，共 29 卷，卷 10，《康德通信集》，"赫尔茨致康德"，1778 年 11 月 24 日，页 244，英译本，《康德哲学通信 1759 ~ 1799》（*Kant's Philosophical Correspondence*，1759 – 99，Chicago and London，1967），A. Zweig 编，页 92。对于赫尔茨作为康德在柏林传播者的角色，参见：M. L. Davies，《身份或历史：马库斯·赫尔茨与启蒙的终结》（*Identity or History: Marcus Herz and the End of the Enlightenment*，Detroit，1995）。

❷ 参见：K. Vorländer，《伊曼纽尔·康德：其人其作》（*Immanuel Kant. Der Mann und das Werk*，Hamburg，1977），第 2 部分，页 205 – 206。

科学生的哲学教导。在这个劝告中我们可以看到后来成为《系科之争》的那部著作的萌芽，尽管它最终直到 1798 年才发表出来，而这个日期掩盖了在何种意义上可以说它仍然是对最初确立于 18 世纪七八十年代广泛的思想选择的一种声明。❶

部长与哲学家之间的紧密关系一直延续到腓特烈大帝统治时期的余下岁月：策特里茨实际上是第一批判的致献者——这或许是我们可以相当确定的少数情况之一，一位教育部长不仅阅读而且批准了一部献给他的系统哲学著作。随着康德加入科学院，他的声誉进一步提升了，这使得他在《什么是启蒙?》（*Was ist Aufklärung?*）发表之后两年内就成了一名通信院士。官方的支持延续到新的统治时期，直到策特里茨被解职，康德甚至发现自己在威廉二世 1788 年在柯尼斯堡的加冕礼上都具有一席之地，那一年他正担任着大学校长一职。❷

随着三大批判的出版和随后的传播，康德自觉地希望颠覆哲学教学在德国大学中作为低等预备课程的传统角色。《系科之争》是他职业生涯的自然顶点，因为它解释了批判哲学如何在一个同时教导医学、法学和神学的大学中发挥作用。他表示哲学的价值明显是非功利主义的，因为它追求的是真理而不是有用。尽管政府不得不控制所谓的"高等"系科，因为它们的作品直接影响着人民，但是政府在控制哲学上没有作用，那里是由理性统治的。哲学实际上是康德言论自由有界限这一概念的制度对应物

---

❶ 值得注意的是，他对贝士多（J. B. Basedow）的德绍尔博爱学校（Dessauer Philanthropin）及其试图把卢梭的《爱弥儿》的课程引进教室的热忱给了他建议在大学教学法中进行类似改革的信心，因为他相信这体现了对教学实践中关键的规范原则的发现，这些原则相应地值得国家支持（参见：H. F. Klemme 编，《伊曼纽尔·康德的学校》（*Die Schule Immanuel Kants*，Hamburg，1994，页 56 – 58）。

❷ 对于康德作为校长的角色及其逃避了 1788 年典礼的大部分内容，请参见 Vorländer，《伊曼纽尔·康德：其人其作》，第 2 部分，页 46 – 51。人们或许猜想康德对那种场合的看法更接近腓特烈大帝，后者拒绝了东普鲁士的加冕礼，认为"一顶皇冠不过是一个漏雨的帽子"。

[196]：哲学作为纯学术（即在大学之内）的私人追求使得它有权利判断和宣告其他系科的活动。这个最为卑微的系科事实上是唯一一个能够产生统一的抽象形而上学的系科，这种形而上学可以统一和巩固一所大学的全部计划，并且收复——至少在伦理学和美学中——一些在 18 世纪过程中由于败给产生于它的具有分裂生殖能力的经验主义和相对主义所丢失的地盘。因此，系科之间可以在政府的干涉之外无害地"竞争"。

康德的关于哲学角色的高级概念——使偷猎者变成了"守门人"（如果你愿意的话）——在德国新教大学之中迅速传播开来，这部分是由于其学生的精明和灵巧行动，也是因为它满足了在大学层次上重新整合思想分支和主题范围的知性需求，而且也把牛顿主义与一种神圣秩序的概念再次统一起来。但是，它成功的另一个重要原因在于，它从策特里茨属下教会事务部以及腓特烈大帝本人所阐明的改革原则那里获得了支持和赞助，这二者当然都特别针对三个"高级"系科，这就为康德规划他的表面谦逊实则恢弘的哲学统一地位的工作留下了空间。具有亲法知识背景的腓特烈大帝已经开启了一种教育政策，这间接地为德国哲学提供了一个独特的机遇，它可以在国家所提供的保护伞下重新主张它在大学结构的微观世界中的位置。

至于康德本人，他已经看到了一个利用政府的优先意识解放哲学的机遇，这不仅仅是摆脱来自神学院的干扰，而且也是摆脱医学院和法学院——这是他解决大学生活的方案远离托马修斯的追随者的早期努力的另一个方面。在《系科之争》的概述中他表示，试图从经验材料推断出规范原则只会产生混乱和争论。对于康德来说，法学家的方法不可避免地是试图从国内法中推断出一般原则，而正确的却是应由哲学去确立道德哲学的先验原则的背景。尽管国家要求法律人把现行法典作为他们恰当的研究对象，但哲学应当从这些限制中解脱出来。哲学服

务于真理,[197]而其他三个院系的存在却是服务于政府的效用。❶

正如我们所看到的,法学院取代神学院成为主导院系,这是德国早期启蒙的主要特征之一,对此功绩克里斯琴·托马修斯值得称颂。但是,在后期启蒙,随着康德成为主要的发起者,这种制度地位再次转移,但这次却转向了支持哲学系。在 19 世纪早期洪堡改革的影响下,源于法学地位提高的早期创造性贡献被阻塞了。❷ 但是,如果我们希望解释德国大学何以逐渐变成更强调以研究为本、具有方法论自觉的学科,其中观念论哲学的价值、历史的和哲学的科学被认为是互惠互利的,那么以折中主义和自然法为重心的早期历史就需要得到承认。大学学科脱离作为单纯的渊博学识和经验材料分类,向理性批判思想的自由运用敞开大门,这一过程在很大程度上是在早期启蒙的折中主义内部发生的。❸

6.3 康德、自然法与哲学史

康德很少写与"现代"自然法传统的作者交锋的作品,尽

---

❶ 《系科之争》,页 28。

❷ 参见:N. Hammerstein,"启蒙",载 de Ridder-Symoens 编,《现代早期欧洲的大学》,页 634 – 635,该文论证了以牺牲其他系科为代价的哲学地位的提升是那些国家的一个特征,例如德国、苏格兰和尼德兰,在这些地方启蒙通过大学的传播像在大学之外以及与反对大学一样多。改革迅速蔓延背后的压力大多都是基于那些在柏林获得了为国家服务的较大工作机会的人,这被发现是从之前的法学院学生开始的:参见 U. Muhlack,"从新人文主义到理性主义的柏林大学"(Die Universitäten im Zeichen von Neuhumanismus und Idealismus. Berlin),载 P. Baumgart 和 N. Hammerstein 编,《近代早期德国大学创建问题论稿》(*Beigräge zu Problemen deutscher Universitätsgründungen der frühen Neuzeit*,Nendlen and Liechtenstein,1978),页 299 – 340。

❸ 早期大学改革的具体贡献无疑在康德哲学的神学家的著作中仍然可以看到并且获得承认,C. F. Stäudlin 从宽容的哥廷根大学这个德国哲学风格的风向标的有利视角出发,可以在吸收和表现这一遗产的同时坚持康德对它的个人的和制度的超越。

管他经常责备阿亨瓦尔的沃尔夫主义的自然法教科书。❶ 他首先是一位逻辑学和形而上学的教师，而不是一位法学教师。然而，[198] 他最先在《道德形而上学原理》中着手，之后在《道德形而上学》中更为充分地阐明的那些关于道德认识论的论点却代表着他对处于"道德史"中心的唯意志论者的伦理学的一种正面攻击。康德同时代的人很快就意识到了他在何种程度上已经颠覆了它的道德认识论。

康德在《道德形而上学原理》中的起点是，任何种类的法律都不能产生于经验，因为经验只能产生一般的结论而不是先验适用的真正普遍的结论。经验只能为我们提供关于人类行为的"审慎的建议"，这就是先前存在的自然法传统的主要缺陷，不管是格劳修斯的还是普芬道夫的。具有真正义务的法律并不是通过研究人性的活动原则达到的，而是必须在具有自由运用实践理性的自主意志的主体中才能得到表达。因此，"从一种康德哲学的视角来说，（自然法传统的）全部努力或许可以被视为一个教训，在没有把理性的概念与经验的概念区分开来的情况下就试图解释义务，这是徒劳无益"。❷

使得法律有约束力的不在于它的强制属性是否与人性相契合，而在于它能否在理性上对每个处于相似情形的人都客观普遍化。这代表着一种全新的义务概念。义务不再采取受到承认的上级对他人强加的制裁（或者制裁的威胁）的形式——这种模式对霍布斯主义和普芬道夫主义的自然法理论有效——而是存在于主体自身的理性选择的自由的、内在的表达之中。理性通过使每

---

❶ 参见：C. Ritter，"伊曼纽尔·康德"，载 Stolleis，《17、18 世纪的国家思想家》，页 272。

❷ M. Gregor，"康德论自然权利"（Kant on Natural Rights），载 R. Beiner 和 W. J. Booth 编，《康德与政治哲学：当代遗产》（Kant and Political Philosophy: the Contemporary，New Haven，1993），页 61。本部分从这篇文章对康德与格劳修斯和普芬道夫之间交锋的严谨说明中受益匪浅，同时也受惠于 J. B. Schneewind 的相似运用，"康德与自然法伦理学"（Kant and natural law ethics），载 Ethics，104，1993，页 53-74。

一准则都服从于其是否可以重新描述为一条普遍法则的纯形式的检验从而似非而是地变成了实践性的了。❶

这种选择是自由的，因为它包含着一个自主的意志行为，而不是一个对自然所设定的目标的单纯默认：意志通过选择的纯化过程能够克服人性的情感冲动。❷ 在对他人的外在行为中，这转变为对正当行为的确认，只要那种行为不影响他人追求其自身既定目的的选择［199］。当然，也存在这整个推理链条崩溃的棘手的可能性，只要个人选择不去坚持普遍化原则，而是顺从任意的私人倾向；但是，康德相信有充分的自利动机可以阻挡这个，而且在任何情况下一种权利都可以合法地重新描述为一种把他人置于义务之下的能力——包括充分考虑他人目的的责任。

然而，对于财产权或任何外在对象而言，

> 至于外在的和偶然的占有，单方意志不能充当对于每个人的强制法律，因为那会侵害与普遍法则一致的自由。因此，只有意志才能把每个人置于义务之下，从而只有一种集合的（共同的）和有力的意志才能为每个人提供这种保证。❸

正式的财产权由此在公民社会产生之前是不存在的，后者提供了必要的普遍化框架，以此通过一个正式立法者的介入把占有转化为权利。这就是"自然法"，因为人们承认只有通过这种实践策略他们才能实现那些目标，它们是他们基于必须发现一种实现方式的先验基础早已认识到的。

在康德那里伦理学原则与自然法原则之间不存在分离——显然在普芬道夫和托马修斯那里存在。通过避免人性的特征和实在

---

❶ 参见：《康德全集》，卷4，页421，《原理》中对这一点的经典表述。

❷ 《道德形而上学》，页213。

❸ 同上注，页255–256。

法的经验特征，代之以对自主的道德选择所要求的纯粹形式准则的关注，康德已经跳出了许多自莱布尼茨和普芬道夫开创其互不相容的体系以来就困扰着自然法历史的窘境。唯意志论得到了纯化，并且被重新描述为一种只基于理性的意志概念，脱离了普芬道夫从来都没有成功摆脱的强制性的霍布斯主义残骸。自然法的义务非但不是巴贝拉克的悬而未决的焦虑，反倒成了一致同意过渡到公民社会的良性前提，在这个社会中，在自由意志的外在运用被成功地转化为权利之前，每个人都自由地承认对一个法律框架的正当而充分的限制。不论是在逻辑上还是在经验上，这都是主体可以理性地获得其选择的外在对象的唯一方式。

[200] 在为其体系确立了这种形而上学基础之后，康德在《道德形而上学》的后面章节继续证明他的权利原则的运作，延伸了他在《道德形而上学原理》中关于经验情形中行为指导的论点的含义。❶ 这么做时，他以一种与18世纪早期自然法学家的做法截然不同的方式果断地重新定义了法律和私人道德领域的界限。❷ 当然，从某个层面上来说，一种明显的基本矛盾迫使他必须这么做，这种矛盾体现在，一方面是《道德形而上学原理》

---

❶ 《道德形而上学》仍然是一个被忽视的文本，这部分是因为它最初出版为两个独立的部分，《法权学说》与《德行学说》。请参见 M. Gregor，《自由法则：康德在〈道德形而上学〉中适用范畴命令的方法研究》（*Laws of Freedom: A Study of Kant's Method of Applying the Categorical Imperative in the Metaphysik der Sitten*，Oxford，1963），这是对它在康德著作中地位的经典研究；同样参见：《法律与道德年鉴》（*Jahrbuch für Recht und Ethik*）特别纪念版，卷 5（1997），B. Sharon Byrd，J. Hruschka 和 J. C. Joerden 编，题名为"康德《道德形而上学》两百周年纪念"（200 Jahre Kants *Metaphysik der Sitten*）。

❷ 本部分受益于 Schneewind 的《自律的发明》第 525－530 页的透彻分析，同样也有赖于 W. Kersting 和 R. Brandt 的主要研究，W. Kersting，《良性秩序的自由：伊曼纽尔·康德的权利与国家哲学》（*Wohlgeordnete Freiheit. Immanuel Kants Rechts und Staatsphilosophie*，Frankfurt / Main，1993，第 2 版），R. Brandt，"许可法，或者康德权利学说的理性与历史"（Das Erlaubnisgesetz, oder Vernunft und Geschichte in Kants Rechtslehre），载 R. Brandt 编，《启蒙的权利哲学》（*Rechtsphilosophie der Aufklärung*，Berlin and New York，1982），页 233－285。

所确立的自主或者自我立法的准则，另一方面是证明国家在现象界监督法律执行的持续作用的类似需要，在这个现象界中存在几近无穷的个人希望要求作为私人财产的抽象的善或者具体的对象。康德的解决方案是放弃自然法学派在国家执行与对所有责任的追求，不管是对他人的完美责任抑或只是不完美的责任，这二者之间所作出的强烈关联，并且极为鲜明地划分了最终作为国家关注内容的权利的责任与我们作为个人要获得幸福务必追求的德性的责任。我们应当服从的权利原则就是，我们应当保证“每个人的意志自由与每个人依照一条普遍法则的自由共存”。❶

这就限制了国家根据康德的许可法（*Erlaubnisgesetz*）确定什么规则应当规制自我立法的个人追求那些处于这些人直接范围之外的善的作用。这完全独立于那些个人在他们追求自我完善和他人幸福方面应当服从的德性原则。因此，国家的主要责任，即对私有财产的保护，就可以通过保证对相互兼容的主观权利要求的确定和认可加以实现［201］。因此，契约的观念就变成了比在假定的自然状态之中运作的审慎计算更具分析性的纯粹理性的推论了。根据这种论点，唯意志论者执行实用契约的要求完全被超越了，取而代之的是类似于卢梭公意概念的东西。正如柯斯丁（Kersting）所争论的，最终，“权利法则使外在自由与它自身相协调，并且作为一种连贯的原则对外部世界发挥作用，因为它阻碍着行动自由的一切非普遍的运用”。❷

康德没有打算写作一部“道德史”，如果考虑他关于伦理学和自然法不相分离的论点，这或许不会让人感到意外；但是，他

---

❶ 《道德形而上学》，页230。

❷ W. Kersting，“政治、自由与秩序：康德的政治哲学”（Politics, freedom and order: Kant's political philosophy），载 P. Guyer 编，《康德剑桥指津》（*The Cambridge Companion to Kant*，Cambridge，1992），页345。然而，正如他所指出的，这一作品并没有解决下述问题：一种康德哲学的分析如何调整相互兼容的自由领域，相对于那些不兼容的领域。同前注，页346。

有一份简明的"道德史"，这是他的一个学生从 18 世纪 70 年代后期的一个讲座系列中记录下来的。❶ 这份简短的梗概精炼地叙述了古代世界对伦理学作出贡献的主要流派——犬儒学派、伊壁鸠鲁主义者和斯多亚学派——以及它们的现代对应者，爱尔维修（Helvétius）和拉美特利（La Mettrie）是前二者的对应者。所有这些人都受到批判，因为他们试图在人性及其倾向中确定一种至善以定义幸福和不幸的源头；但斯多亚学派却受到了温和的赞赏，因为这个学派的有些成员确实也在此生之外确定人类目标。柏拉图也以相似的理由受到赞扬，因为他坚定地把至善置于神中。❷ 在描述当代伦理学时，康德对奠定道德判断基础的两种不同的方式作出了区分。第一种方式基于植根于人性的主观原则，例如爱尔维修的自爱观念和沙夫兹伯里（Shaftesbury）和哈奇森（Hutcheson）（他也连接着曼德维尔［Mandeville］）的道德感哲学；在其他地方凯姆斯勋爵（Lord Kames）也受到诟病，同样因为他的理论认为人类历史证明了道德理论可以逐渐地习得和改进。❸ 第二种方式包含着基于自由运用意志以选择普遍有效的道德范畴（*Willkür*）的客观道德原则。❹ 这种区分［202］是康德自己的伦理学方法的中心，对于随后以康德哲学风格写成的历史来说是基础性的，尤其对施陶林的著作而言如此。

除了这份梗概以及关于自莱布尼茨和沃尔夫以降德国形而上学发展的论文（他有生之年从未发表），康德没有广泛地涉及道德哲学史。但是，认为他在这个主题上不存在持久的兴趣和认识

---

❶ I. Kant，"道德史"（Historie der Moral），《鲍瓦斯基实践哲学》（*Praktische Philosophie Powalski*），载《道德哲学讲座》（*Vorlesungen über Moralphilosophie*），普鲁士科学院版卷 27（卷 4，康德讲座第一部分），页 100–106。

❷ 同上注，页 105。

❸ 同上注，页 107。然而，他间接表扬沃尔夫在德国有效地排除了这些理论的散播，因为沃尔夫体系中的无所不包的数学方法。

❹ 同上注，页 106–107。在现代哲学家中只有卢梭受到了表扬，因为他发觉了意志不受后来错误道德扭曲的潜能（页 102）。

却是一个错误。事实上，他经常讲授一般哲学史，或者具体的逻辑学、伦理学或者神学的历史。据信，他在 1767 年到 1782 年之间曾十次开设了一门课程，题名为"哲学百科全书及基于费德的'概要'的哲学简史"。他在这些场合中所使用的教科书就是哥廷根大众哲学家费德的著作《哲学科学概要》（*Grundriss der philosophischen Wissenschaften*），其中作者把他的历史按照一种类似于塞维利恩（Savérien）的方式划分为哲学的分支，并且从布鲁克那里收集材料组成较小的叙事。关于文艺复兴之后实践哲学的章节几乎原封不动地重复了布鲁克所描绘的图景，后者给出的是一种对古代流派的复兴加上一种从布鲁诺到托马修斯逐渐盛开的折中主义。❶ 这些讲座只有笔记在康德的遗产中幸存下来，但是仍然有可能据此重构康德概述的轮廓。❷

除了布鲁克之外，康德似乎还使用了莫霍夫（Morhof）、根茨肯（Gentzken）、法布里修斯和霍伊曼的大纲，并把他自己的解释围绕着怀疑论和教条论的辩证关系组织起来，这后来在第一批判的历史补录中占据着首要地位。❸ 但是，在康德的历史及其原型之间存在令人惊异的差异，在内容和方法上都是如此：他显而易见地省掉了对希腊之前的哲学的任何讨论，因为他认为之前的人们在本质上都是通过形象而非语言思考；而且在他对现代时期的处理中他集中关注的是数学和物理学对主题的影响。培根和笛卡尔是这个章节的英雄，赞美也送给了洛克和莱布尼茨。康德在其前批判时期对牛顿［203］和自然哲学的特殊兴趣反映在他

---

❶　对于费德著作在这一领域中的评价，参见 M. Longo，"哥廷根大学与'大众哲学'"（Scuola di Gottinga e "Popularphilosopie"），载 G. Santinello，《一般哲学史》，卷 3，页 711–721。

❷　对于这些讲座所包含的主题的最佳探讨来自 E. Feldmann，"康德讲座中的哲学史"，载《哲学年鉴》，49，1936，页 167–198。来自康德遗产中的相关注释包含于普鲁士科学院版卷 19 和卷 20 之中。

❸　请参见 Braun，《哲学史的历史》（*L'Historie de l'histoire de la Philosophie*，Paris，1973），页 209。

的著作在此处所装饰的崇高敬意之中。但最引人注目的是，康德在其讲座的这个部分以及在其职业生涯早期的这个阶段辩称，道德哲学从古代世界之后就没有发生过可以察觉的进步，尽管事实上费德在他的教科书中为相反的论点提出了理由。但是，这种叙述非常适合18世纪70年代的简明伦理学史所表达的观点，它同样试图把康德的范畴命令表现为自古代世界以降道德认识论中所出现的唯一决定性的进步。

在《纯粹理性批判》（1781）的最后一章，康德把一篇简短的《纯粹理性的历史》包含了进来。在这篇短文中，他没有自称要对这一主题进行一种完整的研究，而是试图把自己的计划放到直至批判哲学的哲学发展的语境之中。如果在哲学史中我们关注的对象是"纯粹理性"的发展，那么康德相信哲学史中有三个主题或争论应当引起我们的注意：我们的一切通过理性的知识的对象，通过纯粹理性的知识类型的根源，以及通过纯粹理性获得知识的方法。这些共同构成了"形而上学理论中的首要革命"。❶

按照康德的意见，关于纯粹理性知识对象的争议本质上存在于"感觉论者"和"智性论者"之间。前一个群体，其中伊壁鸠鲁是杰出代表，坚持认为事物的真实只有在感觉的对象中才能发现，知识的其他所有的虚假来源都是虚构。后一个群体，以柏拉图为首，把感觉知识视为错谬，断言只有知性才能认清何为真实。康德认为这种对立的线索从早期时代一直"以不断的连续性"持续下来，尽管随着时间的发展它在复杂性上有所增加：

> 前一派承认智性概念，但只接受感觉的对象。后一派要求这些真实的对象应是纯粹可理智理解的，并且坚持通过纯粹知性我们具有一种不由感觉伴随的直观——按照他们的意

---

❶ I. Kant，《纯粹理性批判》，N. Kemp-Smith 编（London，1929），页667。

见这些感觉只会使知性混乱。❶

从古代哲学持续到康德时代的第二个基本的冲突存在于"经验主义者"和"理性主义者"(noologists)之间,前者由 [204] 亚里士多德引导,现代以洛克为代表,后者包括柏拉图,较近的有莱布尼茨。这实际上是描述唯理主义和经验主义的另一种方法;因为争论的问题在于,通过纯粹理性的知识类型是来自于经验,还是独立于它,只根植于理性本身。洛克受到康德的贬抑,因为他试图完全从经验的证据中得出关于上帝存在和灵魂不朽的形而上学结论,其中的限度必然阻止在这些领域中对伪数学的确定性的任何这类要求。❷

康德区分了当前统治认识论的两种方法,一种是"自然主义的",另一种是"科学主义的"。自然主义者的方法是追随日常理性的路径,他希望以此获得与专业的哲学家同样的形而上学真理。然而,"这是一种归纳为各种原理的单纯厌恶议论;而且最为荒谬的是,对一切人为方法的忽视竟然被颂扬为了一种扩展我们知识的独特方法"。❸那些试图科学地处理这一主题的人或者是独断论者,例如沃尔夫,或者是怀疑论者,例如休谟。但是,这些选项之间的正确路径却显然是那种"批判"的方法。❹

康德从未写出一部比他在第一批判结尾所提供的自觉的自我辩护更为完整的哲学史。但是,有各种各样的线索可以表明它可能采取的形式。首先,我们可以从《世界公民观点之下的普遍历史观念》这样的作品中推断,康德所设想的是一部只承认经验材料从属地位的先验史:"我的观念只是一个非常熟悉历史的哲学

---

❶ I. Kant,《纯粹理性批判》,页 667。
❷❸ 同上注,页 668。
❹ 同上注,页 668 – 669。

人物可能从一个不同的角度尝试什么的观念"。❶ 对于康德来说，一切历史事件都通过自然法则的作用发生，在我们理解那些直到如今都还在困扰着历史学家的经验材料之前，我们必然只能发现这些法则是如何通过历史发挥作用的：

> 我们可以希望，在个体行为中那些让我们感到杂乱而偶然的东西，在整个物种的历史中却可以视为人的原始禀赋的逐步前进虽则缓慢的发展……对于哲学家而言，由于他不能假定人类在其集体行为中遵循着任何自有的理性目标，他的唯一出路是要尝试在人类事件的这种无目的的过程背后发现自然之中的目标。❷

[205] 当他 1795 年写信给摩根斯坦（Morgenstern）时，他所考虑到的正是这种历史。他在信中表示，他想要这种历史，不是简单地列出著作的年表，而是尽力弄清人类理性观念形成的顺序：

> 我相信我在你身上看到了这样的一个人，他不是根据已经创作的教科书的年代顺序谱写哲学史，而是根据思想的自然沿革，因为它们必然是从人的理性逐步发展而来的，正如《纯粹理性批判》之中所整理的那些相同的因素一样。❸

但是，在我们思考按照康德哲学的方式写作一部伦理学史的种种尝试之前，我们应当清楚康德心中的历史类型是狭义地定义

---

❶ Kant，《康德政治著作选》（*Kant's Political Writings*），"世界公民观点之下的普遍历史观念"（Idea for a Universal History with a Cosmopolitan Purpose），页 53。

❷ 同上注，页 41 和 42。

❸ 普鲁士科学院版卷 12，《康德通信集Ⅲ》，1795～1803，"伊曼纽尔·康德致卡尔·摩根斯坦"，1795 年 8 月 14 日，页 36。

的。他在第一批判中以整体之间的一种张力的形式记述了所有的哲学体系,通常很难发现理性的体系论,以及它所达到的显现出来的具体阶段:

> 这些体系就像蠕虫一样形成……来自那些搜集到的概念的单纯汇集,起初并不完善,而只是逐渐完备起来,尽管它们在单是自我展开的理性中全部都有自己的图型作为原始的胚胎。因此,不仅每一个体系都被按照一个理念连接在一起,而且它们也全都在一个人类知识的系统中有机结合起来,作为一个整体的各个环节。❶

所有哲学体系最终都涉及对理性自我发展的解释,但是历史学家证明这一点的任务是困难的,因为哲学史在整体上与系统哲学本身产生的过程类似:

> 遗憾的是,只有当我们根据潜藏于我们内心之中的某种理念的暗示,在有些随机地收集材料上花了太多的时间之后,而且在我们实际上在很长一段时间内以一种纯粹技术的方式去组合这些材料之后,我们才可能更为清晰地发现这个理念,并按照理性的目的以建筑术的方式构想一个整体。❷

正如促进理性的自我发展是困难的,同样发现这种促进也是困难的。虽然在哲学史上真的存在真正涉及纯粹理性本质的伟大冲突,但是这些冲突却被无穷的琐碎争议有效地隐藏了[206],这些争议掩盖着潜在的发展类型。康德第一批判的目标比一部康德哲学样式的哲学史所实际达到目标更为远大;因为在那部著作中康德不仅着手以一种防止宗派主义的方式综合理性的目标,而且首次以一个范

---

❶❷ Kant,《纯粹理性批判》,页665。

式对那些不同的目标进行了系统化。任何真正的康德哲学史必须相应地是先验的，并且试图去阐明，用黑格尔的话来说，哲学必须放弃爱智慧之名（philo – sophia），变成真正的智慧（sophia）。❶

6.4 施陶林的道德哲学史

从康德本人勾勒他自己的伦理学与其前辈之间的关系的尝试中，我们已经可以确定任何康德哲学的伦理学史所必须满足的若干关键标准：这种理论必须区分那些在人性之中寻找起点的伦理理论与康德自己的试图找出一种客观的高级原则作为起点的理论。另外需要指出的是，18 世纪争论的主要轮廓存在于经验主义、怀疑论和把上帝作为它的至善的定义的系统理性主义哲学之间。最后，还必须解释康德自己的理性主义是如何取代它们的。

在一个小范围内，康德全面颠覆获得自然法学的现有正统方法的含义最先在 1785 年就被一位年轻的具有耶拿背景的法学家戈特利布·胡弗兰德（Gottlieb Hufeland, 1760 ~ 1817）领会了。他在《自然法原则探析》（Versuch über den Grundsatz des Natur-rechts）中评论了从格劳修斯到康德之间的自然法理论，批判了唯意志论传统，并且得出结论认为，"此前证明义务的所有努力都未完全成功过"。❷ 他发现，康德已经提供了一种统一道德和

---

❶ G. W. F. Hegel,《精神现象学》（Phenomenology of the Mind, New York, 1967），J. B. Baillie 译，序言。对于康德讨论历史在哲学中的地位的详细信息，参见：Y. Yovel,《康德与历史哲学》（Kant and the Philosophy of History, Princeton, 1980），页 224 – 251。

❷ G. Hufeland,《自然法原则探析》（Versuch über den Grundsatz des Naturrechts, Leipzig, 1785），页 132。

责任的手段，不需要那些责任的强加所代表的自然法的任何介入："道德教导责任；那么为何自然法也应当教导责任？……现在如果我们试图在我们的科学中教导纯粹的权利会如何呢？"❶ 这里胡弗兰德已经领会到，康德在责任和道德真理的路径之间所造就的紧密的概念联系立刻会把道德义务的其他理论置于问题之中［207］，这些理论在传统上与自然法理论相关。这种见地的影响在施陶林的著作中得到了更为完整的发展。他是 18 世纪 90 年代最具洞察力的康德哲学评注者，他也从一种康德哲学的视角写作开拓性的道德哲学史和宗教思想史。

卡尔·弗里德里希·施陶林（Carl Friedrich Stäudlin，1761～1826）生于斯图加特，在哥廷根接受的教育，并在那里被授予神学教授职位，那是在 1790 年由圣经和东方学家米凯利斯（J. D. Michaelis，1717～1791）促成的结果。❷ 他的首部著作《基督教体系的批判观念》（*Ideen zur Kritik des Systems der Christlichen Religion*）即采取了一种与康德的第一批判相似的结构，并从一位神学家的角度论证，康德的理性主义与一个超自然启示的独立领域之间的相容性是基督教信仰的一种彼此强化的基础。他附上一封介绍信把这部著作寄给了康德。他的下一部著作是一种

❶ 同上注，页218。对于康德对《自然法原则探析》的肯定性评论，请参见普鲁士科学院版卷8，页127－130；对于胡弗兰德所提出的问题的一般性评论，W. Kersting，"道德法则与权利法则，康德及早期康德哲学的权利基础"（Sittengesetz und Rechtsgesetz. Die Begründung des Rechts bei Kant und den frühen Kantianern），载Brandt，《启蒙的权利哲学》（*Rechtsphilosophie der Aufklärung*），页148－177。

❷ 很少有论及施陶林的材料，除了《德国人传记大全》中的一处记录，卷38（Leipzig，1893），页516－520，以及 J. Ringleben 在"哥廷根的启蒙神学：从柯尼斯堡来看"（Göttinger Aufklärungstheologie, von Königsberg her gesehen）之中关于他与康德关系的一个简短说明，载 Möller 编《哥廷根的神学：一个讲义》（*Theologie in Göttingen. Eine Vorlesungreihe*，Göttingen，1987），页104－107。然而，他对怀疑论的涉及在 J. C. Laursen 那里得到了深刻的分析，"怀疑论与道德哲学的历史：以卡尔·弗里德里希·施陶林为例"（Skepticism and the history of moral philosophy: the case of Carl Friedrich Stäudlin），载 J. Van Der Zande 和 R. H. Popkin 编，《1800年左右的怀疑论传统》（*The Skeptical Tradition around 1800*，Dordrecht，1998），页365－378。

历史研究,《怀疑论的历史与精神》(*Geschichte und Geist des Skepticismus*),旨在向德国读者证明现代怀疑论思想在英国的复杂性,同时把康德作为了试图超越和克服怀疑论质疑的最近的一位哲学家。这由扉页上休谟和康德并置的肖像加以象征。❶ 这部著作的促成因素来自于他18世纪80年代在英国度过的岁月,他那段时期非常详细地研读了休谟。在这部著作中康德被刻画为不仅仅是怀疑论的驳斥者;实际上在他的著作中唯物主义、宿命论、无神论、狂热和迷信都被认为受到了反驳。❷ 然而,施陶林的职业生涯后期呈现出一种从批判哲学滑向实证主义的渐进轨迹,那种实证主义最终体现在他的频繁再版的教科书《神学家的新道德教科书》(*Neues Lehrbuch der Moral für Theologen*)(1813),其中他强烈地主张基督的教义作为实在法的权威性。

[208] 因此,在18世纪90年代早期,至少有两个理由可以解释施陶林与康德之间重要思想关系的形成。最为明显的是他们对现代怀疑论的相似解读,二者都优先处理了英国18世纪的作者以及康德所谓的对他们的超越。但是,对于那时的康德来说重要的是要消除疑虑,这就隐含在施陶林的使人安心的观点之中,康德的伦理学与它对自然神学的意义相适应——这些康德试图在其《单纯理性限度内的宗教》(*Religion Within the Limits of Reason Alone*)(1793)之中发展的关系,以应对他在柏林检查员那里所遭遇到的头等真正严峻困难的背幕。在这种情况下,一位宽容的

---

❶ C. F. Stäudlin,《怀疑论的历史与精神:首先考虑到道德和宗教》(*Geschichte und Geist des Skepticismus, vorzüglich in Rücksicht auf Moral und Religion*, Leipzig, 1974),共2卷。参见 J. C. Laursen, "怀疑论历史中的康德"(Kant in the history of skepticism),载 M. P. Thompson,《约翰·洛克与伊曼纽尔·康德:历史接受与当前意义》(*John Locke und Immanuel Kant. Historische Rezeption und gegenwärtige Relevanz*, Berlin, 1991),页 254 – 268。

❷ 由于这些原因,施陶林的著作被那些人使用,他们试图把康德的作品呈现给更多的读者,参见:例如 A. Willich 在《批判哲学的要素》(*Elements of the Critical Philosophy*, London, 1798)中所用的节略,这只是第二部关于康德的英文著作。

哥廷根神学家的支持不仅仅是思想上亲近的，而且更是实际上有用的，倘若康德只能通过把那部著作提交他自己的大学的哲学系获得付印许可（imprimatur）方可保证出版的话。

显然康德预见到了一场持久的学界喧闹，他在那里需要盟友；因为他在结束和证明他的给施陶林的解释信时希望，"一旦产生对这个问题的公开争吵你能够判断我的行为是否正当"。❶这部著作给康德带来的难题的具体内容在康德《系科之争》的序言中得到了详细的叙述，后者的写作直接受到这些意外事件的推动。在那篇序言中康德指出了施陶林的导师米凯利斯的例子，他的教科书在他身后于 1792 年由学生出版出来：米凯利斯同样相信圣经和理性真理彼此强化，而且可以用来相互阐明。❷

当施陶林把他的《怀疑论的历史与精神》的文稿寄给康德时，他同时也代表他在哥廷根主编的新设立的神学期刊向康德约稿。对此，康德开始热情地接受了，因为他似乎觉得后来变成《系科之争》的内容不太可能其在其他地方找到发表的地方。❸当然最终的结果是，这些论文超出杂志的版面，于是在其他地方出版了；而施陶林后来也收到了题献作为一种补偿，感谢他在写作它们的最棘手的时刻所提供的细致而热心的帮助。施陶林在他的《耶稣伦理学的历史》（Geschichte der Sittenlehre Jesu）（1799~1823）第一卷中也投桃报李。他继续与康德保持联系的价值在他再版康德给他的信中得到了肯定［209］，这出现在他的最后一部著作《特别涉及基督教的理性主义与超自然主义的历史》（Ge-

---

❶ 普鲁士科学院版卷 11，《康德通信集 II》，"康德致施陶林"，1793 年 5 月 4日，页 430（译自《康德的哲学通信 1759~17999》，Zweig 编，页 206）。

❷ 参见：普鲁士科学院版卷 7，序言，《系科之争》，页 8。

❸ 普鲁士科学院版卷 11，《康德通信集 II》，"康德致施陶林"，1794 年 12 月 4日，页 532-534，该处康德具有讽刺意味地谈到他著作可能从"正统的乔治三世"之下的"超正统"处获得的保护。

schichte des Rationalismus und Supernaturalismus vornehmlish in Beziehung auf das Christentum）（1826）。

但是，施陶林对康德哲学传播的贡献并不止于此。他的许多后期著作都采取了修订道德神学和哲学的系列讲座的形式，这些讲座原先是他向哥廷根的神学学生讲授的。正是在这些作品中他发展了我们在康德本人那里确认的对早期自然法理论的含蓄批判，它也被胡弗兰德暗示了。在他的《文艺复兴以降的基督教伦理学史》（*Geschichte der christlichen Moral seit dem Wiederaufleben der Wissenschaften*）（1808）中，他在若干问题上直接批判了普芬道夫：第一，从基于人性的社会性和自我保存的原则推导出一个伦理体系；第二，把一个正当的立法者的权力确立为道德义务的主要力量；第三，强调理性和启示是不能提供相互验证的极为分离的知识源头。结果普芬道夫的伦理学表现为一种伦理与法律原则的混合，其中所谓的最高原则是完全依赖法律由其普遍属性所获得的主要力量。❶ 而且，普芬道夫对人作为人、公民和基督徒的不同角色所具有的道德义务的划分也延续着他在分离伦理学和道德神学时所犯下范畴错误。在这个唯意志论的伦理学体系背后潜藏着一个基本的缺陷，遗漏了对一条外在于人性的支配性理性原则的探求，正是根据这一原则一切伦理的和法律的规定才得以无差别地产生。❷ 在区分经验概念与理性概念之上的这种失败由此所产生不过仅是审慎的建议。

这些最为重要的问题在他的巨著《道德哲学的历史》（*Geschichte der Moral Philosophie*）（1822）中发展到了极致，它的同一标题的摘要作为附录出现在了他的《神学家的新道德教科书》

---

❶　C. F. Stäudlin，《文艺复兴以降的基督教伦理学史》（*Geschichte der christlichen Moral seit dem Wiederaufleben der Wissenschaften*，Göttingen，1808），页 262–263。

❷　同上注，页 265。

（1825）的第三版和最后一版中，这也构成我们这里研究的基础。❶ 那部著作共分三个部分。［210］第一部分专论希腊、罗马和希腊化哲学；第二部分涉及经院主义、希腊哲学的复兴和 16 世纪道德哲学；最后一部分也是最大的部分则献给了 17、18 和 19 世纪早期的道德哲学。施陶林对古代和中世纪思想的总结与给予早期的"道德史"的极为相似，但是作为一位神学家，他比"道德的科学"中的巴贝拉克更是经院主义思想的同情性解释者，他缺乏后者攻击早期教父的论辩基础。对于任何主张在其伦理体系背后确立一种单一的支配性原则的思想家，他也表现出了特定的康德哲学的兴趣。❷

对现代的讨论被划分为他以一种早期黑格尔的方式所称的主要的"民族"传统，它们中的每一个都背叛了一种鲜明的支配精神。除了英国和德国之外，道德哲学作为一种在广大的文学界中涉及跨国界的紧密联系的世界性研究几乎没有意义。法国 18 世纪的著作被作为沙夫兹伯里的派生物受到了相当轻蔑的对待；爱尔维修和拉美特利是以我们所看到的康德本人所使用的同样贬抑的话语加以描述的。❸ 卢梭被视为一位以人性为其伦理学出发点的有影响力的作家，但是，"产生在英国和德国的这种基础和风格的道德体系绝不会在法国写出来"。❹

---

❶ 较大的著作达到了 1055 页，作为《道德哲学的历史》（*Geschichte der Moralphilosophie*, Hanover, 1822）出版。缩减的版本出版为《道德哲学的历史》（*Geschichte der Moralphilosophie*），附录于他的《神学家的新道德教科书》（*Neues Lehrbuch der Moral für Theologen*, Göttingen, 1825），页 525 – 601。在他的简短自传中，施陶林在自己的成果中特别提到了较大的著作：《道德哲学的历史》（*Geschichte der Moralphilosophie*, Hanover, 1822）是一部大型的、综合的著作，它的成就迄今无人达到。"J. T. Hemsen 编，《纪念卡尔·弗里德里希·施陶林：他的自传》（*Zur Erinnerung an D. Carl Friedrich Stäudlin. Seine Selbstbiographie*, Göttingen, 1826），页 29。这里研究的是缩减的版本，不仅是为了方便之故，也是因为它与构成这一研究基础的"道德史"范围相当。

❷ 参见，例如他在《道德哲学的历史》中对亚里士多德的讨论，页 535。

❸ 同上注，页 553 – 554。

❹ 同上注，页 556。

施陶林关于怀疑论史的早期著作所带来的影响要对一种针对"现代"自然法作家与这一传统之间关系的极为不同的处理负责。怀疑论的复活与格劳修斯和普芬道夫的思想优势之间的联系不见了，取而代之的是把怀疑论主要等同于英国18世纪的道德感理论。"道德史"的解释核心的逐渐崩溃明显地体现在他对格劳修斯的处理之中，后者仅仅是被挑选出来作为最为杰出的荷兰伦理学作家的，其自然法体系是理性原则与万民法的结合。❶

施陶林对英国思想的冗长评价注意到了它的方法与实质特征的紧密关系，"结果它对道德主题的哲学化方式本身就是对其道德主题的一种表达"。❷ 但是，他对其代表人物的分类反映着康德的选择：培根、霍布斯和洛克被视为经验主义者 [211]，而古德沃斯（Cudworth）和普莱斯（Price）（他们的道德认识被认为预示了康德本人的元素）却得到了高度赞扬和广泛总结。洛克被判断认为是一位怀疑论的无意支持者，因为他对天生道德概念的否定比他的德性理论更为有效，它建立在混淆神意和常识的基础之上。❸ 洛克距离他要为自己的道德真理的解释获取数学确定性的公开目标如此遥远，以至于他的学生沙夫兹伯里可以依赖他的论点强烈地推进怀疑理由，而且破坏性的后果在曼德维尔的著作中方才变得明显起来，它彻底颠覆了对善恶的一切传统的阅读。❹ 因此，

> 沙夫兹伯里踏平的道路由哈奇森和休谟，斯密斯和弗格森继续跟随，他们每个人都更为强调这个体系中这个部分或那个部分……常识和善行是他们所有人的伦理体系的灵魂。❺

---

❶ C. F. Stäudlin，《神学家的新道德教科书》，页557。
❷ 同上注，页560。
❸ 同上注，页564–565。
❹ 同上注，页566–568。
❺ 同上注，页568。

只有英国的理查德·普莱斯和德国的克里斯琴·奥古斯特·克鲁修斯提供了处理这种怀疑论传统的核心主题的伦理理论，他们的著作由此获得了比施陶林所讨论的其他任何哲学都要长的总结。他们每个人都以不同的方式论证道德感哲学的主观性可以用一种理性自主能力的解释加以取代，这种能力可以清楚地确定经验领域之外的对错概念；把人类视为既依赖于上帝又能够独立地运用理性，这也不应被看作是一种矛盾。在每种情况之下，义务都被带离了人性的本质或者最高的善的概念，并且反倒被授予了理性意志的能力，它承认存在正当地适用于个人的法律。❶

这可以在德国把"现代"自然法降到道德哲学史的一个适度的和从属的位置。虽然施陶林承认普芬道夫在移除亚里士多德作为德国伦理学权威中的作用，但他在道德义务的问题上与莱布尼茨和沃尔夫站在了一边，他发现单子论的理性主义和沃尔夫的完美概念远比普芬道夫唯意志论更为可取［212］。❷ 托马修斯具有实践制度改革的影响力，但是他的伦理学被引为功利主义的一种最高例证，这种功利主义来自经验的选择，并给予人性的某些方面以优先考虑。❸ 除了克鲁修斯之外，18 世纪后期的德国道德哲学绝大多数都从英国的原始材料处获得其指导，特别是通过弗格森（Ferguson）这样的作者，以哥廷根为媒介。大众哲学家已经采纳了一种幸福论，以英国的原始材料为基础，这把他们划到了经验主义者阵营之中，依赖不能证实的人性理论作为他们体系

---

❶　对于普莱斯，参见，同上注，页 571 - 577，对于克鲁修斯，页 585 - 588。对于康德在方法论上受益于普莱斯和克鲁修斯之处的相关研究，参见：J. B. Schneewind，"自然法、怀疑论与伦理学方法"，载 *Journal of the History of Ideas*，卷 52，1991，页 289 - 308。

❷　参见：同上注，第 581～583 页关于普芬道夫伦理学与莱布尼茨替代品之间的争论的最后一次交流。

❸　同上注，页 585。

的基础原理。❶

根据施陶林所说，康德的哲学由此开启了一个新时代，尽管其受惠于柏拉图、某些经院主义者、古德沃斯和普莱斯。❷ 他的原创性在于宣布他的先验框架是"人的理性自身的自由的和个人的产物"，而不仅仅是神圣观念向人的心灵的一种传递。❸ 通过把范畴命令描述为伦理学的形式前提，他成功地规避了伦理学的所有其他的首要原则，它们在本质上都可以还原为自爱，不能作为任何伦理体系的恰当基础。❹ 在这种洞见之中存在他对现代怀疑论的拒斥和对理性作为其自身立法者的证实。虽然费希特和谢林试图完善康德的道德哲学，但仍然存在道德哲学有没有被提高到一种科学地位的争论；因为即使在康德哲学的明显胜利之后，也存在一个显著的事实，那就是无法为这个珍贵的问题提供一个令人满意的答案，"当哲学家们大多在个人责任上彼此达成一致时，他们何以在最高的道德原则上如此意见分离呢?"❺ 施陶林承认，尽管他自己的偏向是清楚的，但那些为理性的独立自主角色的优先性辩护的人与那些动用人性的力量的人之间的争议却有增无减。无论如何都不能质疑的是，"现代"自然法传统不再是这种等式的一个部分了。

6.5　康德哲学与哲学史

[213] 在康德 1804 年去世之前，他的追随者们已经在发掘

---

❶　参见：C. F. Stäudlin，《神学家的新道德教科书》，页 589–592，他对贝士多、费德、米凯利斯、加夫和普拉特纳的评论，其中没有提及他们的共同前提与早期托马修斯主义者的那些前提之间的紧密联系。

❷　同上注，页 592。

❸❹　同上注，页 593。

❺　同上注，页 598。

批判哲学对整个哲学史的影响了，结果折中主义的历史贡献也开始在文献中消失。海登莱希（K. H. Heydenreich，1764～1801）和格洛曼（J. C. Grohmann，1769～1847）都在18世纪90年代后期发表方法论论文，表明哲学史的任务应当重新定义为对理性成长的描述，而不用考虑作者和年表。❶ 但是，在任何大型的康德哲学史得以写作之前仍然有一个基本问题有待克服；因为如果哲学史是一个除非先验真理的地位得到接受否则人的理性就会发现一切知识皆属不可能的认识论叙事，那么就会存在一个实际的危险，一部哲学史会仅仅因为过去的某物哲学家不属于康德学派而非难他。

在这一时期康德的早期追随者写作了许多作品，试图把哲学史重新定义为"事物必然联系的科学从其起源至我们的时代所历经的变化的表现性内容"。❷ 但是，或许值得注意的是，这些人很少有人进一步创作这种风格的大型著作。如果认为只有那些已经创作了可以在某种意义上视为康德的先驱者的大型体系的人才能算作哲学家，那么许多传统上作为哲学史而闻名的内容就只代表着"哲学的怪念"（*philosophischen Grillen*）。❸

着手处理这个问题的第一批康德模式的系统史学家有布尔（J. G. Buhle，1763～1807）和腾勒曼（W. G. Tennemann，1761～1819）。❹ 腾勒曼相信调和经验层面和先验层面是可能的，但要

---

❶　K. H. Heydenreich，"存在一种哲学吗?"（Gibt es eine Philosophie?），载《批判哲学的独特观念》（*Originalideen über die kritische Philosophie*，Leipzig，1793）；J. C. Grohmann，《哲学史的概念》（*Über den Begriff der Geschichte der Philosophie*，Wittenberg，1797）。

❷　K. L. Reinhold，"哲学史的概念"（Über den Begriff der Geschichte der Philosophie），载 G. G. Fülleborn 编《哲学史论集》（*Beiträge zur Geschichte der Philosophie*，Züllichau，1791），卷1，页20。

❸　对于这些作者的哲学史方法的讨论，参见 L. Geldsetyer，"1798～1819年哲学史著作中的方法论之争"（Der Methodenstreit in der Philosophiegeschichtsschreibung 1791～1820），载 *Kant-Studien*，56，1966，页519–527。

❹　J. G. Buhle，《哲学史教科书与同一种批判文献》（*Lehrbuch der Geschichte der Philosophie und einer kritischen Literatur derselben*，Lemgo，1766～1804），8卷；W. G. Tennemann，《哲学史》（*Geschichte der Philosophie*，Leipzig，1798～1819），卷11。

区分"哲学"和"哲学化",前者具有近代根源,而后者是哲学史要追溯的主题。这二者具有一种目的论的关系,有待讲述进一步的叙事:"哲学化比一切哲学都古老 [214],它与哲学的关系就像努力与其目标的关系"。❶ 但是,那种叙事的一个条件是只有那些已经创作哲学体系的哲学家才能得到进一步的讨论和总结。在布尔和腾勒曼的哲学中都是如此:因为只有在声称为所有哲学分支都提供了一个全新认识论的系统著作中逐渐成熟的理性之线才能识别。在希腊哲学的讨论中尚不能发现太多的变化,在任何情况下它都被分为一系列相继的体系;但在布尔和腾勒曼的文艺复兴之后的历史部分其图景却迥然不同。布尔的教科书把15 世纪看作对古代体系的一次复活;16 世纪主要是复兴亚里士多德主义体系的世纪;17 世纪是伟大的现代体系产生的时期:笛卡尔、伽桑狄、霍布斯、马勒伯朗士和斯宾诺莎的那些体系。18 世纪在神化康德之前,洛克、莱布尼茨和沃尔夫是三个主要人物。那里没有对折中主义的讨论,这仅仅是因为它的那些原则使它失去了资格。它不符合这些历史学家正在寻找的认识论的体系构建。

对文艺复兴之后的哲学史的这些图式修正可以在腾勒曼所著的简明学生教科书中最为清楚地看到,他在他的 11 卷巨著的同时出版了这部教科书。他在《哲学史原理学术研究版》(*Grundriss der Geschichte der Philosophy für den akademischen Unterrricht*) 之中证明需要一部新颖别致的哲学史,因为此前的所有作者都过于关注传记(没有涉及东方哲学)和政治史,牺牲了整体精神(*Geist*),理性的进步。在这一点上布鲁克被委婉而又果断地回绝了:

> 布鲁克完成了最为完整的著作,那里有对所编辑信息

---

❶ W. G. Tennemann,《哲学史》,卷 1,页 29。

(特别是哲学家传记部分)的呕心沥血的收集和解释,现在仍然是有用的。但是,他缺乏一种哲学精神。❶

腾勒曼毫不怀疑哲学史肇始于古希腊,[215]尽管早期的哲学史家主张卡巴拉和迦勒底古代智慧的哲学内容;只有当可以观察到处于概念分析过程之中的哲学家时,才能说这种学科是可以辨认的:

> 因此,哲学史的开端是希腊人的责任,而且事实上要在那个时代出现,较高程度的理性从想象和理解的培育中开发出来,开始为观念的意义、知识的相互联系和基本原则的研究而努力。这发生于泰勒斯时代。❷

正如康德把哲学史的基本动力视为教条论与怀疑论之间的一种辩证法,腾勒曼也在西方哲学的古代、中世纪和现代时期的每个阶段确定了一种对"教条"体系的初步阐明,继之而起的是对它们的怀疑论异议的发展。随着新哲学体系的发展,老的教条论崩塌了,这个循环继续重复直到康德本人对它的超越。

把这种图式适用到文艺复兴之后的哲学时期就产生了一个与我们通过本书所熟悉的其他图景根本不同的图景。腾勒曼针对1500年到1800年这段时期确定了哲学史的三个截然不同的时段。第一个时段持续到1650年,这时一致努力反对经院主义,所采取的方式即是再造和组合古代哲学体系,不管是柏拉图主义,亚里士多德主义,还是斯多亚学派都是灵感的来源。从外观上看腾

❶ W. G. Tennemann,《哲学史原理学术研究版》(*Grundriss der Geschichte der Philosophy für den akademischen Unterrrricht*,Leipzig,1820,第3版),A. Wendt 编,序言,第38段,页18。这部著作有一个名为《哲学史手册》(*A Manual of the History of Philosophy*,London,1852)的颇具影响的译本,由 A. Johnson 翻译,J. R. Morrell 校对。

❷ 同上注,第22段,页10。

勒曼多少把马基雅维利、布鲁诺、博丹、伽利略和康帕内拉这类思想家视为提供这些无系统的体系变种的人。这个时段由于对这些复兴体系的一种持久的怀疑论攻击的出现而结束，这种攻击使得那些体系声誉扫地了。

第二个时段从 1650 年到 1780 年，它包含着一个恢复的阶段，以针对怀疑论攻击的全新思想体系的形成作为标志：

> 第二个时段持续到 18 世纪末，它涉及新体系的发展，尤其关注较为系统的单元的更加稳固的基础，以及以教条论的方式对单个部分的完成，更为积极地攻击怀疑论。❶

在这次体系复兴中具有统治性的人物是笛卡尔和培根，他们以自然哲学中的发现为基础，[216]并且分别确立了"理性主义"和"经验主义"，它们在欧洲所赢得的广泛忠诚超出了法国和英国的范围：

> 两位伟人，培根和笛卡尔，长期规定了人类思维的方向；通过他们的著作经验知识及其理论化变成了口号。这种结盟源出意大利，但只在英国、法国和德国得到了全面发展。❷

腾勒曼辩称，这段时期所有的系统哲学或者关心思辨哲学或者关心实践哲学。在每种情况下支持者都是排他性的"经验主义者"或者"理性主义者"。按照他的康德哲学图式其他任何体系都没有更多存在的空间，直到第三个时段，康德哲学本身在 18世纪 80 年代得到传播之前。在"教条论"之后可能只会存在另

---

❶ W. G. Tennemann，《哲学史原理学术研究版》，第 275 段，页 229。
❷ 同上注，第 316 段，页 274–275。

一种形式的"怀疑论"，康德的情况却不止于此，它代之以对全部辩证法的一次超越：

> 　　第三个时段从 18 世纪最后 20 年直到最近一段时间，包括了借助批判方法定义哲学的理性的尝试，及其引起的争论和新思想运动，以及通过对绝对者的认识把科学推向极致的新的教条论尝试。❶

这种格式没有为折中主义作为一种独立的哲学言说留下任何空间。腾勒曼承认它的存在，但只把它看作一种粗俗形式的经验主义。在实践哲学中它的影响是灾难性的，因为它对个人寻找道德规范的自由和理性选择的信任已经导致了一种对抗性的、同等灾难的决定论的形而上学：

> 　　道德哲学因此在很大程度上成了一种具有较好和较为理性外观的折中选择（根据主观的判断），自爱的统一表达，同情的倾向。按照这种观点自由会带来巨大的困难：因为根据一种健全伦理学的这种基本立场，个人或者只具有心理自由的鉴别力，或者努力从一种形而上学的根基去解决这个问题，并且因此最终求助于决定论或者肯定一种盲目无法的自由——然而理论理性却拒绝这个。❷

折中主义的冲击甚至对思辨哲学更具灾难性，由于折中主义在德国大学中的统治地位，苏格兰哲学的重要发展，尤其是休谟的怀疑论，受到了忽视。❸ 它带来的信念是，[217] 哲学真理分布在许多思想体系之中，就像散乱的光束，只要稍一努力就可以

---

❶　W. G. Tennemann，《哲学史原理学术研究版》，第 275 段，页 229。
❷　同上注，第 368 段，页 370。
❸　同上注，第 355 段，页 347。

以一种简便的、一般有用的方式把它统一起来。❶ 尽管折中主义在其早期是一种解放性的因素，但在其后期的形式中却只会压制真正的形而上学思考："折中主义一度是反对一个体系偏见和专制的壁垒，但现在却成了人类理性不确定和困境的后果，而且经验分析威胁着形而上学"。❷

因此，当腾勒曼回顾 18 世纪德国哲学的发展过程时，他在哲学的核心问题上没有看到任何实质进步的迹象。哲学的主题领域是在扩大，美学和经济学的形成表明了这一点，但是古老的问题仍然没有得到解答："在最为重要的主题上统治整个领域的却是不确定性、怀疑和不统一"。❸ 因此，这位康德哲学史纲要的忠诚追随者不仅在其叙述中取消了折中主义的地位，而且也认为它应对一种迂腐做派和智力迟钝负责，那与它所努力取代的腐朽经验主义如出一辙。

在某种意义上，对哲学史的康德哲学解释代表着一步倒退。折中的"道德史"已经勾勒了文艺复兴之后在伦理学中的一种进步类型，而康德哲学的观点仍然不那么乐观。在一定程度上，这是康德本人厌恶当时的伦理学的结果；但是，必须指出的是，在康德哲学的解释中，直到最后跃进批判哲学之前，整个哲学史都没有"进步"运动——不存在严格的辩证法，有的只是简单的三和音，"教条论"，然后是"怀疑论"，接着是批判哲学的解决方案，这些不断重复，而没有任何阶段必然代表着对上个阶段的一种改进。❹ 只有在黑格尔的哲学史中这种三和音的方法才与一种进步机制结合起来，这种进步机制包含着在一个"高贵精神的进步"中从古希腊到现代的整个哲学史范围。

当然，这种进步机制不是真正"历史的"，在这个意义上，

———————

❶❷　W. G. Tennemann，《哲学史原理学术研究版》，第 355 段，页 347。

❸　同上注，第 369 段，页 371。

❹　这一点在 J. Freyer 的《18 世纪哲学史的历史》（*Geschichte der Geschichte der Philosophie im achtzehnten Jahrhundert*, Leipzig, 1912）中得到了很好的说明，页 143。

我们可以把这个术语用在观念史之中。正如沃尔什（Walsh）所论证的，对于黑格尔来说，"这个主题本质上即是哲学自身的部分：［218］它的目标不是去发现事实，而是要对真理和谬误发表意见"。❶ 结果，哲学学说如何历史地形成的问题就成了解释黑格尔本人理论的发展这一主要任务的副业了。然而，哲学真理是如何扬弃所有它的否定面的，这仍然是一个不可化约的历史故事：发展过程的每个阶段都必然被扬弃，因此不能作为无用的而被取消；后来的体系以前面的体系为基础，并且包含着其前人确立的全部内容，即使它们处于一种不同的形式。

黑格尔在他的早期逻辑学著作中已经证明了一个论点：每个理论都对一个最终真理的产生具有不同的贡献。在他 1805 年到 1806 年在耶拿发表的《哲学史演讲录》中，他扩展了这种见解，把整个哲学思想史领域都囊括在内。这种策略的结果是产生了这种哲学史，它确实给出了关于所有主要系统哲学的完整解释，而且具有一种比康德哲学家所提供的更吸引人的机制。虽然黑格尔很少思考具体类型的哲学（例如经验主义），而且对其他人的许多看法（例如神秘主义者雅各·波墨［Jakob Böhme］的著作）也过于荒诞，但他对所有哲学类型都作出了充分的归纳，因为它们在精神的自我发展中都是意义重大的时刻。

那些受到极少关注或者根本未受关注的个人在很大程度上是被康德哲学家忽略的人，因为他们的思想没有得到充分的系统化。毫无疑问，就这一点而言折中主义者是佼佼者。在《哲学史讲演录》的后文艺复兴卷中，格劳修斯、霍布斯和普芬道夫只是作为在法哲学领域中具有持久重要性的相当粗糙的经验主义者匆匆闪过。他们被划到了"理智的形而上学的第二阶段"，这一小部分由洛克的经验主义主宰，对于这种经验主义黑格尔无论如何

---

❶　Walsh，"黑格尔论历史哲学"（Hegel on the history of philosophy），载《历史与理论》（History and Theory），增刊，5，1965，页 81。

都会很看低，因为他相信它在本质上否认形而上学的重要性。这些人物至多只具有局部的重要性："但是，它们（即霍布斯的学说）不存在任何思辨的或真正哲学的内容，在格劳修斯那里更少"。❶ 对于黑格尔来说，托马修斯同样是可轻视的：他嘲笑说，托马修斯唯一值得哲学家关注的地方在于［219］他是首位用德语写作的哲学家。他的哲学可以归纳为那种"健全理性"，它所包含的不过是"在思考开始时总能发现的那种肤浅的特征和空泛的普遍性"。❷ 在黑格尔看来，18 世纪只有一位重要的前康德哲学的德国哲学家，他就是克里斯琴·沃尔夫，一位坚定的系统化者，"为德国定义了意识的世界"。❸

然而，可以反驳说，虽然黑格尔对 18 世纪德国的折中主义传统表达的只有轻视，但具有讽刺意味的是，它在他的哲学史教育过程中对他的影响却很大：实际上哲学史进步机制的观念萌芽极有可能根源于他早期对迈纳斯著作的阅读，后者是 18 世纪中期哥廷根学派的大众哲学家和"进步"历史学家，正如我们所见的，这个学派在很大程度上是托马修斯主义的学者创建的。也有一些迹象表明在其学生时期黑格尔从对迈纳斯的《人类史概要》（*Grundriss der Geschichte der Menschheit*）的阅读中受益匪浅，这部著作试图区分事件的历史和人类的历史，关于他过去是什么以及他已经变成了什么的历史。❹ 因此，在黑格尔的历史哲学中，事件流与隐藏的人的发展之间的那种典型对立只能通过对民族、政府形式以及经济发展阶段的比较才能弄清楚，可以确信它

---

❶ G. W. F. Hegel，《哲学史讲演录》，卷 3，E. Haldane 和 F. Simson 译（London，1896），页 316。黑格尔在其有生之年并没有出版这些讲演，这个版本译自 1833 年的首个德文版以及 C. L. Michelet 的学生笔记。

❷❸ 同上注，页 349。

❹ H. S. Harris，《黑格尔的发展》（*Hegel's Development*，Oxford，1972），第 27～28 页说明了黑格尔从迈纳斯的《人类史概要》中提取了他的"哲学史"概念。黑格尔对这部著作的细致注释记录在 J. Hoffmeister 所编的《黑格尔发展档案》（*Dokumente zu Hegels Entwicklung*，Stuttgart，1936）第 400 页和第 419 页。

的许多突出特征都归功于托马修斯主义的学者已经引入到早期哥廷根大学的那种更为灵活的历史编纂研究的思潮。在道德哲学领域，虽有康德哲学的革命，但在 18 世纪早期的折中学派、大众哲学家，以及 19 世纪哲学的自我观念之间仍然能够解释出一种模糊却又可以辨别的联系。

参 考 文 献

一手文献

Achenwall, G. , *Ius Naturae*, 2 vols. (Göttingen, 1757, 6th edn).

Adlemansthal, P. W. , 'Denckwürdige Lebensmemoire und seltsame Fata des weltberuffenen Baron Samuels von Pufendorf', appended to *Kurtzer doch Gründlicher Bericht von dem Zustande des H. R. Reichs Teutscher Nation, vormahls in Lateinischer Sprache unter dem Titel Severin von Monzambano* (Leipzig, 1710).

Alberti, V. , *Compendium Iuris Naturae, Orthodoxae Theologiae Conformatum* (Leizig, 1678).

Alonso of Cartagena and Leonardo Bruni (correspondence), in A. Birkenmaier, *Vermischte Untersuchungen zur Geschichte der Mittelalterlichen Philosophie* (Münster, 1922) (in C. Baeumker (ed.), Beiträge zur Geschichte der Philosophie des Mittelalters, vol. XX) 129 – 210.

Anon. , *An Account of the Life and Writings of Mr John Le Clerc* (London, 1712).

d'Aube, F. -R. , preface to *Essai sur les principes du droit et de la morale* (Paris, 1743).

Bacon, F. , *De Augmentis Scientiae*, *Works*, vol. II, ed, J. Spedding, R. L. Ellis and D. D. Heath (London, 1858).

Barbeyrac, J. , 'Histoire critique et scientifique de la Science des Moeurs', preface to S. Pufendorf, *Le Droit de la Nature et des Nations*, ed. J. Barbeyrac 2 vols. (Amsterdam, 1706).

'An Historical and Critical Account of the Science of Morality', preface to S. Pufendorf, *The Law of Nature and of Nations*, ed. J. Barbeyrac, trans. B. Kennert (London, 1749, 5th edn).

Beckmann, N. And Schwarz, J. , *Index Quarundam Novitatum Quas Dnus Samuel Puffendorff Libro Suo De Iure Naturae et Gentium Contra fundamenta Londini edidit* (Giessen, 1673).

Bentam, J. , *An Introduction to the Principles of Morals and Legislation*, ed. J. H. Burns and H. L. A. Hart (London, 1970).

Böcler, J. , *In Hugonis Grotii Jus Belli et Pacis Librum Primum Commentatio* (Giessen, 1687).

Brucker, J. J. , *Historia Critica Philosophiae a mundi incunabulis ad nostram usque aetatem deducta*, 6 vols. (Leipzig, 1766 – 7, 2nd edn).

Buddeus, J. F. , 'Historia Juris Naturae', preface to P. H. Vitrarius, *Institutiones Naturae et Gentium* (Leiden, 1692) (an enlarged version appeared under Buddeus' own Name in *Selecta Juris Naturae et Gentium* (Halle, 1704)).

Institutiones theologiae moralis (Leipzig, 1711).

Elementa Philosophiae instrumentalis (Halle, 1714, 4th edn).

Theses de atheismo et superstitione (Jena, 1717).

'Bedencken über die Wolffianische Philosophie mit Anmerckungen erläutert von Christian Wolffen', *Kleine Kontroversschriften mit Joachim Lange und Johann Franz Budde*, ed. J. Ecole (Hildesheim and New York, 1980), reprint of Frankfurt/Main edtion, 1724.

Buddeus, J. F. , *Compendium historiae philosophiae observationibus illustratum*, ed. J. G. Walch (Halle, 1731).

Buhle, J. G. , *Lehrbuch der Geschichte der Philosophie und einer kritischen Literatur derselben*, 8 vols. (Lemgo, 1796 ~ 1804).

Lehrbuch der Geschichte der neuerern Philosophie seitder Epoche der Wiederherstellung der Wissenschaften, 6 vols. (Göttingen, 1800 – 5).

Carmichael, G. , *Synopsis Theologiae Naturalis* (Edinburgh, 1729).

Condillac, E. Bonnot de, *Cours d'Etudes pour l'Instruction du Prince de Parma. Histoire Moderne*, *Œuvres Complètes*, vol. XIV (Paris, 1822, original edn 1775).

Conring, H. , *De Origine Iuris Germanici* (Helmstedt, 1643).

De Finibus Imperii Germanici (Helmstedt, 1654).

Omnia Opera, ed. J. W. Goebelius, 6 vols. (Brunswick, 1730).

Crusius, C. A. *De corruptelis intellectus a voluntate pendentibus* (Leipzig, 1740).

De appetitibus insitis voluntatis humanae (Leipzig, 1742).

Dissertatio philosophica de usu et limitibus principii rationis determinantis, vulgo sufficientis (Leipzig, 1743).

Anweisung, vernünftig zu Leben (Leipzig, 1744).

Cumberland, R. , *Traité Philosophique des Lois Naturelles*, ed. J. Barbeyrac (Amsterdam, 1743).

Dithmarus, J. C. (ed.), Tacitus, *De Situ, Moribus et Populis Germaniae Libellus* (Frankfurt/Oder, 1725).

Enfield, W. , *The History of Philosophy. . . drawn up from Brucker's ' Historia Critica'*, 2 vols. (London, 1819).

Fabricius, J. A. , *Abriss einer allgemeinen Historie der Gelahrtheit*, 3 vols. (Leipzig, 1752 – 4).

Feder, J. H. , *Grundriss der philosophischen Wissenschaften* (Coburg, 1769, 2nd edn).

Félice, F. -B. de, ' Introduction historique et critique au droit naturel ', preface to J. -J. Burlamaqui, *Principes du Droit de la nature et des gens*, 2 vols. (Yverdon, 1766).

Formey, J. H. S. , Préface to *Principes du droit de la nature et des gens*, 3 vols. (Amsterdam, 1758) (extracted from C. Wolff, *Jus naturae, methodo scientifica pertractatum*, 8 vols. (Frankfurt and Leipzig, 1740 – 80)).

Garve, C. , ' Einige Beobachtungen über die Kunst zu Denken ', in *Versuche über verschiedene Gegenstände aus der Moral, der Litteratur und dem gesell-*

schaftlichen Leben, 5 vol. (Breslau, 1792~1802), 247 – 430.

Gerhard, E. , *Introductio praeliminaris in historiam philosophicam* (Jena, 1705).

Prolegomena ad delineationem Juris Naturae (Jena, 1712).

Gerhardt, C. I. (ed.), *Briefwechsel zwischen Leibniz und Wolff*, (Halle, 1860).

Glafey, A. F. , 'Historie des vernunfftigen Rechts', preface to *Vollständige Geschichte des Rechts der Vernunfft* (Frankfurt/Main and Leipzig, 1732).

Gottsched, J. C. , *Historische Lobschrift des...Herrn Christians...Freyherrn von Wolff*, (Halle, 1755).

Groeningius, J. , *Praefatio*, to S. Pufendorf, *De Officio Hominis et Civis*, ed. J. Groeningius (Stockholm, 1701).

Grohmann, J. C. , *Über den Begriff der Geschichte der Philosophie* (Wittenberg, 1797).

Grotius, H. , *De Jure Belli ac Pacis/The Law of War and of Peace*, ed. F. W. Kelsey, 2 vols. (Oxford, 1925).

Gundling, N. H. , *Historia Philosophiae Moralis. Pars Prima* (Halle, 1706).

Jurisprudentia Naturalis (Halle, 1711).

Jurisprudentia Naturalis (Halle, 1715).

Effertur funus illustris viri Christiani Thomasii (Halle, 1728).

Ausführlicher und vollständiger Discour über dessen Abriss einer rechten Reichs-Historie (Frankfurt/Main and Leipzig, 1732).

Vollständige Historie der Gelahrtheit (Frankfurt/Main and Leipzig, 1734 – 6).

Hartmann, G. V. , *Anleitung zur Historie der Leibnizisch-Wolffischen Philosophie* (Frankfurt and Leipzig, 1737).

Hegel, G. W. F. , *Lectures on the History of Philosophy*, trans. E. Haldane and F. Simson, 3 vols. (London, 1892 – 6).

Phenomenology of the Mind, trans. J. B. Baillie (New York, 1967).

Introduction to the Lectures on the History of Philosophy, trans. T. M. Knox and A. V. Miller (Oxford, 1985).

Heineccius, J. G. , *Elementa Iuris Naturae et Gentium* (Halle, 1738).

Anleitung zur Historie der Weltweisheit (Berlin, 1743).

A Methodical System of Universal Law: or the Laws of Nature and Nations deduced from Certain Principles and applied to Proper Cases, trans. and ed. G. Turnbull, 2 vols. (London, 1763).

Hertius, J. N. , ' Commentatio de jurisprudentia universali ', in *Opuscula*, vol. I, (Frankfurt/Main, 1700).

Heumann, C. A. , ' De distinctione iuris naturalis in absolutum et hypotheticum, item de discrimine iusti, honesti, aequi et decoris ', *Actorum Eruditorum quae Lipsiae publicantur*, Supplementa (Leipzig, 1710), IV, 410 – 19.

Heumann, C. A. , *Conspectus Reipublicae Litterariae sive Via ad Historiam Litterariam iuventuti studiosae aperta* (Hanover, 1753, 6th edn).

Heumann, C. A. (ed.), *Actorum Eruditorum, das ist gründliche Nachrichten aus der historia philosophica*, 3 vols. (Halle, 1715 – 18).

Heydenreich, K. H. , ' Gibt es eine Philosophie?', *Originalideen über die kritische Philosophie* (Leipzig, 1793).

Hobbes, T. , *Man and Citizen*, ed. B Gert (Indianapolis, 1972).

Hoffmeister, J. (ed.), *Dokumente zu Hegels Entwicklung* (Stuttgart, 1936).

Hornius, G. , *Historia Philosophica* (Amsterdam, 1655).

Hotman, F. , *Antitribonianus*, ed. C. Thomasius (Halle, 1704).

Hübner, M. , *Essai sur l'Histoire du Droit Naturel*, 2 vols. (London, 1757 – 8).

Hufeland, G. , Versuch über den Grundsatz des Naturrechts (Leipzig, 1785).

Kant, I. , *Kants gesammelte Schriften*, edited by the Royal Prussian Academy of Sciences and later Academies (29 vols. , Berlin, 1900 ~). IV: *Werke*: for *Die Grundlegung zur Metaphysik der Sitten*; VI: *Werke*: for *Die Metaphysik der Sitten*; VII: *Werke*: for *Der Strert der Facultäten*; VIII: *Abhandlungen nach* 1781; X: *Kants Briefwechsel* I, 1747 – 88; XI: *Kants Briefwechsel* II, 1789 – 94; XII: *Kants Briefwechsel* III, 1795 – 1803; XXVII: *Vorlesungen über Moralphilosophie* (vol. IV, First half of *Kants Vorlesungen*), for *Praktische Philosophie Powalski*.

The Critique of Pure Reason, ed. N. Kemp-Smith (London, 1929).

Kant's Philosophical Correspondence, 1759 – 99, ed. A. Zweig (Chicago and London, 1967).

Kant's Political Writings, trans. H. B. Nisbet, ed. H. Reiss (Cambridge, 1991, 2nd edn).

Critique of Practical Reason, trans. L. W. Beck (New York, 1993).

Le Clerc, J. , 'Eris Scandica (1686)', *Bibliothèque Universelle et Historique*, XIII (Amsterdam, 1686), 485 – 97.

Leibniz, G. W. , *Nova methodus discendae docendaeque jurisprudentiae* (Frankfurt/Main, 1667).

undated letter to J. F. Buddeus, *Bibliotheca-Historico-Philologico-Theologica*, VIII (Bremen, 1725), 77 – 8.

Commercium Epistolicum Leibnitianum, ed. J. D. Gruber, I, (Hanover and Göttingen, 1745).

Die Philosophischen Schriften von Gottfried Wilhelm Leibniz, ed. C. I. Gerhardt, 7 vols. (Berlin, 1875 – 90).

Die Werke von Leibniz, ed. O. Klopp, vol. VII, (Hanover, 1884).

Textes inédits d'après les manuscrits de la Bibliothèque provinciale de Hanover, ed. G. Grua, 2 vols. (Paris, 1948).

Theodicy, ed. A. Farrer (New Haven, 1952).

Philosophical Papers and Letters, ed. L. E. Loemker, 2 vols. (Dordrecht, 1969).

Philosophical Writings, ed. G. H. R. Parkinson (London, 1973).

The Political Writings of Leibniz, ed. P. Riley (Cambridge, 1988, 2nd edn).

Locke, J. , *Essai philosophique concernant l'entendement humain*, trans. P. Coste (Amsterdam, 1700).

Essay concerning Human Understanding, ed. P. Nidditch (Oxford, 1975).

Ludovici, K. G. , *Ausführlicher Entwurff einer vollständigen Historie der Wolffischen Philosophie* (Leipzig, 1735).

Ludovicus, J. F. , *Delineatio Historiae Juris divini naturalis et positivi universalis* (Halle, 1701).

Machiavelli, N. , *Animadversiones Politicae in Nicholai Machiavelli Libro de Principe*, ed. H. Conring (Helmstedt, 1661).

Malleville, G. , *Histoire Critique de l'Eclecticisme ou des Nouveaux Platoniciens*, 2 vols. (Paris, 1766).

von Martini, K. A. , *De Lege Naturali Positiones* (Vienna, 1767 – 72).

Meiners, C. , *Revision der Philosophie* (Göttingen and Gotha, 1772).

Grundriss der Geschichte der Menschheit (Lemgo, 1785).

Melanchthon, P. , *Philosophiae Moralis Epitome* (Strasbourg, 1538).

Mill, J. S. *Utilitarianism, Liberty, and Representative Government*, ed. ,
A. D. Lindsay (London, 1917).

Morhof, D. G. , *Polyhistor Literarius* (Lübeck, 1732).

Neumann, J. F. W. , *Bibliotheca iuris Imperantium quadripartita* (Nuremburg,
1727).

J. P. Nicéron (ed.), 'Samuel de Pufendorf', *Mémoires de Nicéron*, 19
(1732), 224 – 56.

Palladini, F. (ed.), 'Le due letteri di Pufendorf al Barone do Boineb-
urg. Quella nota quella "perduta"', *Nouvelles de la République des Lettres*,
1 (1984), 119 – 44.

Pffaf, C. M. , *Oratio Inauguralis de Universitatibus Scholasticis emendandis et pae-
dentismo literario ex iisdem eliminando* (Tübingen, 1720).

Introduction in historiam theologiae literariam noties amplissimis, 3 vols.
(Tübingen, 1724 – 6).

Pufendorf, S. , (Severinus de Monzambano), *De statu imperii Germanici* (The
Hague, 1667); also ed. H. Denzer as *Die Verfassung des deutschen Reiches*
(Stuttgart, 1976)

Dissertationes Academicae Selectiores, (Lund, 1675).

'De Origine et Progressu Disciplinae Juris Naturalis', in *Specimen Controver-
siarum circa Jus Naturale ipsi nuper motarum* (Uppsal, 1678).

Eris Scandica, qua adversus libros de jure naturali et Gentium objecta diluuntur
(Frankfurt/Main, 1686).

De Jure Naturae et Gentium (Berlin, 1694, 3rd edn).

On the Relation of the Christian Life to the Civil Life, trans, J. Crull (London,
1698).

An Introduction to the History of the Principal Kingdoms and States of Europe,
trans. J. Crull (London, 1702).

Le Droit de la Nature et des Nations, ed. J. Barbeyrac, 2 vols. (Amsterdam,

1706).

De Officio Hominis et Civis juxta Legem Naturalem, trans. A. Tooke (London, 1716)..

De Officio Hominis et Civis juxta Legem Naturalem, ed. G. Carmichael (Edinburgh, 1724).

Les Devoirs de l'Homme et du Citoien, ed. J. Barbeyrac, 2 vols. (Amsterdam, 1735, 2nd edu).

Eris Scandica, qua adversus libros de jure naturali et Gentium objecta diluuntur ed. G. Mascovius (Frankfurt/Main and Leibzig, 1744).

The Law of Nature and of Nations, ed. J. Barbeyrac, trans. B. Kennett (London, 1749, 5th edn).

' Briefe von Pufendorff ', ed. K. Varrentrapp, Historische Zeitschrift, 70 (1893), 1 – 51 and 193 – 232.

' Briefe Pufendors an Falaiseau, Friese und Weigel ', ed. K. Varrentrapp, Historische Zeitschrift, 73 (1894), 59 – 67.

Briefe Samuel Pufendorfs an Christian Thomasius (1687 ~ 1693), ed. E. Gigas (Munich and Leipzig, 1897).

On the Duty of Man and the Citizen, trans. F. G. Moore (Oxford, 1927).

The Two Books of the Elements of Universal Jurisprudence, together with an Appendix on the Moral Sphere, trans, W. A. Oldfather (Oxford, 1931).

De Jure Naturae et Gentium/The Law of Nature and of Nations (2nd edn of 1688), trans. C. H. Oldfather and W. A. Oldfather, 2 vols. (Oxford, 1934).

On the Natural State of Man, ed. M. Seidler (Lewistion, N. Y. , 1990).

On the Duty of Man and Citizen According to Natural Law, ed. J. Tully, trans, M. Silverthorne (Cambridge, 1991).

' Unvorgreiffliches Bedencken Wegen Information eines Knaben von Condition ', Samuel von Pufendorf. kleine Vorträge und Schriften. Texte zu Geschichte, Pädagogik, Philosophie, Kirche und Völkerrecht, ed. D. Döring (Frankfurt/Main, 1995), 537 – 50.

Briefwechsel, D. Döring (ed.). vol. I of Samuel Pufendorf. Gesammelte Werke, ed. W. Schmidt-Biggemann (Berlin, 1996 –).

(ed.), *Jo. Laurenbergii Graecia antiqua* (Amsterdam, 1660).

(ed.), *Jo. Meursii miscellanea Laconica* (Amsterdam, 1661).

(ed.), *Jo. Meursii Ceramicus Geminus* (Utrecht, 1663).

Pütter, J. S. , *Versuch einer academischen Gelehrtengeschichte von der Georg-Augustus Universität zu Göttingen*, 2 vols. (Göttingen, 1788).

Literatur des Teutschen Staatsrechts, vol. I (Frankfurt/Main, 1965), reprint of 1776 edn.

Rathlef, E. L. , *Geschichte Jetztlebender Gelehrten* (Zelle, 1740).

Reimmann, J. F. , *Versuch einer Einleitung in die Historiam literariam sowohl insgemein als auch die Historiam literariam der Deutschen insonderheit*, 6 vols. , (Halle, 1708 – 13).

Reinhard, L. , *Historia Jurisprudentiae naturalis in qua varia huius doctrinae fata secundum seriem temporum recensentur* (Leipzig, 1725).

Reinhold, K. L. , ' Über den Begriff der Geschichte der Philosophie ', in G. G. Fülleborn (ed.), *Beiträge zur Geschichte der Philosophie*, (Züllichau, 1791).

Savérien, A. , *L' Histoire des philosophes modernes*, vol. I (Paris, 1762).

Schmauss, J. J. , *Kurzter Begriff der Reichshistorie* (Leipzig, 1720).

Vorstellung des wahren Begriffs von einem Recht der Natur, (Göttingen, 1748).

'Historie des Rechts der Natur ', *Neues Systema des Rechts der Natur*, (Göttingen, 1754), 3 – 370.

Schmershl, E. F. , *Historie der Welt-Weisheit* (Zelle, 1744).

Seidel, S. (ed.), *Der Briefwechsel zwischen Schiller und Goethe*, vol. II, *Briefe der Jahre* 1798 ~ 1805 (Munich, 1984).

Spener, J. C. , *Teutsches Jus Publicum oder des Heiligen Römisch-Teutschen Reichs vollständige Staats-Rechts-Lehre* (Frankfurt/Main and Leipzig, 1724).

Stanley, T. , *The History of Philosophy* (London, 1655).

Stäudlin, C. F. , *Geschichte und Geist des Skepticismus, vorzüglich in Rücksicht auf Moral und Religion*, 2 vols. (Leipzig, 1794).

Geschichte der christlichen Moral seit dem Wiederaufleben der Wissenschaften

（Göttingen, 1808）

Geschichte der Moralphilosophie （Hanover, 1822）.

Geschichte der Moralphilosophie, appendix to his *Neues Lehrbuch der Moral für Theologen* （Göttingen, 1825）, 525 – 601.

Zur Erinnerung an D. Carl Friedrich Stäudlin. Seine Selbstbiographie, ed. J. T. Hemsen （Göttingen, 1826）.

Stolle, G. , *Introductio in Historiam Literariam* （Jena, 1728）.

Struve, B. G. , *Introductio in noticiam rei literariae* （Jena, 1704）.

Bibliotheca Juris Selecta （Jena, 1725）.

Sturm, J. C. , *Philosophia eclectica d. h. exercitationes acaddemicae* （Altdorf, 1686）.

Tennemann, W. G. , *Geschichte der philosophie*, 11 vols. （Leipzig, 1798 ~ 1819）.

Grundriss der Geschichter der Philosophie für den akadmischen Unterricht, e-d. A. Wendt （Leipzig, 1820, 3rd edn）.

A Manual of the History of Philosophy, trans. A. Johnson, rev. J. R. Morrell （London, 1852）.

Thomasius, C. , ' De Philosophorum Sectis ' , *Introductio ad Philosophiam Auli-cam* （Leipzig, 1688） ch. 1, 1 – 45.

Ausübung der Vernunft-Lehre （Halle, 1691）.

Einleitung zu der Sitten-Lehre （Halle, 1691）.

Dissertationes Juridicae （Leipzig and Halle, 1695）.

Einleitung zur Vernunft-Lehre （Halle, 1699, 2nd edn）.

Versuch vom Wesen des Geistes （Halle, 1699）.

' Natura hominis, Libertas voluntatis, Imputatio in poenam ' , in C. Thomasius, J. F. Buddeus and G. E. Stahl （eds. ）, *Observationes selectae ad rem litterar-iam spectantes*, vol. II （Halle, 1700）.

Vorlesungs-Ankündigungen aus den Jahren 1700 ~ 1705 （Halle, 1700 – 5）.

Kleine Teutsche Schriften （Halle, 1701）

Introductio ad Philosophiam Aulicam （Halle, 1702, 2nd edn）.

Fundamenta Juris Naturae et Gentium ex sensu communi deducta （Halle, 1705）.

'Von der Historie des des Rechts der Natur bis auf Grotium', *Vorrede* to H. Grotius, *Vom Rechte des Krieges und der Friedens*, ed. C. Thomasius (Halle, 1707).

Selecta Feudalia Thomasiana (Halle, 1708).

Höchstnothige Cautelen welche ein Studiosus Juris, der sich Erlernung der Rechts-Gelahrheit auff eine kluge und geschicke Weise vorbereiten will zu beobachten hat (Halle, 1710).

Cautelae circa Praecognita Jurisprudentiae Ecclesiasticae (Halle, 1712).

Institutiones Jurisprudentiae Divinae, in quibus Fundamenta Juris Naturalis secundum Hypotheses Illustris Puffendorffii perspicue demonstrantur, & ab objectionibus dissentientium, potissimum D. Valentini Alberti, Professoris Lipsicus, liberantur, fundamenta itidem Juris Divini positivi universalis primum a Jure Naturali distincte secernuntur explicantur (Halle, 1717, 6th edn).

Paulo plenior Historia Juris Naturalis (Halle, 1719).

Programmata Thomasiana et alia scripta similiora breviora coniunctim edita (Halle and Leipzig, 1724).

'Von Nachahmung der Franzosen' (1687), *Deutsche Literaturdenkmale des 18 und 19 Jahrhunderts*, 51, Neue Folge 1, ed. A. Stauer (Stuttgart, 1894).

Ausübung der Sitten-Lehre (Hildesheim, 1968), reprint of 1696 edn.

Thomasius, C. (ed.), *Notae ad singulos Institutionum et Pandectarum titulos* (Halle, 1713).

Thomasius, J., *Schediasma Historicum quo varia discutiuntur ad historiam tum philosophicam tum ecclesiasticam pertinentia* (Leipzig, 1665).

Thomasius, J., *Erotemata Metaphysica pro incipientibus* (Leipzig, 1670).

Erotemata Logica pro incipientibus (Leipzig, 1670).

Specimen tabularum novarum in Hugonis Grotii de iure belli et pacis libros (Leipzig, 1670).

Exercitatio de stoica mundi exustione cui accesserunt argumenti varii, sed imprimis ad historiam stoicae philosophiae facientes dissertationes XXI (Leipzig, 1676).

Thomasius, J., *Dissertationes LXIII varii argumentii magnam partem ad historiam philosophicam et ecclesiasticam pertinentes*, ed. C. Thomasius (Halle,

1693).

Tümmig, L. P. , *Institutiones Philosophiae Wolffianae*, 2 vols. (Frankfurt/Main and Leipzig, 1725 – 6).

Turnbull, G. , *Observations upon Liberal Education, in all its Branches* (London, 1742).

'A Supplement concerning the Duties of Subjects and Magistrates', in *A Methodical System*, ed. Heineccius, 222 – 44.

Überweg, F. , *History of Philosophy from Thales to the Present Time*, vol. II, trans. G. S. Morris (London, 1874).

Vattel, E. de, *Le Droit des Gens, ou Principes de la Loi Naturelle, appliqués à la Conduite et aux Affaires des Nations et des Souverains*, ed. A. de Lapradelle, trans. by C. G. Fenwick as *The Law of Nations or the Principles of Natural Law applied to the Conduct and to the Affairs of Nations and of Sovereigns* (Washington, 1916), 1758 edn.

Vico, G. , *Diritto Universale*, B. Croce and F. Nicolini eds. , *Opere*, vol. II (Bari, 1936).

Autobiography, trans. T. Bergin and M. Fisch (Cornell, 1944).

The New Science of Giambattista Vico, trans. And ed. T. Bergin and M. Fisch (Cornell, 1948), based on 1744 edn.

Vinhold, G. A. , *Notitia scriptorum iuris naturalis quorundam elogis condecorata* (Leipzig, 1723).

Wernherus, J. B. , *Dissertatio de praecipuis nonnullis Juris Naturae scriptoribus* (Leipzig, 1699).

Weigel, E. , *Arithmetische beschreibung der Moralweisheit* (Jena, 1674).

Willich, A. , *Elements of the Critical Philosophy* (London, 1798).

Windelband, W. , *A History to Philosophy – with expecial Reference to the Formation of its Problems and Concepts*, trans. J. H. Tufts (New York and London, 1893).

Wolff, C. , *La Belle Wolfienne*, ed. J. Des Champs (The Hague, 1741).

Principes du Droit de la Nature et des Gens extrait d'un grand ouvrage Latin de M. de Wolffed. J. H. S. Formey, 3 vols. (Amsterdam, 1758).

Eigene Lebensbeschreibun, ed. H. Wuttke, (Leipzig, 1841).

Wolff, C. , *Gesammelte Werken*, ed. J. Ecole, H. W. Arndt, Ch. A. Corr, J. E. Hoffmann and M. Thomann (Hildesheim and New York, 1964 ~): part I, *Deutshe Schriften*; part II, *Lateinische Schriften*; part III, *Materialien und Dokumente*.

Philosophia Practica Universalis methodo sceientifica pertractata, *Lateinische Schriften*, vols. X – XI (Hildesheim and New York, 1971), reprint of Frankfurt/Main & Leipzig edn, 1738 – 9.

Jus Gentium, *methodo scientifica pertractatum*, *Lateinische Schriften*, vol. XXV (Hildesheim & New York, 1972), reprint of Halle edn, 1749.

Ausführliche Nachricht von seinen eigenen Schrifften, *die er in deutscher sprache heraus gegeben*, ed. H. W. Arndt, *Deutsche Schriften*, vol. IX (Hildesheim and New York, 1973), reprint of Frankfurt/Main edn, 1733.

Philosophia Moralis sive Ethica methodo scientifica pertractata, W. Lenders (ed.), 5 vols. *Lateinische Schriften*, vols. XII – XVI, (Hildesheim and New York, 1973), reprint of Halle edn, 1750 – 3.

' Oratio de Sinarum philosophica practica ', in *Meletemata Mathematico – Philosophica quibus accedunt Dissertationes*, *Lateinische Schriften*, vol. XXXV (Hildesheim and New York, 1974), reprint of Halle edn, 1755.

Vernünfftige Gedancken von der Menschen Thun und Lassen zu Beförderung ihrer Glückseligkeit [' Deutsche Ethlik '] *Deutsche Schriften*, vol. IV (Hildesheim and New York, 1976), reprint of Frankfurt/Main 4th edn, 1733.

Vernünftige Gedancken von GOTT, *der Welt und der Seele des Menschen*, *auch allen Dingen überhaupt*, *Deutsche Schriften*, vol. II (Hildesheim and New York, 1983), reprint of Frankfurt/Main edn, 1740.

Anmerckungen über die Vernünfftigen Gedancken von GOTT, *der Welt und der Seele des Menschen*, *auch allen Dingen überhaupt* [' Deutsche Metaphysik '] *Deutsche Schriften*, vol. III, ed. C. A. Corr (Hildesheim and New York, 1983), reprint of Frankfurt/Main edition, 1740.

' Monitum ad commentationem luculentam de differentia nexus rerum sapientis et fatalis necessitas ', in *Opuscula Metaphysica*, *Lateinische Schriften* vol. IX, ed. J. Ecole (Hildesheim and New York, 1983), reprint of Halle edn, 1724.

'De Rege Philosophante et Philosopho regnante', *Horae Subsecivae Marburgensis*, *Lateinische Schriften*, vol. XXXIV, 1 – 3, ed. J. Ecole (Hildesheim and New York, 1983), reprint of Frankfurt/Main and Leipzig edn, 1729 – 41.

二手文献

Adams, R. W. , *Leibniz: Determinist, Theist, Idealist* (Oxford, 1995).

Albrecht, M. , 'Thomasius – Kein Eklektiker?', in W. Schneiders (ed.), *Christian Thomasius 1655 ~ 1728. Interpretationen zu Werk und Wirkung* (Hamburg, 1989), 73 – 94.

'Die Tugend und die Chinesen. Antworten von Christian Wolff auf die Frage nach dem Verhältnis zwischen Religion und Moral', in S. Carboncini and L. C. Madouna (eds.), *Nuovi studi sul pensiero di Christian Wolff* (Hlidesheim, Zürich and New York, 1992), 239 – 62.

Eklektik. Eine Begriffsgeschichte mit Hinweisen auf die Philosophie-und Wissenschafts geschichte. (Stuttgart and Bad Cannstatt, 1994).

Allgemeine Deutsche Biographie, ed. by the Historical Commission of the Royal Bavarian Academy of Sciences, 56 vols. (Leipzig and Munich, 1875 ~ 1912).

Alt, K. , *Jakob Brucker ein Schulmeister des 18. Jahrhunders* (Kaufbeueren, 1926).

Bachmann-Medick, D. , *Die ästhetische Ordnung des Handelns. Moralphilosophie und Ästhetik in der Popularphilosophie des 18. Jahrhunderts* (Stuttgart, 1989).

Ball, T. , 'Hobbes' linguistic turn', in *Reappraising Political Theory: Revisionist Studies in the History of Political Thougt* (Oxford, 1995), 83 – 106.

Barnard, F. M. , 'Christian Thomasius: Enlightenment and bureaucracy', *American Political Science Review*, 59 (1965), 430 – 8.

'The "Practical Philosophy" of Christian Thomasius', *Journal of the History of Ideas*, 32 (1971), 221 – 46.

Baumgart, P. , 'Naturrechtliche Vorstellungen in der Staatsauffassung Friedrichs des Grossen', in H. Thieme (ed.) *Humanismus und Naturrecht in Berlin-Brandenburg-Preussen. Ein Tagungsbericht* (Berlin and New York, 1979), 143 – 54.

Beck, L. W. , *Early German Philosophy: Kant and his Predecessor* (Harvard, 1969).

'From Leibniz to Kant', in R. C. Solomon and K. M. Higgis (eds.), *Routledge History of Philosophy: the Age of German Idealism* (London, 1993).

Becker, C. L. , *The Heavenly City of the Eighteenth Century Philosophers* (New Haven, 1932).

Beetz, M. , 'Transparent gemachte Vorurteile. Zur Analyse der *praejudicia auctoritaties et praecipitantiae* in der FrühAufklärung', *Rhetorik*, 3 (1983), 7 – 33.

Behme, T. , *Samuel von Pufendorf: Naturrecht und Staat. Eine Analyse und Interpretation seiner Theorie, ihre Grundlagen und Probleme* (Göttingen, 1995).

Beiser, F. , *The Fate of Reason: German Philosophy from Kant to Fichte* (Cambridge, 1987).

Benden, M. , *Christian August Crusius. Wille und Verstand als Prinzipien des Handelns* (Bonn, 1972).

Berlin, I. , *Vico and Herder* (London, 1976).

Bienert, W. , *Der Anbruch der christlichen deutschen Neuzeit dargestellt an Wissenschaft und Glauben des Christian Thomasius* (Halle, 1934).

Bissinger, A. , ' Zur Metaphzsischen Begründung der Wolffschen Ethik ', in W. Schneiders (ed.), *Christian Wolff* 1679 ~ 1754. *Interpretationen zu seiner Philosophie und deren Wirkung* (Hamburg, 1983), 148 – 60.

Blanning, T. C. W. , *Reform and Revolution in Mainz* 1743 ~ 1803 (Cambridge, 1974).

'The Enlightenment in Catholic Germany', in R. S. Porter and M. Teich (eds.), *The Enlightenment in National Context* (Cambridge, 1981), 118 – 26.

Bobbio, N. , ' Leibniz e Pufendorf', *Rivista di filosofia*, 38 (1947), 118 – 29.

'Hobbes and natural law theory', in *Thomas Hobbes and the Natural Law Tradition*, trans. D. Gobetti (Chicago and London, 1993), 149 – 71.

Brandt, R., 'Das Erlaubnisgesetz, oder Vernunft und Geschichte in Kants Rechtslehre', in R. Brandt (ed.) *Rechtsphilosophie der Aufklärung* (Berlin and New York, 1982), 233 – 85.

Braun, L., *L'Histoire de l'histoire de la philosophie* (Paris, 1973).

Brückner, J., *Staatswissenschaften, Kameralismus, und Naturrecht* (Munich, 1977).

Bryce, J., 'The law of nature', in *Studies in History and Jurisprudence*, vol. II (Oxford, 1901), 112 – 71.

Burke, P., *Vico* (Oxford, 1985).

Byrd, B. S., Hruschka, J. and Joerden, J. C. (eds.), '200 Jahre Kants *Metaphysik der Sitten*', *Jahrbuch für Recht und Ethik*, V (1997).

Carbonici, S., 'Die thomasianisch-pietistische Tradition und ihre Fortsetzung durch Christian August Crusius', in W. Schneiders (ed.), *Christian Thomasius* 1655 ~ 1728. *Interpretationen zu Werk und Wirkung* (Hamburg, 1989), 287 – 304.

'Christian August Crusius und die Leibniz-Wolffische Philosophie', *Studia Leibnitiana Supplementa*, 26 (1989), 110 – 25.

Tranzendentale Wahrheit und Traum. Christian Wolffs Antwort auf die Herausforderung durch den Cartesianischen Zweifel (Stuttgart and Bad Cannstatt, 1991).

'Christian Wolff in Frankreich. Zum Verhältnis von französischer und deutscher Aufklärung', in W. Schneiders (ed.), *Aufklärung als Mission/La mission des lumières* (Marburg, 1993), 114 – 28.

C. L. Carr and M. J. Seidler, 'Pufendorf, sociality and modern state', *History of Political Thought*, 17 (1996), 355 – 78.

Cassirer, E., *Rousseau, Kant, Goethe* (Princeton, 1945).

Casula, M., 'Die Beziehungen Wolff-Thomas-Carbo in der Metaphysica Latina. Zur Quellengeschichte der Thomas – Rezeption bei Christian Wolff', *Studia Leibnitiana*, 11 (1979), 98 – 123.

Copleston, F., *A History of Philosophy*, 7 vols. (London, 1958 – 64).

Corr, C. A., 'Christian Wolff and Leibniz', *Journal of the History of Ideas*, 36 (1975), 241 – 62.

Cramer, K. , 'Die Stunder der Philosophie. Über Göttingens ersten Philosophen und die philosophische Theorielage der Gründungszeit', in J. von Stackelberg (ed.), *Zur gestigen Situation der Zeit der Göttinger Unversitötsgründung 1737. Eine Vortragsreihe aus Anlass des 250jährigen Bestehens der Georgia Augusta* (Göttingen, 1988), 101 – 43.

Davies, M. L. , *Identity or History: Marcus Herz and the End of the Enlightenment* (Detroit, 1995).

Denzer, H. , *Moralphilosophie und Naturrecht bei Samuel Pufendorf* (Munich, 1972).

Depperman, K. , *Der hallesche Pietismus und der preussiche Staat* (Göttingen, 1961).

Derathé, R. , *Jean-Jacques Rousseau et la science politique de son temps* (Paris, 1950).

Döring, D. , *Pufendorf-Studien. Beiträge zur Biogrphie Samuel von Pufendorf und zu seiner Entwicklung als Historiker und theologischer Schriftsteller* (Berlin, 1992).

'Samuel von Pufendorfs Berufungs nach Brandenburg-Preussen', in F. Palladini and G. Hartung (eds.), *Samuel Pufendorf und die europäische Frühaufklärung. Werk und Einfluss eines deutschen Bürgers der Gelehrtenrepublik nach* 300 *Jahren* (1694 ~ 1994) (Berlin, 1996), 11 – 28.

'Samuel Pufendorf and toleration', in J. C. Laursen and C. J. Nederman (eds.) *Beyond the Persecuting Society: Religious Toleration before the Enlightenment* (Philadelphia, 1998), 178 – 96.

Dreitzel, H. , 'Hermann Conring und die politische Wissenschaft seiner Zeit', in M. Stolleis (ed.), *Hermann Conring* (1606 ~ 1681). *Beiträge zu Leben und Werk* (Berlin, 1983), 135 – 72.

'Zur Entwicklung und Eigenart der "Eklektischen Philosophie"', *Zeitschrift für Historische Forschung* 18 (1991), 281 – 343.

'Gewissensfreiheit und soziale Ordnung. Religionstoleranz als Problem der politischen Theorie am Ausgang des 17. Jahrhunderts', *Politische Viertejahresschrift*, 36 (1995), 3 – 36.

'Christliche Aufklärung durch fürstlichen Absolutismus. Thomasius und die Destruktion des frühneuzeitlichen Konfessionsstaates', in F. Vollhardt (ed.), *Christian Thomasius* (1655 ~ 1728). *Neue Forschungen im Kontext der FrühAufklärung* (Tübingen, 1997), 17 – 50.

Dufour, A., *Le Mariage dans l'école romande du droit naturel au xviii siècle* (Geneva, 1976).

Dunn, J. M., 'The identity of the history of ideas', in *Political Obligation in its Historical Context* (Cambridge, 1980), 13 – 28.

Entrèves, A. P. d', *Natural Law: an Introduction to Legal Philosophy* (London, 1970, 2nd edn).

Faucci, D., 'Vico and Grotius: juriconsults of mankind', in G. Taglacozzo and H. V. White (eds.), *Giambattista Vico: an International Symposium* (Baltimore, 1969), 61 – 76.

Feldmann, E., 'Die Geschichte der Philosophie in Kants Vorlesungen', *Philosophisches Jahrbuch*, 49 (1936), 167 – 98.

Finnis, J., *Natural Law and Natural Rights* (Oxford, 1980).

Forbes, D., *Hume's Philosophical Politics* (Cambridge, 1975).

Foucault, M., *The Order of Things* (London, 1970).

Freyer, J., *Die Geschichte der Geschichte der Philosophie in achtzehnten Jahrhundert* (Leipzig, 1912).

Gawthrop, R. L., *Pietism and the Making of Eighteenth-century Prussia* (Cambridge, 1993).

Gay, P., *The Enlightenment: an Interpretation*, 2 vols. (London, 1969).

Geldsetzer, L., 'Der Mothodenstreit in der Philosophiegeschichtsschreibung 1791 ~ 1820', *Kant-Studien*, 56 (1966), 519 – 27.

Gierke, O., *Das deutsche Gnossenschaftsrecht*, vol. IV (Berlin, 1913), trans. by E. Barker as *Natural Law and the Theory of Society*, 1500 ~ 1800, 2 vols. (Cambridge, 1934).

Gierl, M., *Pietismus und Aufklärung. Theologische Polemik und die Kommunikationsreform der Wissenschaft am Ende des 17. Jahrhunderts* (Göttingen, 1997).

Gregor, M., *Laws of Freedom: a Study of Kant's Method of Applying the Categorical Imperative in the Metaphysik der Sitten* (Oxford, 1963).

'Kant on Natural Rights', in R. Beiner and W. J. Booth (eds.), *Kant and Political Philosophy: the Comtemporary Legacy* (New Haven, 1993), 50 – 75.

Grunert, F. , 'Zur aufgeklärten Kritik am theokratischen Abosolutismus. Der Streit zwischen Hector Gottfried Masius und Christian Thomasius über Ursprung und Begründung der "summa potestas"', in F. Vollhardt (ed.), *Christian Thomasius (1655 ~ 1728). Neue Forschungen im Kontext der FrühAufklärung* (Tübingen, 1997), 51 – 77.

Haakonssen, K. , *Natural Law and Moral Philosophy: from Grotius to the Scottish Enlightenment* (Cambridge, 1996).

'German natural law and its European context', in M. Goldie and R. Wokler (eds.), *The Cambridge History of Eighteeth-Centrury Political Thought* (Cambridge, forthcoming).

Hammerstein, N. , *Jus und Historie. Ein Beitrag zur Geschichte des historischen Denkens an deutschen Universitäten im späten 17. und 18. Jahrhundert* (Göttingen, 1972).

Aufklärung und katholisches Reich. Untersuchungen zur Universitätsreform und Politik katholischer Territorien des Heiligen Römisches deutscher Nation im 18. Jahrhundert (Berlin, 1977).

'*Besonderheiten der Österreichischen Universitäts-und Wissenschaftsreform zur Zeit Maria Theresias und Josephs II*', in R. G. Plaschka and G. Klingenstein (eds.), *Österrech im Europa der Aufklärung*, vol. II (Vienna, 1985), 787 – 812.

'Göttingen, eine deutsche Universität im Zeitalter der Aufklärung', in A. Patschovsky and H. Rabe (eds.), *Die Deutsche Universität in Alteuropa* (Konstanz, 1994), 169 – 82.

'The Enlightenment', in H. de Ridder-Symoens (ed.), *University in Early Modern Europe*, vol. II, in W. Rüegg (ed.), *A History on the University in Europe* (Cambridge, 1996), 621 – 40.

Hammerstein, N. (ed.), *Universitäten und Aufklärung* (Göttingen, 1995).

Harris, H. S. , *Hegel's Development* (Oxford, 1972).

Hartfelder, K. , *Philipp Melanchthon als Praeceptor Germaniae* (Berlin, 1889).

Hartung, G. , *Die Naturrechtsdebatte. Geschichte der Obligatio vom 17. bis 20*

Jahrhundert (Freiburg/Breisgau and Munich, 1998).

Heinekamp, A. , 'Der Briefwechsel zwischen Leibniz und Christian Thomasius', *Studia Leibnitiana*, 11 (1979), 92 – 7.

Hellmuth, E. , *Naturrechtsphilosophie und Bürokratischer Welthorizont* (Göttingen, 1985).

Herberger, P. and Stolleis, M. , *Hermann Conring* 1606 ~ 1681. *Ein Gelehrter der Universität Helmstedt* (Göttingen, 1981).

Hinrichs, H. F. W. , *Geschichte der Rechts-und Staatsprinzipien seit der Reformation bis auf die Gegenwart*, vol. III (Aalen, 1962), reprint of 1852 edition.

Hinrichs, C. , *Preussentum und Pietismus* (Göttingen, 1971).

Hochstrasser, T. J. , review of W. Schneiders (ed.), *Christian Thomasius 1655 ~ 1728*, in *German History*, 10 (1992), 106 – 7.

'Conscience and reason: the natural law theory of Jean Barbeyrac', *Historical Journal*, 36 (1993), 289 – 308.

'The claims of conscience: natural law theory, obligation, and resistance in the Huguenot diaspora', in J. C. Laursen (ed.), *New Essays on the Political Thought of the Huguenots of the Refuge* (Leiden, 1995), 15 – 51.

Holzhey, H. , 'Philosophie als Eklektik', *Studia Leibnitiana*, 15 (1983), 19 – 29.

Hont, I. , 'The language of sociability and commerce: Samuel Pufendorf and the theoretical foundations of the "four stages theory"', in A. Pagden (ed.), *The Languages of Political Theory in Early Modern Europe* (Cambridge, 1987), 253 – 76.

Hont, I. and Ignatieff, M. , 'Needs and justice in the Wealth of Nations', in I. Hont and M. Ignatieff, (eds.), *Wealth and Virtue: the Shaping of Political Economy in the Scottish Enlightenment* (Cambridge, 1983), 1 – 44.

Höpfl, H. and Thompson, M. P. , 'The history of contract as a motif in political thought', *American Historical Review*, 84 (1979), 919 – 44.

Hruschka, J. , 'The greates happiness principle and other early German anticipations of utilitarian theory', *Utilitas*, 3 (1991), 165 – 77.

Hubatsch, W. , *Frederick the Great of Prussia: Absolutism and Administration*

(London, 1975).

Jacob, M. , *The Radical Enlightenment* (London, 1981).

Jaumann, H. , '*Ratio Clausa*. Die Trennung von Erkenntnis und Kommunikation in gelehrten Abhandlungen zur *Respublica literaria* un 1700 und der europäische Kontext', in S. Neumeister and C. Wiedemann (eds.), *Res Respublica literaria. Die Institutionen der Gelehrsamkeit in der frühen Neuzeit* (Wiesbaden, 1987), 409 – 29.

Jaumann, H. , 'Frühe Aufkärung als historisiche Kritik. Pierre Bayle und Christian Thomasius ', in S. Neumeister (ed.), *FrühAufklärung* (Munich, 1994), 149 – 70.

Jouannet, E. , *Emer de Vattel et l'émergence doctrinale du droit international classique* (Paris, 1998).

Kelley, D. R. , 'Vico's Road: from Philology to Jurisprudence and back ', in G. Tagliacozzo and D. P. Verene (eds.), G. B. *Vico's Science of Humanity* (Baltimore and London, 1976), 15 – 29.

Kelley, D. R. , (ed.) *History and the Disciplines: the Reclassificaiton of Knowledge in Early Modern Europe* (Rochester, 1997).

Kersting, W. , 'Sittengesetz und Rechtsgesetz. Die Begründung des Rechts bei Kant und den frühen Kantianern ', in R. Brandt (ed.), *Rechtsphilosophie der Aufklärung* (Berlin and New York, 1982), 148 – 77.

'Politics, freedom and order: Kant's political philosophy ', in P. Guyer (ed.), *The Cambridge Companion to Kant* (Cambridge, 1992), 342 – 66.

Wohlgeordnete Freiheit. Immanuel Kants Rechts-und Staatsphilosophie (Frankfurt/ Main, 1993, 2nd edn).

Klemme, H. F. *Die Schule Immanuel Kants* (Hamburg, 1994).

Klippel, D. , 'Politische Theorie im Deutschland des 18. Jahrhunderts ', *Aufklärung*, 2 (1988), 57 – 88.

'Von der Aufklärung der Herrscher zur Herrschaft der Aufklärung ', *Zeitschrift für Historische Forschung*, 17 (1990), 193 – 210.

'The true concept of liberty: political theory in Germany in the second half of the eighteenth century ', in E. Hellmuth (ed.), *The Transformatnion of Political Culture: England and Germany in the Late Eighteenth Century* (Oxford, 1990).

Naturrecht im 19. *Jahrhundert. Kontinuität*, *Inhalt*, *Funktion*, *Wirkung* (Goldbach, 1997).

Knudsen, J. B. , *Justus Möser and the German Enlightenment* (Cambridge, 1986).

Kocher, P. H. , 'Francis Bacon on the science of jurisprudence', *Journal of the History of Ideas*, 18 (1957), 3 – 26.

Koselleck, R. , *Critique and Crisis: Enlightenment and the Pathogenesis of Modern Society* (Oxford, New York and Hamburg, 1988).

Kreiger, L. , *The Politics of Discretion: Pufendorf and the Acceptance of Natural Law* (Chicago, 1965).

Kuklick, B. , 'Seven thinkers and how they grew', in R. Rorty, J. B. Schneewind adn Q. R. D. Skinner (eds.), *Philosophy in Hisotry* (Cambridge, 1984), 125 – 39.

Labrousse, E. 'The political ideas of the Huguenot diaspora (Bayle and Jurieu)', in R. M. Golden (ed.), *Church*, *State and Society under the Bourbon Kings* (Lawrence, Kan. , 1982), 222 – 83.

Lach, D. F. , 'The sinophilism of Christian Wolff', *Journal of the History of Ideas*, 14 (1953), 561 – 74.

Landsberg, E. , *Geschichte der Deutschen Rechtswissenschaft* (part III, first half) (Munich and Leipzig, 1898).

Larenz, K. , *Sittlichkeit und Recht. Untersuchungen zur Geschichte des deutschen Rechtsdenkens und zur Sittenlehre* (Stuttgart and Berlin, 1943).

Laursen, J. C. , 'Kant in the history of scepticism', in M. P. Thompson (ed.), *John Locke und Immanuel Kant. Historische Rezeption und gegenwärtige Relevanz* (Berlin, 1991), 254 – 68.

The politics of Skepticism in the Ancients, *Montaigne*, *Hume and Kant* (Leiden, New York and Cologne, 1992).

'Skepticism and the history of moral philosophy: the case of Carl Friedrich Stäudlin', in J. Van Der Zande and R. H. Popkin (eds.), *The Skeptical Tradition around* 1800 (Dordrecht, 1998), 365 – 78.

Lauterpacht, H. , 'The Grotian tradition in international law', *British Yearbook of International Law*, 23（1946）, 1 – 53.

La Vopa, A. J. , *Grace, Talent and Merit: Poor Students, Clerical Careers, and Professional Idealogy in Eighteenth-centruy Germany* (Cambridge, 1988).

Lestition, S. , ' Kant and the end of the Enlightenment in Prussia ' , *Journal of Modern History*, 65 （1993）, 57 – 112.

Lezius, F. , *Der Toleranzbegriff Lockes und Pufendorfs* (Leipzig, 1900).

Longo, M. , ' Le storie della filosofia tra eclettismo e pietismo ' , in G. Santinello (ed.), *Storia delle storie generali della filosofia.* vol. II, 329 – 421.

'Storia " critica " della filosofia e primo illuminismo. Jakob Brucker ' , in G. Santinello (ed.), *Storia delle storie generali della filosofia*, vol. II, 528 – 634.

'Scuola di Gottinga e " Popularphilosophie " ' , in G. Santinello (ed.), *Storia delle storie generali della filosofia*, vol. III, 711 – 21.

Luden, H. , *Christian Thomasius nach seinen Schicksalen und Schriften dargestellt* (Berlin, 1805).

Ludig, K. , ' Christian Thomasius ' , in M. Stolleis (ed.), *Staatesdenker im 17 und 18 Jahrhundert. Reichspublizisik, Politik, Naturrecht* (Frankfurt/Main, 1977), 228 – 47.

'Die Wurzelen des aufgeklärten Naturrechts bei Leibniz ' , in O. Dann and D. Klippel (eds.), *Naturrecht-SpätAufklärung-Revolution*, Studien zum achtzehnten Jahrhundert, 16 （Hamburg, 1995）, 61 – 79.

MacDonald Ross, G. , *Leibniz* (Oxford, 1984).

MacIntyre, A. , *A Short History of Ethics* (London, 1967).

McClelland, C. E. , *State, Society and University in Germany*, 1700 ~ 1914 (Cambridge, 1980).

Mandelbaum, M. , ' History of ideas, intellectual history, and the history of philosophy ' , *History and Theory*, supplement 5 （1965）, 33 – 66.

Manke, P. , *Karl Abraham von Zedlitz und Leipe* （1731 ~ 1793）. *Ein schlesischer Adliger in Diensten Friedrichs II und Friedrich Wilhelms II von Preussen* (Berlin, 1995).

Masi, S. , ' Eclettismo e storia della filosofia in Johann Franz Budde ' , *Memorie della Accademia delle Scienze di Torino*, serie V, 1, (1977), 164 – 212.

Meylan, P. , *Jean Barbeyrac* (1674 ~ 1744) *et les débuts de l'enseignement du droit dans l' ancienne Académie de Lausanne* (Lausanne, 1937).

Möller, H. , *Vernunft und Kritik. Deutsche Aufklärung im* 17 *und* 18 *Jahrhundert* (Frankfurt/Main, 1986).

Moore, J. and Silverthorne, M. , 'Gershom Carmichael and the natural jurisprudence tradition in eighteenth century Scotland', in I. Hont and M. Ignatieff (eds.), *Wealth and Virtue: the Shaping of Political Economy in the Scottish Enlightenment* (Cambridge, 1983), 73 – 87.

'Protestant theologies, limited sovereignties: natural law and conditions of union in the German empire, the Netherlands and Great Britain', in J. Robertson (ed.), *A Union for Empire: Political Thought and the British Union of* 1707 (Cambridge, 1995), 171 – 97.

Muhlack, U. , 'Die Universitäten im Zeichen von Neuhumanismus und Idealismus. Berlin', in P. Baumgart and N. Hammerstein (eds.) *Beiträge zu Problemen deutscher Universitätsgründungen der frühen Neuzeit* (Nendlen and Liechtenstein, 1978), 299 – 340.

Mulsow, M. , 'Eclecticism or skepticism? A problem of the early Enlightenment', *Journal of the History of Ideas*, 58 (1997), 465 – 77.

'Gundling versus Buddeus: competing models for the history of philosophy', in D. R. Kelley (ed.), *History and the Disciplines: the Reclassification of Knowledge in Early Modern Europe* (Rochester, 1997), 103 – 25.

Niedermann, J. , *Kultur. Werden und Wandlungen des Begriffs und seiner Ersatzbegriffe von Cicero bis Herder* (Florence, 1941).

Nüssel, F. , *Bund und Versöhnung. Zur Begründung der Dogmatik bei Johann Franz Buddeus* (Göttingen, 1996).

Oestreich, G. , 'Justus Lipsius als Theoretiker des neuzeitlichen Machtstaates', *Historische Zeitschrift*, 181 (1956), 31 – 78.

Oz-Salzberger, *Translating the Enlightenment: Scottish Civic Discourse in Eighteenth-century Germany* (Oxford, 1995).

Pagden, A. (ed.), *The Languages of Political Theory in Early Modern Europe* (Cambridge, 1987).

Palladini, F. , *Discussioni seicentische su Samuel Pufendorf. Scritti latini*; 1663 ~ 1700 (Bologna, 1978).

Samuel Pufendorf, discepolo di Hobbes. Per una reinterpretazione del giusnaturalismo moderno (Bologna, 1990).

'Un nemico di S. Pufendorf. Johann Heinrich Böcler (1611 ~ 1672)', *Ius Commune. Zeitschrift für Europäische Rechtsgeschichte*, 24 (1997), 32 – 52.

Palladini, F. And Hartung, G. (eds.), *Samuel Pufendorf und die europäische Frühaufklärung. Werk und Einfluss eines deutschen Bürgers der Gelehrtenrepublik nach* 300 *Jahren* (1694 – 1994) (Berlin, 1996).

Paulsen, F. , *Geschichte des gelehrten Unterrichts an den deutschen Schulen und Universitäten vom Ausgang des Mittelalters bis zur Gegenwart*, vol. I (Leipzig, 1921).

Pole, J. R. , ' Enlightenment and the politics of American nature ', in R. S. Porter and M. Teich (eds.), *The Enlightenment in National Context* (Cambridge, 1981), 192 – 214.

Pollock, F. , 'The history of the law of nature', *Essays in the Law* (London, 1922), 31 – 79.

Popkin, R. H. , *The High Road to Pyrrhonism* (San Diego, 1980).

Price, K. B. , ' Cassirer and the Enlightenment', *Journal of the History of Ideas*, 18 (1957), 101 – 12.

Proust, J. , *Diderot et l'Encyclopédie* (Paris, 1967).

Rausch, A. , ' Christian Thomasius ' Bedeutung für deutsches Geistesleben und deutsche Erziehung', in M. Fleischman (ed.), *Christian Thomasius. Leben und Lebenswerk* (Halle, 1931), 249 – 81.

Reé, J. , ' Philosophy and the history of philosophy', in Rée, M. Ayers, and A. Westoby (eds.), *Philosophy and its Past* (Brighton, 1978), 1 – 39.

Rée, J. , Ayers, M. And Westoby, A. (eds.), *Philosophy and its Past* (Brighton, 1978).

Reill, P. H. , ' History and hermeneutics: the thought of Johann Christoph Gatterer', *Journal of Modern History*, 45 (1973), 24 – 51.

Riley, P. , *The General Will before Rousseau* (Princeton, 1986).

Leibniz' Universal Jurisprudence: Justice as Charity of the Wise (Harvard,

1996）.

'Leibniz' political and moral philosophy in the *Novissima Sinica* 1699 ~ 1999 ' , *Journal of the History of Ideas*, 60 （1999）, 217 – 39.

Ringleben, J. , 'Gottinger Aufklärungstheologie, von Königsberg her gesehen ' , in B. Möller （ ed. ）, *Theologie in Göttingen. Eine Vorlesungsreihe* （Göttingen, 1987）, 104 – 10.

Ritter, C. , 'Immanuel Kant ' , in M. Stolleis （ ed. ）, *Staatsdenker im 17 und 18 Jahrhundert. Reichspublizistik*, *Politik*, *Naturrecht* （ Frankfurt∕Main, 1977）, 272 – 93.

Robinson, J. M. , *Cardinal Conslvi*: 1757 ~ 1824 （London, 1987）.

Röd, W. , *Geometrischer Geist und Naturrecht. Methodengeschichtliche Untersuchungen zur Staatsphilosophie im* 17. *und* 18. *Jahrhundert* （Munich, 1970）.

Rorty, R. , ' The historiography of philosophy: four genres ' , in R. Rorty, J. B. Schneewind and Q. R. D. Skinner （ eds. ）, *Philosophy in History* （Cambridge, 1984）, 49 – 75.

Rössler, E. F. , *Die Gründung der Universität Göttingen* （Göttingen, 1855）.

Ruddy, F. S. , *International Law in the Enlightenment*: *the Background of Emmerich de Vattel's* ' *Le Droit des Gens* ' （Dobbs Ferry, N. Y. , 1975）.

Ruello, F. , 'Christian Wolff et la scholastique ' , *Traditio*, 19 （1963）, 411 – 25.

Rüping, H. , *Die Naturrechtslehre des Christian Thomasius und ihre Forbildung in der Thomasius-Schule* （Bonn, 1968）.

'Thomasius und seine Schüler im brandenburgischer Staat ' , in H. Thieme （ ed. ）, *Humanismus und Naturrecht in Berlin-Brandenburg-Preussen* （Berlin and New York, 1979）, 76 – 89.

Ryan, A. , 'Hobbes' Political philosophy ' , in T. Sorrell, （ ed. ）, *The Cambridge Companion to Hobbes* （Cambridge, 1996）, 208 – 45.

Santinello, G. , ' La " Historia Philosophica " nella Scolastica tedesca ' , in G. Santinello （ ed. ）, *Storia delle storie generali della filosofia*, vol. I, 406 – 96.

Santinello, G. , （ ed. ）, *Storia delle storie generali della filosofia*: vol. I, *Dalle origini rinascimentali alla* ' *historia philosophica* ' （Brescia, 1981）; vol. II, *Dall'età cartesiana a Brucker* （Brescia, 1979）; vol. III, *Il secondo illuminismo e l'età kantiana*, 2 vols. （Padua, 1988）.

Sauter, J. , *Die philosophischen Grundlagen des Naturrechts. Untersuchungen zur Geschichte der Recht-und Staatslehre* (Vienna, 1932).

Schmidt-Biggemann, W. , *Topica Universalis. Eine Modellgeschichte humanistischer und barocker Wissenschaft* (Hamburg, 1983).

' Zwischen dem Möglichen und dem Tatsächlichen. Rationalismus und Eklekticismus, die hauptrichtungen der deutschen Aufklärungs-philosophie ' , in *Theodizee und Tatsachen. Das philosophische Profil der deutschen Aufklärung* (Frankfurt/Main, 1988), 7 – 57.

' New Structures of Knowledge ' , in H. de Ridder-Symoens (ed.) , *Universities in Early Modern Europe*, (vol. II in W. Rüegg (ed.) , *A History of the University in Europe* (Cambridge, 1996), 489 – 530).

Schmidt-Biggemann, W. and Stammen, T. (eds.) , *Jacob Brucker* (1696 ~ 1770). *Philosoph und Historiker der europäischen Aufklärung* (Berlin, 1998).

Schneewind, J. B. , ' Pufendorf's place in the history of ethics ' , *Synthese*, 72 (1987), 123 – 55.

' Natural law, skepticism and methods of ethics ' , *Journal of the History of Ideas*, 52 (1991), 289 – 308.

' Kant and natural law ethics ' , *Ethics*, 104 (1993), 53 – 74.

The Invention of Autonomy: a History of Modern Moral Philosophy (Cambridge, 1998).

H. -P. Schneider, *Justitia Universalis. Quellenstudien zur Geschichte des ' Christlichen Naurrechts ' bei Gottfried Wilhelm Leibniz* (Frankfurt/Main, 1967).

Schneider, U. J. , ' Eclecticism and the history of philosophy ' , in D. R. Kelley (ed.) , *History and the Disciplines: the Reclassification of Knowledge in Early Modern Europe* (Rochester, 1997), 83 – 101.

' Eclecticism: history of a concept with references to the history of philosophy and science ' , *Journal of the History of Ideas*, 59 (1998), 173 – 82.

Schneiders, W. , *Naturrecht und Liebesethik. Zur Geschichte der praktischen Philosophie im Hinblick auf Christian Thomasius* (Hildsheim and New York, 1971).

' Leibniz-Thomasius-Wolff. Die Anfänge der Aufklärung in Deutschland ' , *Stu-*

dia Leibnitiana, Supplement 12/1（1973），105 – 21.

'Vernünftiger Zweifel und wahre Eklektik. Zur Entstehung des modernen Kritik-begriffs', *Studia Leibnitiana*, 17（1985），143 – 61.

Schneiers, W.（ed.），*Christian Thomasius 1655 ~ 1728. Interpretationen zu Werk und Wirkung*（Hamburg, 1989）.

Schrader, W., *Geschichte der Friedrichs Universität zu Halle*, 2 vols.（Berlin, 1894）.

Schreiber, H. L., *Der Begriff der Rechtspflicht*（Bonn, 1966）.

Schröder, P., *Christian Thomasius zur Einführung*（Hamburg, 1999）.

'The constitution of the Holy Roman empiere after 1648: Samuel Pufendorf's Assessment of its Importance and Constitutional *Monstrosity* in his *Monzamba-no*', *Historical Journal*, 42（1999），961 – 83.

Schwaiger, C., *Das Problem des Glücks im Denken Christian Wolffs. Eine quellen-, begriffs-und entwicklungsgeschitliche Studie zu Schlusselbegriffen sei-ner Ethik*（Stuttgart and Bad Cannstatt, 1995）.

Seidler, M., ' "Turkish Judgement" and the English Revolution: Pufendorf on the right of resistance ', in F. Palladini and G. Hartung（eds.），*Samuel Pufendorf und die europäische Frühaufklärung. Werk und Einfluss eines deut-schen Bürgers der Gelehrtenrepublik nach 300 Jahren*（1694 ~ 1994）（Berlin, 1996），83 – 104.

Seidler, M., 'Natural law and history: Pufendorf's philosophical historiogra-phy', in D. R. Kelley（ed.），*History and the Disciplines: the Reclassifica-tion of Knowledge in Early Modern Europe*（Rochester, 1997），203 – 22.

Selle, G. von, *Die Georg-August Universität zu Göttingen*（Göttingen, 1937）.

Sève, R., *Leibniz et l'Ecole, oderne du droit naturel*（Paris, 1989）.

Shapin, S. And Shaffer, S., *Leviathan and the Air-Pump: Hobbes, Boyle and the Experimental Life*（Princeton, 1985）.

Skinner, Q. R. D., *The Foundations of Modern Political Thoughts*, 2 vols.（Cambridge, 1978）.

'Meaning and understanding in the history of ideas', in J. Tully（ed.），*Mean-ing and Context: Quentin Skinner and his Critics*（Oxford, 1988），29 – 67.

'Language and political change', in T. Ball, J. Farr and R. L. Hanson (*eds.*), *Political Innovation and Conceptual Change* (Cambridge, 1989), 6 – 23.

Small, A. , ' Philosophy, being and knowing: an outline of Nicolai Hartmann's thought', *Fort Hare Papers*, 3 (1965), 55 – 70.

Sorrell, T. , (ed.), *The Cambridge Companion to Hobbes* (Cambridge, 1996).

Spiess, E. , *Erhard Weigel. Ein Lebensbild* (Leipzig, 1881).

Stipperger, E. , *Freiheit und Institution bei Christian Wolff.* (1679 ~ 1754). *Zum Grundrechtsdenken in der deutschen HochAufklärung* (Frankfurt/Main, 1984).

Stoeffler, F. E. , *German Pietism during the Eighteenth Century* (Leiden, 1973).

Stolzenburg, A. F. , *Die Theologie des Jo. Franc. Buddeus und des Chr. Matth. Pfaff* (Berlin, 1926).

Strauss, L. , *Natural Right and History* (Chicago, 1953).

Thomann, M. , ' Influence du philosophe allemand Christian Wolff (1679 ~ 1754) sur l' "Encyclopédie" et la pensée politique et juridique du XVIII siècle français', *Archives de Philosophie du Droit*, 13 (1968), 223 – 48.

' Influence du Ius Naturae de Christian Wolff', in Christian Wolff, *Ius Natu- rae*, 8 vols. Ed. M. Thomann, (Hildesheim and New York, 1968 – 72), v – lxxxi.

' Christian Thomasius', in M. Stolleis (ed.), *Staatesdenker im 17 und 18 Jahrhundert. Reichspublizisik*, *Politik*, *Naturrecht* (Frankfurt/Main, 1977), 248 – 71.

' Die Bedeuting der Rechtsphilosophie Christian Wolffs in der juristischen und politischen Praxis des 18. Jahrhunderts', in H. Thieme (ed.) *Humanismus und Naturrecht in Berlin-Brandenburg-Preussen. Ein Tagungsbericht* (Berlin and New York, 1979), 121 – 33.

Tolomio, I. , ' Il genere "Historia Philosophica" tra cinquecento e seicento', in G. Santinello (ed.), *Storia delle storie generali della filosofia*, vol. I (Brescia, 1981), 63 – 163.

Töpke, G. , *Die Matrikel der Universität Heidelberg von 1386 bis 1662*, vol. II

(Heidelberg, 1882).

von Treitschke, H. , 'Samuel Pufendorf', in *Historische und Politische Aufsätze*, vol. IV (Leipzig, 1897), 202 – 303.

Troeltsch, E. , *Naturrecht und Humanität in der Weltpolitik* (Berlin, 1923).

Tuck, R. , *Natural Rights Theories: their Origin and Development* (Cambridge, 1979).

'Grotius, Carneades, and Hobbes', *Grotiana*, New series, 4 (1983), 43 – 62.

'The "modern" theory of natural law', in Pagden (ed.), *The Languages of Political Theory in Early Modern Europe* (Cambridge, 1987), 99 – 119.

Philosophy and Government, 1572 ~ 1651 (Cambridge, 1993).

'Hobbes' Moral Philosophy', in T. Sorrell (ed.), *The Cambridge Companion to Hobbes* (Cambridge, 1996), 175 – 207.

Tully, J. , *A Discourse on Property: John Locke and his adversaries* (Cambridge, 1980).

Überweg, F. , *Grundriss der Geschichte der Philosophie*, vol. III (Berlin, 1924).

Untermöhlen, G. , 'Leibniz' Antwort auf Christian Thomasius' Frage Quid sit substantia?', *Studia Leibnitiana*, 11 (1979), 82 – 91.

Van der Zande, J. , 'In the image of Cicero: German philosophy between Kant and Wolff', *Journal of the History of Ideas*, 59 (1998), 75 – 94.

Van Horn Melton, J. , *Absolutism and the Eighteenth Century Origins of Compulsory Schooling in Prussia and Austria* (Cambridge, 1988).

Vleeschauwer, H. J. de, 'La genèse de la méthode mathématique de Wolf', *Revue Belge de Philologie et d'Histoire*, 11 (1932), 651 – 77.

Vollhardt, F. (ed.), *Christian Thomasius* (1655 ~ 1728). *Neue Forschungen im Kontext der FrühAufklärung* (Tübingen, 1997).

Vorländer, K. , *Immanuel Kant. Der Mann und das Werk* (Hamburg, 1977).

Waldron, J. , *Nonsense upon Stilts: Bentham, Burke and Marx on the Rights of Man* (London, 1987).

Walsh, W. H. , 'Hegel on the history of philosophy', *History and Theory*, supplement 5 (1965), 67 – 82.

Ward, W. R. , *The Protestant Evangelical Awakening* (Cambridge, 1992).

Whaley, J. , 'The Protestant Enlightenment in Germany', in R. S. Porter and M. Teich (eds.), *The Enlightenment in National Context* (Cambridge, 1981), 106 – 17.

Wheaton, H. , *History of the Law of Nations in Europe and America* (New York, 1842).

Whelan, F. G. , 'Vattel's doctrine of the state', *History of Political Thought*, 9 (1988), 59 – 80.

Wille, J. , 'Zur Berufung Pufendorfs nach Heidelberg', *Zeitschrift für die Geschichte des Oberrheins*, Neue Folge, 33 (1918), 133 – 9.

Winiger, B. , *Das rationale Pflichtenrecht Christian Wolffs. Bedeutung und Funktion der tranzendentalen, logischen und moralischen Wahrheit im systematischen und theistischen Naturrecht Wolffs* (Berlin, 1992).

Wolf, E. , *Grosse Rechtsdenker der deutschen Rechtsgeschichte* (Tübigen, 1939).

Wolf, H. , *Die Weltanschauung der deutschen Aufklärung in geschichtlicher Entwicklung* (Munich, 1949).

Wundt, M. , *Die deutsche Schulmetaphysik im Zeitalter der Aufklärung* (Tübigen, 1945).

Yardeni, M. , 'French Calvinist political thought, 1534 ~ 1715', in M. Prestwich (ed.), *International Calvinism* 1541 ~ 1715 (Oxford, 1985), 315 – 37.

Zeller, E. , 'Wolffs Vertreibung aus Halle: der Kampf des Pietismus mit der Philosophie', *Preussische Jahrbücher*, 10 (1862), 42 – 72.

Yovel, Y. , *Kant and the Philosophy of History* (Princeton, 1980).

Zurbuchen, S. , 'Gewissensfreiheit und Toleranz. Zur Pufendorf Rezeption bei Christian Thomasius', in F. Palladini and G. Hartung (eds.), *Samuel Pufendorf und die europäische Frühaufklärung. Werk und Einfluss eines deutschen Bürgers der Gelehrtenrepublik nach 300 Jahren* (1694 ~ 1994) (Berlin, 1996), 169 – 80.

'Samuel Pufendorf's concept of toleration', in C. J. Nederman and J. K. Laursen (eds.) in *Difference and Dissent: Theories of Tolerance in Medieval and Early Modern History* (Lanham, 1996), 163 – 84.

'Samuel Pufendorf and the foundation of modern natural law: an account of the state of research and editions', *Central European History*, 31 (1998), 413 – 28.

'From denominationalism to Enlightenment: Pufendorf, Le Clerc and Thomasius on toleration', in J. C. Laursen (ed.), *Religious Toleration*: '*The Variety of Rites' from Cyrus to Defoe* (New York, 1999), 191 – 209.

未刊论文

Emery, C. R., 'The Study of *Politica* in the Netherlands in the early eighteenth century', Ph. D. dissertation (London, 1967).

索　引

（页码均按英文原版书标出）

图书在版编目（CIP）数据

早期启蒙的自然法理论/（英）霍赫斯特拉瑟（Hochstrasser，T. J.）著；杨天江译. —北京：知识产权出版社，2016. 3（2016. 12 重印）
（西方传统：经典与解释—德意志古典法学丛编）
原书名：Natural Law Theories in the Early Enlightenment
ISBN 978 - 7 - 5130 - 1601 - 8

Ⅰ. ①早… Ⅱ. ①霍…②杨… Ⅲ. ①自然学派—研究 Ⅳ. ①D909. 1

中国版本图书馆 CIP 数据核字（2012）第 247082 号

责任编辑：倪江云　　　　　　　　　**责任校对**：董志英
装帧设计：张　翼　　　　　　　　　**责任出版**：刘译文

西方传统：经典与解释—德意志古典法学丛编

早期启蒙的自然法理论

［英］霍赫斯特拉瑟（Hochstrasser，T. J.）　著
杨天江　译

出版发行：知识产权出版社有限责任公司	网　址：http://www.ipph.cn
社　址：北京市海淀区西外太平庄 55 号	邮　编：100081
责编电话：010 - 82000860 转 8541	责编邮箱：wangyumao@cnipr.com
发行电话：010 - 82000860 转 8101/8102	发行传真：010 - 82000893/82005070/82000270
印　刷：北京科信印刷有限公司	经　销：各大网上书店、新华书店及相关专业书店
开　本：880mm×1230mm　1/32	印　张：10. 875
版　次：2016 年 3 月第 1 版	印　次：2016 年 12 月第 2 次印刷
字　数：292 千字	定　价：38. 00 元

ISBN 978 - 7 - 5130 - 1601 - 8
京权图字：01 - 2012 - 0180